JN440067

한국인의 효경문화

한국인의 효경문화

지 은 이 서경요
펴 낸 이 김기창
표지디자인 정신영
편집디자인 최은경

초판 1쇄 펴낸날 2010년 2월 25일

도서출판 문사철
주 소 서울 종로구 명륜동 1가 51번지
트리플 빌딩 102호
전 화 02 741 7719
팩 스 0303 0300 7719
홈페이지 www.lihiphi.com
전자우편 bk010@naver.com
출판등록 제 300-2008-40호
ISBN 978-89-93958-08-9

* 책값은 뒤표지에 있습니다.

서경요 지음

한국인의 효경문화

도서출판 **문사철**

|책머리에|

인간은 생물학적으로 분류하면 동물계에 속한다. 그 동물계 속에서 영장류靈長類의 한 목目으로 포유류哺乳類에 속하며, 인류人類로 독립되어 나누어진다. 따라서 인류는 가장 고등한 동물로서 대뇌大腦가 발달하고, 얼굴이 짧으며, 가슴에 한 쌍의 유방이 있고 사지四肢와 오지五指가 있어 물건을 붙잡기에 적당하다. 이것은 신체 외부의 체질적인 특징만을 설명한 것이요 내적으로 문화적인 특징을 가리킨 것은 아니다. 문화란 인간의 내적 정신활동의 소산으로서 생활방식을 말하는 것으로 외적으로 물질적인 문명文明과 구별되는 것이다.

인류학은 크게 체질인류학과 문화인류학으로 나누어진다. 인류는 영육靈肉일체의 존재이므로 건강한 체질은 건전한 문화생활을 할 수가 있다. 다시 말해서 마음가짐과 몸가짐이 일체가 되어야 하는 것이다. 인간사회는 인간관계 속에서 문화적 환경에 의해 인간답게 사는 공동체인 것이다. 인간답게 살아간다는 것은 짐승처럼 사는 것과 대비對比된다. 짐승은 제 한 몸만을 위하고, 새끼를 키우는데도 제 새끼 밖에는 챙기지 않는다. 따라서 인간다움은 자신 뿐만 아니라 남을 배려하는 어진 마음가짐이다.

이러한 인간다움의 삶은 문화환경이 그 중심이 된다. 그 인간환경 속에서의 문화생활을 이루는 축이 되는 것이 바로 효친孝親하고 경장敬長하는 의식이라 할 것이다.

이른바 효친의식은 자식이 부모를 섬기는 효도라고 일컫고, 경장의식은 어른을 공경하여 받드는 일이라고 풀이하는 것은 너무나 세속적인 해석에 지나지 않는다. 효경을 본질적인 면에서 본다면, 사친事親에서의 섬기는 노릇이란 일삼는다는 뜻으로 언제 어디서나 생각을 손에서 놓지 않는다는 의미이다. 또한 애경愛敬에서의 아끼고 받들어 모시는 일이란 일방적으로 일을 해치워버리는 것이 아니라 상대를 염두에 두고 쌍방의 뜻을 어울리게 조절하는 의미이기 때문이다.

우리 민족의 의식주 생활 풍속을 보면 나름대로의 특이함을 지니고 있다. 우리 선조들은 불씨를 꺼트리지 아니하고, 주거 공간의 바닥을 데우는 온돌문화의 환경 속에서 살아왔다. 부모와 어른에게 따스한 아랫목을 내주어 모시는 것이다.

우리는 인사말을 아침을 드셨는가를 묻는 말로 대신한다. 이것은 우리의 살림살이가 가난해서 먹고사는 일을 묻는 것이 아니다. 우리의 식생활은 조석朝夕으로 하루 두 끼만을 먹었다. 그래서 아침 식단과 저녁의 메뉴가 거의 비슷한 것이다. 바로 한 끼를 거르면 허기가 질 수 밖에 없다. 사람의 몸을 잘 보존하는 가에 대한 안부인사인 것이다. 또한 의복생활에도 우리는 속옷과 겉옷을 갖추어 정제整齊하여 입었다. 따라서 우리의 의식 또한 이러한 습속에 많은 영향을 받아온 것이다.

나보다는 남을 먼저 생각하는 것이 정감을 나누며 살아가는 것이요, 동방예의지국東方禮義之國이라는 명분에 딱 떨어지는 진면목인 것이다. 그것이 누구나 태어날 때부터 지니고 있는 덕성德性을 드러내는 일이요, 그 기본적인 의식이 효경사상인 것이다.

이 책은 모두 세부분으로 이루어졌다. 첫 부분은 효경의식의 본질적인 이해를 위한 내용으로 구성하고, 그 다음은 한국에서 전승되어 온 효경문화의 이모저모를 모았으며, 마지막은 부록으로서 『효경대의』의 언해본을 현대어로 번역한 내용들로 꾸린 것이다.

자녀에 대한 가정교육으로 외출할 때 행선지를 말하도록 하고 하루 한끼 정도는 함께 먹는 밥상머리 교육을 시켜 보자. 자녀의 인생 태도가 정말 달라짐을 볼 수 있을 것이다. 가정에서 덕성을 계발하는 가르침을 통해 생명이 탄생하여 지속되는 기쁨을 나누며 살게 하고, 학교에서 너와 내가 인간관계 속에서 어울려 사는 사회성을 높이는 교육을 통해 생활의 즐거움을 누리며 살아가게 해야 한다. 인생은 서로가 사소한 서운함에서 비롯하는 원망이 없어야 하고, 서로가 조그마한 시샘에서 비롯하는 다툼이 없이 사는 것이 바로 나보다 남을 배려하는 효경의식이다. 결국 정감을 나누며 남과 함께 어울리는 기본적인 일은 가족환경과 사회환경이 뒷받침해 주어야 되는 것이다.

이 책을 통하여 효경의 본래적인 의미가 현대사회에서도 필요한 조건이 되며, 일상생활에서 예절에 맞는 태도를 지녀야 한다는 절대적인 명제를 이해할 수 있었으면 하는 바람이 크다.

경인년 정월에

서경요 삼가 적다

|차 례|

책머리에 • 5

01 서설 • 13

인생은 효성과 존경의 정감을 나누며 사는 것 • 13 | 섬기는 사랑과 품어 안는 존경의 미학 • 22

02 인간환경과 정감 미학 • 27

덕성문화 의식 • 27 | 인간다움의 문화적 환경 • 31 | 효제孝悌와 자애慈愛의 존경의식 • 39 | 정리情理와 상식常識 • 43

03 효경문화의 본질 • 49

인간환경과 효경사상 • 49 | 효경의식의 연원 • 53 | 효경의식의 생명론 • 56 | 나눔과 어울림의 세상 • 61

04 단군설화에서의 효경의식 • 65

경천敬天애인愛人사상 • 65 | 부자간의 쌍방적 효의식 • 67 | 부부가 서로 공경하는 공생共生윤리 • 70 | 인본주의의 이상세계 • 73

05 인생의 통과의례(관혼상제) • 77

예의禮義와 염치廉恥를 아는 것 • 77 | 통과의례(관혼상제) • 82

06 유교의 근본사상과 종교성 • 107

인간다움의 큰 가르침 • 107 | 유교의 전래와 수용 • 109 | 유교의 근본사상 • 112 | 유교의 종교성 • 117 | 한국에서의 기독교 전래와 유교 • 120 | 문화소통의 이해 • 133

07 효경교육과 방법 • 135

'교학상장敎學相長'의 교육 • 135 | 자력과 타력의 대화 • 136 | 전통 교육 개관 • 138 | 가정교육과 학교교육 • 140 | 전통 교육 방법으로서의 '강講' • 142 | 효경孝敬교육은 공익公益을 지향한다 • 145 | 성균관의 존현尊賢과 양현養賢 문화 • 152

08 가족환경의 효경문화 • 163

가족환경의 친화親和 • 163 | 백년해로百年偕老 • 169 | 입체공간의 가족관계 • 173 | 전통의 의식주 문화를 배울 곳이 없다 • 176 | 포석정의 주도酒道 • 179 | 효경의식은 생명을 살리는 것이다 • 181 | 욕심을 절제하는 것이 염치廉恥를 아는 것이다 • 184 | 계세사상繼世思想 • 187 | 의관衣冠을 정제整齊하는 마음 • 189

09 효경언해孝經諺解 • 193

해제 • 193 | 『효경언해孝經諺解』 번역문 • 201

부록_효孝경經언諺해解(원본영인) • 221

참고문헌 • 241

서설

인생은 효성과 존경의 정감을 나누며 사는 것

효도란 전통사회에서나 필요한 것인가? 우리가 살고 있는 시대는 농경을 중심으로 한 농촌사회가 아니다. 과학문명과 상공업을 위주로 한 산업사회이어서 사회적 환경이 유목시대와 같이 도시화가 된 것이다. 우리는 하루도 거를 수 없는 의식주 생활 속에서 풍속 문화의 변화를 시간적으로는 급속하게, 공간적으로는 너르게 느끼며 살아간다. 현대 상공업 사회에서는 인구가 대량으로 도시에 집중되면서 일가친척이 흩어져 살게 되고, 시대적인 동란 때문에 사회적 인간관계도 매우 복잡하게 되었다. 이른바 떠돌이 생활을 해야 하는 유목사회로 전환되어 정착문화가 아닌 시대에 효의식이 요구되는 것인지 의심들을 한다.

농업은 힘을 합쳐 생산에 공동으로 참여함으로써 수확을 거두어 들이나 상공업은 상술과 기술에 의해 수요와 공급에 기여함으로써 성과를 얻어내는 것이다. 따라서 현대 산업 사회는 모든 일에서 이득을 생각하는 사회이다. 이득을 따지면 그 일에는 이해가 엇갈리고, 득실을 따지면 그 결과는 어느 하나로 결정이 나고마는 것이다. 그래서 승패를 가르는 일이나 맞느냐 틀리느냐 하는 대립의 결과를 즐겨하게 된다. 바로 흑백을 가리고 선악으로 양분해내는 이분법적인 가치관으로 전환되어 가고 있는 것이다.

그러나 우리 인간의 삶이란 결과보다는 살아가는 과정이 중요하다. 누가 무슨 일을 하느냐가 문제가 되는 것이 아니라 어떻게 일하는가 하는 능력能力 그 자체가 중요한 것이다.

인간의 욕망은 모두가 부귀富貴를 원하므로 빈천貧賤한 것은 무능함과 게으름의 소치인 것이다. 사람은 일을 해야 한다. 그 일에 있어서 과정 보다 결과를 따지게 되면 성과를 거두어도 우리에게 남는 것은 허망뿐이다. 또한 모든 일은 사소한 것에서부터 비롯되고 어떤 일에도 그 발단의 근원은 조그만 것에 있기 마련인 것이다. 효심孝心은 바로 그 근원을 생각하는 마음이요 모든 삶의 근본이 되는 것이다. 효孝는 사랑이다. 생명에 관한 사랑이다, 자연에 대한 사랑이 아니라 인간 생명에 관한 사랑의 원리로서 바로 친애親愛하는 것이다. 부모와 자식이 서로 생명의 기쁨을 느끼며 살아가는 원동력인 것이다.

모든 현상 중 이롭고 편한 것이 최고라는 관념에서 과학적이고 생산적인 결과에만 가치를 고정시키려 하는 현대사회에서, 나의 삶은 내가 사는 것이라는 개성주의個性主義가 잘못 빗나가서 개인주의個人主義가 되어버린 의식 속에서 사람과 사람과의 관계는 어떠해야 한다고 말하는 것은 거부감이 없지 아니하다. 더구나 "아버지 나를 낳으시고 어머니 나를 기르셨네. 가여운 부모님 날 낳기 애쓰고 수고로왔으니 그 은덕 갚으려면 높은 하늘같이 끝간 데가 없어라."라고 『시경』에서 읊조리는 노래의 찬송을 말하면 헛소리를 하고 있다고 흘려버리고 만다.

인간생명의 탄생에 관한 그 본래의 의미를 생각하지 아니하고, 부모는 나를 고맙게도 낳아준 것이 아니라 자신들을 위해 낳아진 것으로 생각하며, 좀 더 잘된 환경과 조건 속에서 길러주지 못함을 원망한다. 이러한 의식을 지닌 사람에게 허벅지 살을 베어내어 부모의 병환을 구완하였다는 효심孝心을 이야기한다면 그는 이를 아무런 교훈도 남겨주지 않는 우화寓話로 여기고 말 것이다.

현대사회에서 가치관의 혼란은 노동력의 수요에 따른 전통사회의 생활구조가 무너지는 변화에서 오는 것이다.

우리의 가족 구성은 전통적 가족제도가 허물어지면서 조부손祖父孫 삼대三代가 함께 살아가는 대가족에서 단출하게 부자父子 이대二代만이 살아가는 핵가족 중심으로 바뀌었다. 주거 형태는 아파트라는 공통주택 위주로 살아감으로써 공간 속에서 독립된 것이 아니라 갇혀 사는 생활이 되었으며, 식생활에 있어서도 저장 음식이 아니라 즉석에서 필요할 때 먹을 수 있는 음식들이 더욱 개발되고 있다. 이러한 현상에 빠져 우리는 우리 사회가 서구선진국으로 발전해 가고 있다는 착각을 범하고, 부자지간에 있어서도 보통 한 집안에 부자가 한 세대인 30년 차이를 두고 같이 생활함으로써 가치관이 세대 차이가 있는데도 부모가 자식을 자신의 소유물로 생각하고 욕심을 부리는 데서 파생적으로 많은 문제가 생겨나고 있다.

우리가 산업사회 중심으로 생활하든지 농경사회 위주로 삶을 영위하든지 살고 있는 그 주체는 다름 아닌 사람이다. 사람은 하나의 공동체 속에서 살아야 하는 사회적 동물이다. 우리의 삶은 어디서 시작하는가? 그러한 삶의 시작이 함께 사는 공간적인 것보다 시간적으로 나의 생명이 어디서 비롯되었는가 하는 반성이 효孝이며, 그 생명의 연장을 유지시켜 주는 것이 효심孝心이다. 인간 사회 속에 영위되는 인간의 삶은 인간관계 속에서 성립되는 것이다. 가장 가치있는 삶이 무엇인가, 그것은 인간관계를 유지하는 가장 가치있는 방법, 즉 도리가 무엇인가를 찾는 문제이다. 그 방법으로 맹자孟子는 부자간의 관계에서는 친애親愛하는 것이라고 말하였다.

인간은 신神이 아니다. 이 세상에 태어나서 일을 해야 한다. 우리가 해야 할 본래의 일이란 사람이 사람을 사랑하는 일이다. 그것이 바로 사람을 섬기는 일이며 섬긴다는 것은 다름이 아니라 사랑하는 일이다. 그 사랑의 원리는 생명에 대한 아낌에서부터 비롯한다. 자식에 대한 사랑과 부모에 대한 공경으로 친애한다는 것은 부모를 살리는 일이요, 나를 살리는 일이며 나의 할아버지를 살리는 일이다. 시간적으로 말해서 나란 누구인가 하면 과거의 할아버지가 현재의 나이며, 미래의 손자가 지금의 나인 것이다. 조손부자祖孫父子관계가 바로 하나가 된다는 것이며, 시간을 초월하여 한 몸뚱이라는 생각을 하게 하는 생명의 연장선에 있는 것이다. 이렇게 생각할 때 내가 나를 함부로 할 수 없는 이유가 조손의 목숨 살리기에 있다는 것이다.

『효경』에서 신체발부身體髮膚는 부모로부터 받은 것이니 그것을 감히 훼손하거나 손상하지 않는 것이 효도孝道의 시작이라고 하였다. 이 말 또한 우리가 한 몸이 되는 생명에 대한 근원적인 아낌에서부터 효심孝心이 비롯한다는 것이다. 나의 몸은 머리칼 하나에 이르기까지 모두 부모에게서 받은 것이니, 자기 몸을 자기 것으로만 생각하지 말라는 것이다. 우리가 물질을 아끼는 가장 근원적인 것은 생명을 아끼는 일이다. 그 생명이 하나가 된다는 것은 내 몸에서 피가 나면 내 마음이 아프게 되는 것처럼 부자父子가 한 몸 한마음이 된다는 것이다. 자녀에 대한 부모의 마음이 자애慈愛스러워지며 부모에 대한 자녀의 마음이 효성孝誠스러워지는 것이다. 부모는 자녀를 자기 자신처럼 사랑하기 때문에 부모의 사랑은 가장 귀한 것이며, 그 부모의 사랑을 지속시키려는 노력, 그 자체가 효孝라고 할 것이다. 신체발부를 훼상하지 말라는 경고도 부모와 자녀가 하나됨을 손상하지 말고 계속 유지시켜야 한다는 것이고 그러한 삶이 가장 가치가 있는 삶이요 생명에 관한 경외라 할 것이다.

현대사회는 이익사회이기 때문에 자신의 이해利害에 관계되지 않는 것은 무시해버리는 때가 너무나도 많다. 그러나 그런 경쟁 속에서도 자신의 몸뚱이를 추스릴 수 있는 것은 마음이 있기 때문이다. 옛날 사람도 살았던 인생人生을 우리가 어떻게 서두르며, 서로 다투며, 자신을 속여가며, 섭리를 거슬리며 살 수 있는가를 다시 한번 생각하는 반성反省이 이루어져야 한다. 우리 인간은 몸만이 아니라 마음을 함께 갖고 태어난다. 인간의 몸이 직립直立 보행하므로 마음 또한 곧은 것이다. 그것도 정직한 마음, 직심直心을 가지고 태어난다고 하는데, 그것이 바로 덕德의 옛글자인 덕悳인 것이다.

효도란 몸뚱이 사랑이 아니라 마음 사랑이다. 마음으로 사랑하는 것이란 부모의 뜻을 받드는 것이다. 우리가 육체를 중심으로 하는 삶을 산다면 남과 자기를 구별하고 경쟁하며 살게 되는데 이것이 짐승과 같은 사랑인 것이다. 부모에 대한 그리움으로 부모의 마음을 헤아려 그 자신의 행동으로 나타나야 하는 것이다. 부모에게 있어서 자녀란 무엇인가 하면 삶을 연장하는 것이 되므로 자녀에게 걸게 되는 가장 큰 희망이 건강하게 살아 있는 것이다. 사람이 사람을 사랑하는 까닭은 마음이 있기 때문이다. 그래서 애증愛憎이 생기고, 호오好惡가 있고, 선불선善不善이 있기 마련이다. 효도에서 몸뚱이를 길러주는 봉양奉養이란 부모를 살리는 일로서 첫 번째의 효라고 하겠지만 그것은 금수도 하는 것이요, 효도의 참된 궁극적인 내용은 부모의 뜻을 받들어 모시어서 그 마음을 편하게 해드리는 일이다. 자녀가 가장 훌륭하게 되기를 바라는 마음에 응하는 것은 자신이 가장 훌륭하게 되는 것이므로, 입신立身하여 양명揚名한다는 것이 효의 마지막이 되는 것이다. 부모의 마음 한구석에 항상 머물고 있는 것은 자식 걱정이며 자식 자랑이다.

우리가 윤리 책에서 '출필곡出必告 반필면反必面(나갈 때는 반드시 고하고 돌아와서는 낯을 뵈인다)'이란 글을 읽게 되는데, 이와 같은 구체적이고 사소한 행동이 바로 부모의 자식 걱정을 덜어주는 마음이다. 귀찮고 성가신 일이 있더라도 나갈 때는 행선지를 알려야 하고 돌아와서는 무사無事한 귀가만을 보고해서는 아니되고 낯을 보여 몸이 상한 데가 없음을 확인시켜 드려야 부모의 마음은 안심하는 것이다. 자식 걱정은 육체적으로 몸을 보전하는 일에 대한 우려이며 자식 사랑이란 정신적으로 떳떳한 일을 하는지의 걱정이다. 자신이 망신스럽고 수치스러운 짓을 하지 않는 것이 부모의 마음을 즐겁게 해드리는 것이다. 물질이란 우리들의 몸뚱이를 편리하게는 해줄 수 있어도 우리의 마음을 편안하게 할 수는 없다. 부모가 바라는 마음은 자식 잘 되기를 바란다. 즉 사람답게 살아라, 나처럼 나만큼은 살아라하는 바램이다. 그래서 우리 인간은 아무렇게나 살 수가 없는 것이다. 내가 부모를 모셔야 하고 내가 자식을 돌보아야 하는 것은 당연하지만 내가 모범이 되어야 한다는 사실을 우리는 모두 잊고 산다.

부모는 자식을 낳기만 하였지 마음대로 만들어낼 수는 없는 것이다. 하늘로부터 목숨을 받은 우리의 생명은 부모에게로 돌아가는 것이 아니라 자식에게로 이어져가는 것이므로 내리사랑이라고 하는 것이다. 만들어 낼 수 없는 자식일지라도 길러낼 수는 있다. 내 몸속을 빌려 낳아서 나처럼 길러내어야 하므로 내 스스로 모범을 보여야 하는 것이다.

현대사회에서 효는 핵가족에서 이루어져야 하므로 가정교육의 효능은 그 무엇보다도 크다. 한 개인이 출생하여 학교에 입학 · 졸업하고 성인이 되기까지 모두 부모의 보살핌과 가르침을 받게 되므로 개인의 입신처세立身處世도 가정교육의 영향을 받게 되는 것이다,

아무리 바쁜 현대사회라 할지라도 적어도 하루 한끼를 가족이 함께 먹으며 대화를 나누어야 한다. 진정한 가정교육이란 자녀가 실제 생활 속에서 어느 때 어느 곳에서나 친절한 가르침을 받아 훌륭한 습관을 갖게 함을 말한다.

세상에서 아버지는 엄嚴해야 하고 어미는 자애慈愛스러워야 한다고 말한다. 엄격함이란 자식에게 범접할 수 없는 고답적인 자세를 취하는 것이 아니다. 어느 일에 있어서 되는 것은 되고 안되는 것은 안되는 일이라는 것을 분별하게 해주는 것이다. 자상함이란 모든 것을 다 들어주어 의타심을 키우는 일이 아니다. 안되는 일도 융통성을 발휘하면 가능하다는 소통을 가르치는 일이다. 따라서 편부 편모 아래서 자라는 아이를 경계하는 것이다. 이것이 바로 가정교육의 방법에 있어서 이론적인 근거로서 엄하고 자상한 것은 어느 하나도 없어서는 안될 지주이다. 엄한 것은 자녀로 하여금 두려움을 갖게 하고 고독감과 원망스러움을 낳게 하여 사람을 믿지 않게 하는 심리를 갖게 하며, 자애스러움은 자녀에게 의뢰심을 갖게 하고 겁나는 일을 마음 놓이게 하여 책임을 저버리지 않는 심리를 갖게 해준다. 오직 엄함으로써 현실적인 어려움을 헤쳐 나가는 이성을 지닐 수 있으며, 자애스러움으로써 자녀를 친애함이 깊어 서로 아낄 줄 아는 감성이 불어나 이지적이고 정감이 넉넉한 자녀로 길러낼 수 있는 것이다. 자녀를 신체 건강하고

인격적으로 정상적이고 합리적인 도야를 한 인물로 키운다면, 그가 장성한 이후에 국가와 사회에 유용한 인재가 된다고 생각할 때 효자가 바로 그러한 인물이 되는 것이다. 따라서 일방적으로 부모가 자식에게 효도만을 강요할 것이 아니라 부모 또한 자식에게 자애慈愛와 엄격嚴格함을 베풂으로써 그 자녀는 부모 닮은 자식이 되는 것이라고 하겠다.

효도의 가치란 무엇인가? 그 주요한 가치는 인류의 정감을 돈독하게 하고 인간이 서로 사귀어 두터워진 정의情誼를 순화하여 사람과 사람 사이에서 자기만의 이익을 따지지 않고 남을 아끼는 행위를 드러나게 하는 것이다. 사회적인 지지支持나 신뢰의 가장 낮은 조건은 피차 서로 저버리지 않는 것인데 이것이 부모 자식 사이에선 은혜에 보답하는 일로부터 비롯하는 것이다.

상고시대에 인류의 사상이 단순하고 생활이 단조로울 때도 부모를 효성으로 봉양하였는데, 이는 천성天性에서 나오는 자연스러운 사랑인 것이다. 그때도 인류가 인생을 살았듯이 오늘날에도 내가 인생을 사는 것에도 다름이 없다. 따라서 부모는 자식을 내 욕심대로 조장助長하여 양육養育하기 보다는 배워서 스스로 그렇게 되는 교육敎育을 시켜야하는 것이 자애심의 발로이며 자식은 부모를 물질적으로만 부양扶養하기 보다는 공경하고 그 뜻을 받들어 부모의 기대에 어긋나지 않는 효성을 다하여야 할 것이다.

이 세상에서 가장 불쌍한 이는 살림살이가 가난한 자가 아니다. 마음이 가난하여 인정이 그리운 사람들이다. 그들을 가리켜 홀아비, 과부, 고아, 무의탁 노인네 그리고 병든 폐질자라고 한다. 그들은 사람과의 만남이 어긋나 세상살이를 갖추지 못한 결핍된 사랑을 가진 자이다. 이들은 사람들로부터 무관심 속에서 살고 무시 당하며 살고 있어 서럽다. 이들과 달리 효심은 부자간에 아끼는 마음에서 비롯하는 것으로 부족함을 메워주고 내 마음을 내어주고 송두리째 앗겨버리는 마음으로 자애와 공경으로 시작하여 평안한 가정을 이룩하는 원천이 되는 것이다. 내가 나를 아끼듯이 부모와 자식을 아끼고, 더 나아가 이웃을 아끼며 사회 · 국가 · 인류에 대한 사랑으로까지 아끼는 마음을 확대해 갈 수 있는 것은 효심孝心에서 비롯하는 것이다. 사람이 대를 이어 살고 있는 한 생명을 아끼는 마음가짐인 효심은 전통사회이든 현대사회이든 사람이 살아가는 원동력이 되는 마음인 것이다.

섬기는 사랑과 품어 안는 존경의 미학

인생살이는 사람과 만물의 만남과 나눔의 미학이다. 가정의 달이라 이름한 오월, 풋풋한 신록의 계절이다. 성급한 봄맞이에 꽃잎부터 피워 우리의 마음을 설레게 하던 새봄의 꽃은 지고, 밝은 햇살아래 나무의 초록빛 잎사귀가 푸르게 빛나며 생장하는 숲을 마주본다. 숲으로 날아드는 새들의 노래소리를 들어보라. 무한한 생명력을 생각하는 싱그러운 청춘의 달이다.

이런 자연의 아름다운 세상에 인간의 한 생명이 태어난다고 하는 일은 어떠한 것인가. 이 세상에 누가 태어나게 해 달라고 부탁한 일도 없다. 누구든지 태어나고 싶지 않다고 필사적이 되어 싫어한 적도 없다. 사람의 의지 따위를 넘어선 세계의 일인 것이다. 이 세상에 한 목숨이 탄생하는 일은 하나의 새로운 세계가 태어나는 창조요, 자연의 소생처럼 엄숙하고 존엄한 일이다.

저 숲속의 나무들도, 연못의 돌도, 자연 속의 그 무엇도 우리에게 아무런 말을 하지 않는다. 그러나 하루 하루 내 마음에 울려 오는 것이 있다. 한 그루의 나무에 트고 꽃망울이 맺혀 꽃이 피고 지고, 이윽고 열매를 맺는다. 자연은 아무 말도 없이 이렇게 보통인 일을 보통으로 해내고 있는 것이다. 정말 가장 아름다운 것은 자연스러움에서 느끼는 건가? 어린아이의 천진함에서 보는 평화처럼 자연의 수류화개水流花開의 풍경처럼. 그런데 지금 세상에는 이 보통인 일을 보통으로 하지 않는 사람이 너무 많다. 일상 속에서 숱한 어려운 일을 해내면서도 보통인 일, 너무나 당연한 일을 당연히 해내지 못하는 사람이 너무 많아 무슨 무슨 날이라고 이름 붙는 날들이 있는 것이 아닌지.

사람은 혼자가 아니며 사람은 결코 혼자서 살아갈 수도 없다. 어버이가 있어야 이 세상에 태어나고 남과 어울려야 살아간다. 우리들 인간세계는 모두 사람이 혼자가 아니라는 데서 시작된다. 혼자가 아닌 이상 상대의 일도 생각해야만 한다. 부자, 형제, 사제, 친구들과의 만남에 짝이 되어 함께 살아가는 세상에 상대를 잊고 살 수는 없다. 사람과 사람의 고리가 서로 연결되는 관계를 생각지 않고는 살 수 없다.

어질 인仁 이란 글자를 왼쪽에서부터 읽어보면 二人(두사람)이라 풀어볼 수 있다. 이는 우리들 인간의 만남을 나타낸다. 두 사람의 만남은 사람이 사람을 사랑하는 일에서 비롯한다. 남한테서 이렇게 당하면 싫겠지 하고 생각되는 일은 남한테도 하지 않도록 언제나 조심하는 마음씀씀이다. 바로 서로 생각해 주며 관심을 갖는 마음이 중요하다.

우리의 삶은 혈연, 지연, 학연 그밖에 어떤 우연한 인연에서도 만남이 이루어지지만 마음으로 통하지 않는 만남이란 부자연스럽다. 그러나 맨 처음의 만남이며 자연스러운 만남은 천륜天倫이라는 부자간의 친애이다. 인간애의 원천이며 그 무엇도 대신할 수 없는 사랑이다. 그 사랑의 표현양식이 부모는 자애스러운 마음으로 자식은 효성스러운 마음으로 마주하였을 때 우리는 가장 아름다운 자연미를 느낀다. 대칭이란 마주보며 자리잡아 한없이 편안하고 포근한 관계라고 할까? 대등이 아니다. 동등은 더구나 아니다. 서로를 이해하고 있어야할 제자리에서 마주보고 있는 어울림이다. 어린 아이가 혼자 일어나서 걷기 전까지는 어느 몸짓을 놀리거나 무엇을 내밀고 받더라도 언제나 양쪽이 대칭으로 짝지어 움직인다. 그런데 혼자서 걷기 시작하면 의외로 한편으로, 한손으로 동작을 해낸다. 시건방진 노릇이다. 인위적인 작위가, 의도가, 목적이 있는 게다. 이미 자연스러움을 잃어버렸다.

상대를 잃어버린 행동거지는 제멋대로 해댄다. 마치 자력을 잃은 나침반과 같다. 서로 팽팽하게 맞물려 돌며 상대를 생각하며 어울려 산다는 것을 잊고 있다. 만남의 긴장 속에 상대에 대한 배려가 없이,

혼자만의 생각으로 만남을 해치운다. 부자의 만남에서도 아비는 아비다운가, 자식은 자식다운가? 제자리를 잃고서 상대를 나무라고 세상을 탓한다.

사랑은 받을 것을 요구하는 것이 아니요, 무한히 주는 것이라 하지 않는가. 대등하게 주고 받는 것도 아니다. 사랑은 상대에게 송두리째 마음을 빼앗기고 상대를 아끼는 만남인 것이다. 생모자리를 대신하여 계모가 나에게 달리 대하더라도 지극한 효성은 자식된 자리를 지켜 생모보다 더한 사랑을 받는 게 아닌가. 효성은 부모마음을 헤아려 봉양하는 것이다. 구체口体를 봉양하는 물질적 봉양은 금수도 길러지는 것이다. 공경하는 마음으로 부모의 뜻을 잊지 않고 덕행을 실천하는 정신적 봉양이 없다면 금수와 무엇이 다를 바 있겠는가.

우리의 만남은 또 다른 길이 있다. 인생의 행로는 평탄한 길을 따라 걷기만 하면 되는 것이 아니다. 삶을 살아가다 보면 수없는 갈림길을 만난다. 그 갈림길에 앞에서 우리는 선택을 하여야 한다. 더구나 초행길에서 선택해야만 하는 두갈래 길에서 망설이고 있을 때 만나고 싶은 이가 누구인가. 마음이 미혹한 상태에 있을 때, 두 마음이 생겨서 갈등을 느낄 때, 가르침을 받기 위해 우리가 찾는 만남이다. 어려운 선택과 결정과 판단이 요구될 때 서로 감싸주고 진심으로 친하고 서로 도와주는 만남이다. 오른손과 오른손이 나란한 글자[友]처럼 곤란을 받고 있을 때 구원의 손길을 뻗쳐주고, 괴로움과 기쁨을 함께하는 우애의 만남은 험난한 길목에서도 용기를 주는 벗이다. 서로 친하다는 것은 형식적인 사귐이 아니라 벗이 가진 좋은 점을 배워가지 않으면 안되는 것이다. 그래서 나보다 나은 벗들은 나의 스승이다. 나의 선택을 남이 대신할 순 없다. 내 마음을 모두 열어 보이고 답답한 모든 일을 상의하고 충고해주는 만남이 사제師弟관계인 것이다. 서로 믿는 마음이 없으면, 서로 존경하는 마음이 없으면 모든 고백과 충고가 진솔하지 못하다. 마음을 열고 스승을 찾아감은 스승이 내 선택을 대신해 주는 것이 아니라 현실의 모든 군더더기를 떨치고 바로 그 자신이 내 마음을 찾아가는 만남인 것이다.

이름 붙는 날에 사랑과 봉양과 존경대신 선물꾸러미 하나 안겨준다. 면죄부라도 사서 육안肉眼의 구색이나 맞춰가며 가정의 달을 넘기는 현실은 심안心眼이 너무 가려진 것인가? 상대에 너무 무관심하고 마음과 마음의 만남을 물질이 대신할 수 있다고 여기는 것인가? 아비는 아비답지 않으면서 효도하길 바라고 삶의 갈림길에서 물어볼 스승도 찾아보지 않는 세상이다. 일상 속에서 보통의 일을 자연스럽지 못하게 하는 일들 때문에 사람들의 만남은 제자리를 잃고 우리는 또 올바른 자리로 되돌아 가기 위해 무슨 날을 정해 보는 것이다.

결국 인생이란 만남과 나눔의 사회에서 목숨을 편안하게 살아가는 것이다.

02

인간환경과 정감 미학

덕성문화 의식

인간은 자연환경 속의 동물계에 태어나지만, 인생살이는 인간환경 속에서 살아간다. 인간관계는 나와 남이 사귀는 정감의 나눔으로 이루어진다. 유가에서 말하는 정감론으로서 사단칠정론 역시 나와 남의 관계 속에서 드러나는 마음이다. 사단은 남을 배려하는 정감이요, 칠정은 나를 내세우는 감정인 것이다. 따라서 나와 남과의 교감은 인간성정의 중화中和에 따르는 것이다.

인간의 행동을 가능하게 하는 것은 의식意識이다. 의식은 철학이나 윤리학에서 다루는 가장 중요한 개념이다. 전통적 관념에 의하면 도덕적 행위를 가능하게 하는 도덕의식은 자효慈孝의식이다. 우리들의 의식은 원래 동적으로 의식의 본성은 지향성이 있는 운동이라고 한다. 의식은 외물外物에 의해서 생성되는 것이지만 우리들 자신의 내부에는 자체적으로 발전하는 내용을 만드는 충동적인 운동이 있다는 것이다. 일반적으로 의식은 그 자체가 하나의 개념을 지시하기도 하지만, 의식은 사유한다거나 느낀다거나 판단한다거나 의지를 갖는다거나 하는 것을 내포하고 있으므로 사유, 감정, 판단, 의지는 의식의 일부분이요 그것을 충동하는 것을 통틀어 일컫는 것이다. 의식은 그 표현의 목적에 의해서 미의식, 도덕의식, 종교의식이라고 말한다. 도덕의식의 구조는 표층表層 의식적인 것과 심층深層 의식적인 것으로 이루어진다. 인간의 주체적인 계기를 통하여서만이 가능하다. 도덕의식은 도덕적 이법理法에 따라 형성되는 것이 아니며, 자의식自意識이던 무의식無意識이던 간에 그 의식의 근본은 감정이다. 감정은 사유나 의지와 마찬가지로 그 자신에 대상을 두고 내용을 창조하는 특수한 의식이다. 도덕감정은 상쾌감爽快感과 불쾌감不快感의 양면을 지니고 있다. 여기서의 쾌감이란 남과 어울리는 마음에서 드러나는 것이며 불쾌감이란 남과 어울릴 수 없는 마음가짐인 것이다. 쾌의 감정은 인간이 본래적으로 구하기를 좋아하고 불쾌의 감정은 싫어한다. "의意는 마음속에 감추어진 생각이다. 자기 기만欺滿은 인성이 본래 선한 것이나 불선한 것인 줄 알면서도 불선한 행동을 하는 것이다. 악취를 싫어하고 호색을 좋아하는 마음만은 표리가 부동하지 않는 사람이 없다. 그러므로 선을 좋아하고 악을 수치로 여기는 마음을 그렇게 하려는 것이다."[1] 이것이 바로 자겸自謙

이라 하는 것이니, 쾌의 상태가 된 것이라 할 것이다. 감정에 의한 선택작용은 가치관에 따라 판단된다. 쾌적한 감정은 그 가운데에 안정감을 얻었을 때 갖게 되는데, 그것은 자신과 남이 조화를 이루었을 때의 정태情態이다. 이와 같이 쾌의 감정은 인간관계가 조화를 이루는 것에서 생겨나는 것이다. 애증愛憎이란 인간이 지닌 본질적인 의식작용이다. 타인과 조화를 찾으면 애愛가 되는 것이요, 타인과 부조화를 이루면 증憎의 마음이 되는데, 그러한 양면의 핵심이 감정으로서 쾌하거나 불쾌하게 하는 것이다. 인간의 개인적인 도덕감정은 타인에 의한 내적인 감정이므로 개인의 주관에 결정되는 것은 아니다. 도덕감정은 개별적인 성격에서 공동적인 사회적 감정이 되는 것이다. 결국은 모든 인간관계에 귀결하는 것이다. 도덕적 행위를 하는 근원적인 힘은 실은 도덕적 감정이다. 행위의 선택이나 판단의 결정은 감정에 따라 생기는 가치관에 의하는 것이다. 감정은 이법理法도 아니오, 사유도 아니오. 도덕률도 아니라 바로 우리들의 정서情緖이다. 정서는 우리들의 도덕적 실천을 바라는 직접적인 힘이 되는 것이다. 인간의 감정의 기초는 애정이다. 내가 남에게 손을 내밀어 끌어안듯이 내 마음을 남에게 내어 주는 인정인 것이다.

윤리는 우리들의 일상생활 속에서 이루어지는 인륜人倫의 이법이다. 이러한 일상성은 현실을 움직여 가는 원동력으로서 생명력이 있는 것이다. '도라는 것은 일一음陰일一양陽하는 것을 이른다'는 말에서 생동하는 원리를 이름하여 도라고 하고, 그 도에 의해서 얻어지는 행위의 결과를 우리의 본심에서 찾은 것으로 덕이라고 하여, 윤리는 일상 속에서 도덕이라고 표현하기도 한다. 도덕의식은 내적인 생명을 외적인 생활로 움직여 주는 원동력이 되는 것이다.

자애慈愛의식은 도덕감정으로서 우리들의 정서에서 나온다. 다시 말해서 인정에 근본한 정리情理에 의해 행위로 나타난다. 인간관계 속에서 자화慈和, 자효慈孝, 자혜慈惠, 자유慈幼, 자애慈愛 등의 관념으로 제시되는 의식이다. 이것은 인자仁慈함의 근원적인 개념을 바탕으로 대인待人하는 양상이 달라짐에 따라 달리 표현한 것에 지나지 않는다. 인간이 인간을 사랑하는 근원적인 정리로서 자애의식을 규명해 보고 그것이 인간미학적으로 어떠한 구조를 가지고 있는가를 살펴봄으로써 자애의 의미를 이해하고, 현대적 조명으로써 자애가 인간의 도덕적 행위에 어떤 기초가 되는가를 알아보기로 한다.

『대학大學』에서 말하는 삼강령인 명덕明德도 효제자요, 친민親民도 효제자요, 지선至善의 세계도 복지福祉사회로 만드는 차원으로까지 흥기하는 것이다. 따라서 자애의식은 자효慈孝의 뜻으로 확대되고 더 나아가 자혜慈惠의 의미로 확산하여 진정한 복지사회를 이루는 지선至善의 세계가 성정이 결핍된 자들인 환鰥과寡고孤독獨의 홀로된 자들까지도 제대로 구비된 삶을 영위하게 하는 대동의 사회를 지향하는 것이라고 할 것이다. 인정의 발로로써 친애하는 효로부터 우애友愛하는 제悌의식으로, 더 나아가서는 자애慈愛하는 인간미가 실현되는 사회일 것이다.

인간다움의 문화적 환경

유가윤리는 인정을 바탕으로 한다. 인격보다는 천부적인 인정에 기초를 두고 인간관계 속에서 쌍방이 대대待對의 논리를 가지는 인륜성을 중시한다. 인간은 개체로서는 살 수 없는 존재이다. 인간은 사회적 존재로서 공동체 속에서 어떠한 인간관계를 이루며 살아가는 것이다. 그러한 인간관계는 인간의 정감인 인정을 나누는 일 속에서 형성되는 것이다. 사람과 사람이 원만한 관계를 이루어 가면 그 인간 세상은 기쁘고 즐거운 열락說樂의 세계가 되는 것이다. 인정은 마음 내키는 대로 드러내는 것이 아니라 우리의 일상 속에서 적절하게 쓰여져야 한다. 유가 경전이 우리에게 제시해 주는 인생의 도리라는 것은 다름이 아니라 성현의 도리가 실려 있기 때문이다. 성현의 도리란 바로 인륜과 일용의 도리인 것이다. 윤리란 인정이라는 의식이 현실세계에 드러나는 삶의 원리이다. 인생이란 독존하는 것이 아니라 사람과 사람이 짝을 이루어 가는 삶이다. 사람이 세상에서 서로 품어안는 대대의 관계를 유지하면서 살아가는 것이다. 다시 말해서 인간이 자연과 짝을 이루고, 사람과 어울리고, 세상의 일과 더불어 살고 있는 것이다.

"사람이 세상에 태어나자 그의 온갖 선한 일이나 온갖 악한 일들이 모두 사람과 사람이 접촉하는 사이에서 일어나는 것이다. 사람과 사람이 서로 접촉하면서 각기 본분을 다한다면 이를 일러 인仁이라 한다. 인이란 사람 인자人字가 중복된 인인人人인 것이다. 아비를 효로써 섬기면 인이라 하는데 부자 두 사람이다. 형을 제悌로써 섬기면 인이라 하는데 형제 두 사람이다. 아들을 자慈로써 기르면 인이라 하는데 부자 두 사람이다. 군신도 두 사람, 부부도, 장유長幼도, 민民과 목자牧者도 두 사람이다. 인친仁親이나 인민仁民이 인仁 아닌 것이 없다."[2]

이와 같이 효제자 등의 덕목은 두 사람간에 이루어지는 덕행의 실천인 것이다. 인간은 천지에 참여해 있어서 화육化育되는 존재이다. 마음과 육신이 천지에 짝하여 생태계 속에서 동물이면서도 달리 만물의 성정을 겸비하고 있다는 것이다. 주체적으로 마음을 움직여 몸뚱이를 마음먹은 대로 놀릴 수도 있는 것이다. 천상의 세계를 인간 세상인 천하로 끌어내고, 지하의 세계를 인간 세상인 지상으로 끌어내어, 보이지 아니하는 기운을 행동으로 표현하며, 움직이지 아니하는 본래의 마음을 덕행으로 실천하여 생동하는 양심으로 활발活潑하게 생활하고 있는 것이다. 그러한 삶 속에서 숨결로 숨쉬고 있는 것이 인정인 것이다. 인간의 정감이 정취情趣에 의해 드러나며, 인간의 정서가 욕정이 절제된 과욕寡慾에 의해 드러나 인간미, 인정미로서 일상에서 실행될 때 덕행은 미행이 되는 것이다. 인간의 정감이 윤리적인 덕목에 의해 미감이 되어 그 의식이 행동으로 나타날 때 인간미학이라고 할 것이다. 자효慈孝의식은 바로 그러한 인간미학의 기초가 되는 것이다.

윤리란 덕목보다는 정리情理가 행위로 나타나는 덕행이 중요한 주제로서 동양윤리에서는 특히 인간관계의 정리를 따지는 인륜의 문제가 주제가 된다. 인간이 무엇인가라는 물음은 철학적 인간학에서의 명제이다. 그러나 동양의 전통적인 관념에 의하면 인간의 존재론적 규명보다는 인간은 창조물이라는 전제에서 시작하는 생명론적 인간학을 중시한다. 유가에서 인간을 설명할 때 금수와 구별한다. 인간 역시 감성적 동물이다. 능력으로 본다면 인간과 금수가 생존을 위해 능양能養할 줄 아는 점은 같다. 그러나 그것은 다만 본능적인 내리사랑에 지나지 않는다. 가족관계에서 능애能愛하는 원리를 체득하는 것이 친애하는 본질이다.

백행百行의 근원이라고 하는 효행은 부자자효[3]라는 쌍방의 도리가 있지만 그것은 목숨만을 연속시키는 것이 아니다. 인간은 신체적으로 직립直立 보행步行하므로 우리를 둘러싸고 있는 생활공간은 상하 좌우 전후 내외의 팔방八方이 있다. 이러한 공간은 나라는 존재는 하나에 불과하지만, 그 공간은 부자관계 등의 인간환경을 이루고, 상대에게 마음씨를 드러내어 인정을 나누며 살아가는 환경인 것이다. 또한 시간적인 영속성 속에서 부자간의 생명을 이어가며 원만한 관계를 이루어 가는 것이다. 이를 자연에 대입해 보면 천지天地, 풍화風火, 산택山澤, 수화水火를 짝하여 살고, 인간관계에 대입해 보면 부모, 형제, 선후배 등 혈육과 타인이 어울려 사는 것이다.

다시 말해서 혈구絜矩[4]의 관계를 이루어 살아가는 것이 인도人道라 할 것이다. 혈구란 직각자로써 헤아리는 것이니 상하 사방을 서恕로 헤아림은 모두가 사람과 사람 사이의 교제이다.

이러한 관계는 중中이라는 개념에서 종횡의 관계를 이루고 원방圓方의 규구規矩라는 척도로서 서로를 이해하고 판단하여 행위를 아우르는 것이다. 이러한 혈구의 도는 서恕이다. "효제자孝悌慈로서 인을 이루는 것이다. 서를 강하게 행하면 인을 구함은 이보다 더 가까운 게 없다."
"서恕하는 마음가짐에는 두 가지가 있다. 하나는 미루어 가는 추서推恕이며, 또 하나는 받아들이는 용서容恕이다. 『중용中庸』에서의 '자신에게 베풀어서 원하지 않는 것을 남에게 베풀지 말라'거나 자공子貢의 '내가 남이 나에게 가하는 것을 원하지 않는 일을 내 또한 남에게 가함이 없도록 한다'는 것 등은 또한 추서이며, 『대학大學』에서의 '윗사람에 미워하는 바로써 아랫사람을 부리지 말고, 아랫사람에 미워하는 바로써 윗사람을 섬기지 말라'고 한 것 또한 추서이며, 공자孔子의 '자기가 하고자 하지 않는 것을 남에게 베풀지 말라'고 한 것 또한 추서이다. 추서는 자수自修하는 바이다. 그러므로 맹자孟子는 '억지로라도 서恕를 행하면 인은 아주 가까이 있다'라고 하니, 이는 사람과 사람이 교제할 때 오직 추서만을 요긴한 방법으로 생각해야 함을 말함이다.… 추서는 자수自修를 주로 하여 자기의 선한 점을 실행하는 것이요, 용서란 치인治人을 주로 하여 남의 잘못을 관대하게 보아주는 것이다."[5]

인간다움이란 논리적으로 정의되는 내용이 아니다. 인간의 정감이 충만한가 결핍되었는가의 정리情理작용에 따라 나타나는 현상이기 때문에 의식에 따라 행동으로 드러난다. 따라서 인정미가 있는 행위가 인간답다고 할 수 있다. 의식적인 도덕관념보다는 실천적 덕행과, 지식보다는 식견이 있는 상식적 지혜에 의해 일상 속에서 체험하는 실천도덕적 덕성德性의 지혜학智慧學[6]이라 할 것이다. 따라서 정리로 해석되는 덕성이 오히려 상식적인 것이라 할 것이다.

인간의 삶은 정감이 기쁘고 즐거운 열락說樂[7]의 세계이다. 낙생樂生의

생이요 '생생지리生生之理'의 인생인 것이다. 인간 공동체에서 서로를 살리는 마음은 행위의 원동력으로 생명을 아끼는 마음이다. 그것은 사람과 사람 사이에 원망이 없고, 다툼이 없는 세계인 것이다. 서운한 감이 없고 남을 이겨내려고 미워하지 아니하고 서로 인정을 나누는 마음이 기쁘고 즐거움이다. 인정 없이 매몰찬 인간이 아니라 이해심과 동정심이 있는 인간이 군자君子인 것이다. 이와 같이 인간의 정감이 정취의식에 의해 인정을 나누는 마음 씀씀이가 미행美行으로 일상에서 체현體現되는 것이 유가의 인간미학적 윤리라고 할 수 있을 것이다. 인간미와 인정미가 있는 행위를 우리는 미행이라 하는 것이다.

인간에게는 삶이 있고, 행위가 있고, 행동이 있고, 실천이 있다. 그것은 삶의 원리에 의한 삶의 방식이 있다. 윤리는 인간에게만 있으며, 사람이 사람을 아끼는 인정미를 현실에 이룩하는 삶의 원리이자 이법인 것이다. 인간으로 태어났다면 어떻게 해야 인간적인 가치를 지니는 인생을 살 수 있는가 하는 가치론적 인간학이 주요 명제가 되는 것이다. 본질론적 인식을 위한 논리보다는 인간됨의 정리情理를 일상에서 체현시키는 도리를 문제삼는다. 그러므로 지식을 위한 논리체계보다는 식견을 넓혀 상식으로 삶을 이해하려는 태도가 실천행위를 좌우하는 것이다. 천지에 가득한 것은 만물이요, 자연의 구체적인 것이 만물이다. 그 만사 만물의 도리가 모두 나의 심중에 구비되어 있다. 만약 내 몸에 되돌려 성심으로 자문한다면 이보다 더한 즐거움은 없을 것이다. 만약 나를 미루어 남에게까지 미치게 하는[推己及人] 서도恕道를 행한다면 어진 덕에 이르는 것이 이보다 더 가까운 것이 없을 것이다.[8] 인간의 생명 자체는 고귀하다. 따라서 진정한 인간 이해란 생명의 완성체로서 해명하여야 할 것이다. 선불선善不善과 미추美醜를 식별하는 능력은 의식에서 온다. 그 의식은 관념에만 머물러 있는 것이 아니라 행동으로 드러난다. 행동은 생명력이 있는 살리고자 하는 마음인 인정에 바탕을 두고 이룩되는 것이다. 인간의 미덕美德이 흉중에 있는 것이 아니라 미행美行 가운데 실현되는 것이다.

인간의 정감과 정리로서의 미덕은 인자함이요, 인간의 사회성이라고 할 수 있는 인정이다. 인정이란 무엇인가 하면 거짓이 없는 진실한 생각이다. 인간의 정감은 무엇인가 하면 희, 노, 애, 구, 애, 오, 욕이다. 일곱 가지 감정 혹은 심리작용 이것은 배우지 않고도 능한 것이다.[9] 이 가운데 싫어하는 오와 욕심은 심의 큰 단서이다. 사람이 심을 간직하나 측도할 수는 없다. 미오美惡는 모두 마음에 있어서 그 본색을 볼 수 없다. 그래서 한결같이 궁구하려면 예禮를 버려두고 무엇으로 하겠는가.[10] 이와 같이 인정은 심전心田으로 여기기 때문에 사람이 온오蘊奧한 것으로 여긴다. 정에 따라서 행색을 꾸며내는 '합정식모合情飾貌'하는 것은 예악禮樂의 일이다. 그것은 원망이 없고 다투지 않는 세상을 만드는 것이다.[11] 따라서 인정은 정감이요, 정리인 것이다. 정리는 곧 예악이다. 예악이란 것은 정감의 변할 수 없는 것이요, 바꿀 수 없는 이치인 것이다. 그래서 예악은 인간의 정감을 관장하는 것이다.[12]

인간의 행동은 이성적이라고 하기보다는 오히려 감성적이라 할 것이다. 감성은 감정적인 충동이 아니라 정감이다. 이성은 상대가 없어도 독자적인 행동을 할 수 있으나 감성은 대상과 더불어서 서로 조화로운 관계를 이루어야 실천이 가능하다. 인간의 의지는 감성에서 나온다. 그 감성은 의식의 기반이요, 행위로 표현되면 덕성이 되는 것이다. 윤리학의 기본 범주는 선악이다. 그래서 선은 착하고 아름다운 것이라 하고, 악은 본성을 따르지 아니하는 추악한 것으로 간주하여 선하지 못한 불선不善은 선한 것으로 광구匡救되어야 한다.

그러나 유가에서 윤리의 궁극적인 문제는 사람됨에 있다. 정감이란 배우지 아니하고도 능한 것이다. 인인仁人이라야 능애能愛하고 능오能惡할 수 있다.[13] 따라서 그 사람이 어진가 어질지 못한가를 분별하여 사람다운 가치의 기준으로 삼는 위인爲人생성론生成論을 기초로 삼는다. 선이란 착하다, 좋다, 잘한다, 잘났다, 훌륭하다는 뜻이다. 이는 어떤 상태가 어떠한가, 또는 꾸밈이 어떠한가 하는 추상적인 표현이라 할 것이다. 그와 달리 인이란 제대로 하는가 못하는가, 제대로 되었는가 하는 구체적인 표현이며, 다시 말해서 제대로 갖추었느냐 하는 구비具備의 문제이다. 우리 말에는 병신病身이나 불구자不具者라는 상스러운 말 대신 불인不仁하다는 말이 있다. 제대로 갖추어야 구俱한 것이라는 의미이다.

그러면 여기에서 무엇을 제대로 갖추어야 사람다운가? 그것은 인정미요, 정서미情緖美를 의미한다고 할 것이다. 인정이 결핍되거나 불비不備하면 정서가 불안하여 사람이 잘못된 불구자가 된다는 것이다. 바로 인간답지 못한 불인한 사람이 된다는 것이다. 이것은 마음이 어질지 못하다는 의미만을 내포하고 있는 것이 아니라 신체적으로 갖추어야 할 것을 제대로 갖추지 못한 것도 그렇게 말한다. 환鰥과寡고孤독獨자들도 모두 제대로 구비되지 아니하고 결핍되어 있는 자들이다. 나라는 존재는 만물의 성정이 모두 구비되어 있다고 한다.[14] 그러므로 유가윤리는 나는 어떤 사람이다 라는 명제보다, 나는 마주하고 있는 상대에게 무엇이 되느냐가 관심거리이다. 즉 '이다'라는 존재론적 규명보다 '되느냐'라는 생성론적 해명이 주제를 이룬다. 우리의 행동거지는 사람된 자로서, 자식된 자, 아비된 자, 신하된 자, 임금된 자 등과 같이 위인爲人이 주제가 되어 사람다운 인간미를 추구하고자 하는 것이다. 효제孝悌라는 것은 사람다움을 위하는 근본이라 하여[15] 실제생활과 수양에 있어서 인을 행하는 것은 효제로부터 시작하여야 한다는 것이다. 이와 같이 위인爲人, 위인爲仁, 위학爲學처럼 '하는 것'의 의미가 긴요한 것으로 되어 있다. 덕성德性이 드러나는 덕행德行을 중시하는 것이다.

하늘로부터 천부적으로 얻은 것은 덕이다. "오직 곧은 성품인 직성直性으로 나의 곧은 마음인 직심直心을 행하는 것을 일러서 덕이라 한다."[16] 덕은 생득生得한 직심을 행하는 것이어서 덕은 득得이라 한다. 감성은 인정 속의 덕성이다. 마음이 작용하여 행동으로 실천하는 것은 심덕心德에 기초한다. 인간의 행동을 통하여 체득되고 체인되는 것이다.

이와 같이 유가윤리는 위인爲人론으로 사람됨이 주요 명제이며, 체험하고 더 나아가 인간됨을 체득하는 단계로 승화되는 효행에 그 기초를 둔다고 할 것이다.

효제孝悌와 자애慈愛의 존경의식

우리 전통의 문화가치로 보면 효제자의 덕목은 아무리 강조해도 부족한 도덕의식이다. 그것은 전통문화의 가치관념일 뿐만 아니라 윤리도덕 체계의 기본이 되는 하나의 틀이 되기 때문이다. 작게는 가정윤리의 도덕체계를 형성하는 관념이지만 이를 바탕으로 사회를 경륜하는 데까지 크게 생각할 수 있는 덕목이 되기 때문이다. 자효慈孝란 사랑을 근간으로 하며, 인애仁愛, 친애親愛 등 도덕관념과 상관되는 개념이기 때문인 것이다. 인간의 구조는 심신으로 이루어졌다. 마음과 몸이 따로 떨어져서 존재하는 것이 아니라 대대적으로 입체적인 구조를 이룬다. 또한 인간은 군거群居하는 사회적 존재로서 대대적인 인간관계 속에서 삶을 영위하고 있다. 그러한 인간관계는 마음을 함께 나누며 살아간다고 할 때 인정을 나누는 관계, 다시 말해서 인륜이라고 할 것이다. "사람과 사람의 접촉이 곧 인륜이 아니겠는가. 인륜을 스스로 극진히 하는 것이 곧 지선이 아니겠는가."[17] "'지어지선止於至善'이란 인자人子가 되어서는 효에 지止하고(여기에 이르러 옮겨 갈 수 없는 것), 인선人臣이 되어서는 경敬에 지하고, 국인國人과 사귈 때에는 신信에 지하고, 인부人父가 되어서는 자慈에 지하고, 인군人君이 되어서는 인仁에 지하니, 무릇 인륜 밖에 지선至善이란 없는 것이다."[18] 따라서 인륜관계는 인정의 지선至善을 바탕으로 하고 있다. 인생은 가족이나 사회 공동체 속에서 인정을 나누며 살아가는 것이다.

인정은 이른바 사단과 칠정으로 구분하여 말하는 희로애락과 같은 감정을 가리키는 것보다는 오히려 정서적인 마음씨를 두고 말하는 것이다. 우리의 마음이 의식으로 머물지 아니하고 행위로 나타나는 감성을 의미하는 것이다. 따라서 어떠한 태도나 자세보다는 실천으로 드러나는 미감美感을 말하는 것이기도 하다.

동양의 사유형식 가운데 하나의 특징은 식물적 사고이다. 땅이 지니는 질서에는 생장生長하고 수장收藏하는 자연성이 있다. 춘하추동의 변화에 따라 봄에는 만물이 소생하며 생기가 발랄한 맹아萌芽의 미美가 있고, 여름은 검푸르게 무성한 농밀濃密의 미가 있고, 가을은 소슬하고 청량한 영락零落의 미가 있고, 겨울은 차갑고 마르고 딱딱한 냉엄冷嚴의 미가 있다. 그러나 무엇보다 씨앗인 종자가 건실健實해야 한다. 인자仁者를 어진 이로 해석하지만 제대로 된 자를 의미한다. 신체가 불구인 자를 우리는 불인不仁하다고 한다. 씨앗이 불인不仁하면 성장도 개화도 결실도 월동도 제대로 되지 아니한다. 마음의 중핵中核을 인仁이라 하고 인자仁慈함의 자慈라는 문자文字의 구성을 살펴보면 풀포기가 떨기를 이루어 자라나는 형상인 자玆와 마음 심心으로 이루어진 회의會意문자로서 사랑한다, 아낀다는 애자愛字로 풀이하고 있다.[19] 아낀다는 말은 '앗기다'에서 왔다. 마음을 빼앗기다 라는 말은 제 마음을 상대에게 빼어서 앗겨버린다는 뜻이다. 부모는 자식에게 항시 마음을 쓰고 있다. 그러므로 사량思量하는 것은 아끼는 생각인 것이다. 이를 통해 본다면, 인정 가운데 자慈는 어린이를 전심전력으로 아끼며 길러내는 자애慈愛의 의미를 지니며, 자육慈育의 뜻으로 양육養育하는 뜻이 깊다고 할 것이다.

한편으로 효는 연하年下의 사람이 연상年上인 사람을 잘 받드는 뜻으로 봉양奉養의 의미를 지니며, 효자의 구성을 보면 耂(老)와 子의 회의문자로 이루고 있다.[20] 따라서 효자孝慈는 인륜관계에서의 쌍방의 마음 바탕이 되는 것이다. 사람이 남을 사랑하는 원리를 배우는 것은 부자간의 인정인 효자孝慈에서 비롯되는 것이다. 자식은 부모에게서 친애하는 본을 배워서 남을 사랑할 줄 알게 되며, 부모는 자식을 자애慈愛하는 근본으로 남을 사랑하게 되는 이른바 '능能히 애인愛人하고 만물을 구제하는 능애能愛'[21]의 구체적인 실천이 효자孝慈인 것이다. 전국시기에 애愛의 어의語義는 자애慈愛의 원리에서 체험적인 친애親愛로 발전하며, 다시 친애에서 사회적인 인애仁愛로까지 확대된다. 인애 관념이 생겨나게 된 것은 이러한 시기에 사회의식의 관념이 인본人本사상의 흥기興起를 반영한 것이라는 것을 의심할 것도 없다. 『맹자』에서 "내 집의 노인을 노인으로 섬기고서 남의 노인에게까지 미치며, 내 집의 어린이를 어린이로 자유慈幼하고서 남의 집의 어린이에게까지 미친다면, 천하를 손바닥에서 움직일 수 있을 것이다."[22] 하였다. 정약용은 『대학』의 명덕은 효제자이며, 친민親民은 노노老老, 장장長長, 휼고恤孤라고 풀이하고 있다.[23] 이것은 논어에서 말하는 '노자안지老者安之하고, 붕우신지朋友信之하고 소자회지少者懷之니라.'[24]는 의미와 같은 것이다. "순임금이 설楔에게 명하기를 '백성이 친애하지 않으니 그대는 5교五敎를 펴도록 하라' 하였으니 오교는 효제자인 것이다. 백성을 가르치되 자慈로써 한다면, 백성의 아비된 자는 그 아들에게 친애하며, 백성의 어른이 된 자는 그의 어린이에게 친애할 것이다."[25]

일상적으로 엄부자모嚴父慈母라는 용어를 사용한다. 이것은 부모의 역할을 분명하게 규정하는 표현이다. 종래에는 엄부라 하면 부모를 지칭하는 말로 사용하였으나 부모의 역할 가운데 어머니는 자애로운 마음으로 자식을 기르고 아버지는 엄격한 마음으로 길러내는 것을 구분하여 말한 것이다. 우리 인간은 어느 한편으로 치우쳐서는 온전한 인간으로 성장할 수 없다. 상식적으로 사람을 평가할 때, 고향이 어딘가, 학교는 어디를 나왔는가 하는 물음보다 더 중시하는 것은 부모님은 모두 살아 계신가 하는 물음이 앞선다. 왜냐하면 부모가 구존俱存하여 이성적 능력과 감성적 능력을 고루 갖추어 정서적인 안정을 누릴 수 있을 때 인간사회에서 제대로 된 삶을 살아갈 수 있는 것이다. 세상 사람들은 자식을 기르는데 아버지는 엄격해야 하고, 어머니는 자애로와야 한다고 말한다. 이것은 가정교육에서 인정미를 기르는 정서교육의 이론이 되는 것이다. 엄격함과 자상함은 어느 하나 결핍되어서는 아니 된다. 엄한 것은 자녀로 하여금 두려움을 갖게 한다. 그렇게 공구恐懼하는 마음은 무한한 고독감과 원망스러움을 낳게 하고, 사람을 믿지 않는 심리를 갖게 하여 자립심을 길러준다. 한편 자애로움은 자녀에게 의뢰심을 갖게 하여 겁나고 어려운 일에 마음을 놓이게 하여 책임을 저버리지 아니하는 심리를 갖게 해 준다. 오직 엄함으로써 현실적인 어려움을 계발해 나가는 이성을 지닐 수 있으며, 자애로움으로써 친애함이 깊게 되어 서로 아낄 줄 아는 감성이 불어나 이지적이고 인정이 넉넉한 자녀를 길러낼 수 있는 것이다.

그러나 엄격함은 엄친嚴親 외에도 남에게서 받을 수 있는 영향이 있으나 자애로움은 자친慈親이나 자당慈堂으로 높여 부르는 어머니의 몫이라고 할 것이다. 어린이를 길러내는 원동력은 감성적인 자유지심慈幼之心이다. 갓난이를 강보에 감싸 안은 적자赤子를 기르는 마음이다. 맹무백孟武白이 효에 대해 묻자, 부모는 오직 자식의 병을 걱정할 따름이라고 공자는 말씀했다. 부모가 자식을 사랑하는 마음은 미치지 않는 바가 없으나 오직 건강에 탈이 날까 두려워하여 근심하는 것이다. "집을 나설 땐 반드시 고하고, 집에 되돌아 왔을 때에는 반드시 얼굴을 보여야 한다"는 것과, "놀러 갈 때는 반드시 향방이 있어야 한다"[26]는 의미도 생명의식에 기인하는 것이다. 의식은 행동이 항상 수반되는 것이다.

정리情理와 상식常識

유가윤리는 인간관계의 논리이다. 인간관계의 기본적인 인정은 바로 효제자의 덕성이다. 따라서 정이란 본래의 마음에서 우러나오는 것이라 하더라도, 효제孝悌는 반드시 감동을 받은 후에야 흥기하는 것이나 자애만은 가르치지 않아도 능히 할 수 있는 것이다. 도덕의식이란 마음속으로 감추고서 셈하여 운용하는 것이다. "그러므로, 사상이나 지려志慮 등의 글자와는 같지 아니하다. 연꽃 열매인 연자蓮子는 청심靑心의 맹아萌芽이며, 속에 있는 것을 의薏(연밥 알맹이)라 하니 이것으로 미루어

알 수 있다."[27] 자애의식이란 정리로서 마음속에 잠재해 있는 생각이다. 이러한 의식은 자수自修하는 것이어서 더욱 그러하다. 그러나 자애는 자혜의 의미로 확산되어 남의 노인을 존경하고 남의 어린 아이를 내 아이처럼 보살피는 사회성을 가질 때 지선至善의 참된 의미를 갖게 되는 것이다.

"논리와 대조를 이루는 것에 상식이 있다. 상식이라 하기보다 정리라고 하는 편이 타당할지도 모른다. 정리를 존중한다는 것은 인간문화에 있어서 가장 건전한 최고 이상이며, 진리를 아는 사람은 최고의 문화인이라고 생각한다. 누구나 완전무결할 수는 없다. 다만 정리를 분별하는 호감을 가지는 인간이 되려고 노력할 뿐이다. 실제로 나는 세상 사람들이 개인의 문제나 국가의 문제에 있어 이러한 정신을 체득할 시대가 올 것을 고대하고 있다. 사위를 구하는데 기준이 되는 것이란 하나 밖에 없다. 그 젊은이가 정리를 깨닫고 있는 인간인가 아닌가 하는 그것 하나로 그친다. 절대로 다투지 않는 부부란 상상할 수 없다. 다만 알맞게 싸우고, 또 알맞게 화해를 할 수 있는 정리를 깨닫고 있는 부부를 생각할 수 있을 따름이다. 정리가 있는 인간세계에서만 우리는 평화와 행복을 즐길 수 있다. 정리시대라고 하는 때가 언젠가 온다고 한다면 그 시대야말로 정말 태평시대이며, 정리의 정신이 널리 퍼진 시대라고 할 수 있다. 이 정리를 존중하는 정신은 동양이 서양에 제공하지 않으면 아니 될 최선의 것이다."[28]

논리에 의한 지식보다는 정리에 의한 상식이 통하는 사회가 되려면 덕성을 중시하는 풍조가 일어나야 한다. 지성을 가진 인간이 훌륭하지 않은 것은 아니지만 한쪽으로 기울어진 사람은 변통을 모른다. 곧이곧대로 사는 것만이 대수가 아니다. 인성은 인간의 자연성이라 한다면 인정은 인간의 사회성이다. 비인간적인 결과를 도출하고서도 그것은 논리적이고 법률적이며 과학적이라 아무런 하자가 없다는 것이다. 그러나 세상은 매몰찬 인간을 원하지 않는다. 정겨운 인성을 지닌 인간미가 있는 정서적인 사람을 세상은 원하는 것이다.

자애의식은 자유慈幼하는 원리를 지니고 있으며, 부자간의 인간관계 속에서 체험하는 친애로서의 자효의식을 갖게 되며, 사회적으로 구현해 내는 자혜의식으로까지 발전하는 의미를 지니는 것이다. 『대학大學』의 삼강령의 효제자 의식이 유교의 이상이라 한다면 『예기禮記』 예운편에 나타나는 지공至公무사無私하는 대동사회의 구현과 동일한 것임을 알 수가 있다. 다시 말해서 유가윤리의 논리는 대대待對의 논리이며 인간의 사회성인 인륜을 중시하는 체험과 체현 속에서 우러나오는 인간미와 인정미가 있는 행위를 대상으로 삼고 있다는 것이다.

■ 주

1 丁若鏞,『大學公義』二, 意者 中心之隱念也 自欺者 人性本善 知不善而爲之 是自欺也 惡臭好色 其好惡 無表裏之殊 故謙慊 通快也

2 丁若鏞,『大學公義』三, 義曰 人生斯世 其萬善萬惡 皆起於人與人之相接 人與人之相接 而盡其本分 斯謂之仁 仁者二人也 事父孝曰仁 子與父二人也 事兄悌曰仁 弟與兄二人也 育子慈曰仁 父與子二人也 君臣二人也 夫婦二人也 長幼二人也 民牧二人也 仁親仁民 莫非仁也

3 『禮記』「禮運」, 十義

4 『大學』傳十章

5 丁若鏞『大學公義』三, 鏞案 恕有二種 一是推恕 一是容恕 其在古經 止有推恕 本無容恕 朱子所言者 皆容恕也 中庸曰施諸己而不願 亦勿施於人 此推恕也 子貢曰 我不欲人之加諸我也 吾亦欲無加諸人 此推恕也 此經曰 所惡於上 毋以使下 所惡於下 毋以事上 此推恕也 孔子曰 己所不欲 勿施於人 此推恕也 推恕者 所以自修也 …… 推恕容恕 雖若相近 其差千里 推恕者 主於自修 所以行己之善也 容恕者 主於治人 所以寬人之惡也

6 『孟子』「盡心章」上, 人之有德慧術知者

7 『論語』「學而」

8 『孟子』「盡心」上, 孟子曰 萬物皆備於我矣 反身而誠 樂莫大焉 强恕而行 求仁莫近焉

9 『禮記』「禮運」, 何謂人情 喜怒哀懼愛惡慾 七者弗學而能

10 『禮記』「禮運」, 故欲惡者 心之大端也 人藏其心 不可測度也 美惡皆在其心 不見其色也 欲一以窮之 舍禮何以哉

11 『禮記』「樂記」

12 『禮記』「樂記」

13 『論語』「里仁」

14 『孟子』「盡心章 上」, 萬物皆備於我

15 『論語』「學而」

16 丁若鏞,『大學公義』一, 惟有直性 能行吾之直心者 斯謂之德

17 丁若鏞,『大學公義』一, 人與人之相接 非卽人倫乎 人倫之所自盡 非卽至善乎

18 丁若鏞,『大學公義』一.

19 『說文解字』

20 『說文解字』

21 『周易』「繫辭」上

22 『孟子』「梁惠王」上, 老吾老 以及人之老 幼吾幼 以及人之幼 天下可運於掌

23 丁若鏞, 『大學公義』一, 三綱領圖 참조

24 『論語』「公冶長」

25 『論語』「公冶長」

26 『論語』「里仁」

27 丁若鏞, 『大學公義 二』

28 林語堂, 『生活의 發見』, 김병철 역, 을유문화사, 1963.

03

효경문화의 본질

인간환경과 효경사상

이른바 한국인의 정체성은 일상생활인 인간관계와 의식주 생활을 지탱하여 주는 고유신앙과 의식구조에 의해 형성되는 것이다. 바로 한국인의 인륜과 일용의 도에 따르는 것이다. 우리 민족의 본연성은 고유 내지는 민속신앙을 바탕으로 하는 생활환경에 의해 역사적으로 표층에 나타나지 아니하여도 심층적으로 무의식중에 응집하는 것이다. 물론 민속은 고대문화의 잔존물만이 아니다. 우리에게는 고대사상을 일러주는 고대 문헌이 영성零星하다. 그러나 민속에 대한 단편적인 기술이란 고대인들의 일상성을 기록한 것이다. 그것은 생활체험을 기준으로 민속적 기술이 이루어지는 것으로 간주할 수 있는 것이다.

문화란 두 가지 개념이 있다. 어떤 집단의 지적인 수준이나 지성, 교양을 나타내는 이른바 사상적 개념과 어떤 집단의 생활양식을 나타내는 문화의식의 개념이다.

인간의 역사는 만남의 기록이요, 그것은 인간이 상생하는 도로서 서로가 어울림의 이야기를 말하는 것이다. 다시 말하면 인간이 생명체로 태어나 사람들과 더불어 살아가는 생활의 도리는 인간환경을 어떻게 경영해 가는가의 방법인 것이다. 인간은 이성과 감성을 지니고 행동한다고 한다. 그러나 인생은 덕성과 정감에 의해 남들과 더불어 살아가는 것이다. 그것은 덕행으로 생활하는 것이요, 그 덕행은 효경의식의 실천을 벗어나지 않는 것이다. 인간환경은 입체적으로 육합六合의 구조 속에서 이루어지기 때문이다. 상하, 좌우로 이루어지는 종횡의 공간적 환경과 전후, 팔방으로 이루어지는 원방각圓方角의 시간적 환경으로 구성하는 것이 바로 인간사회인 것이다.

인간사회의 생태적인 환경은 풍속이다. 우리나라는 고래로부터 경천敬天숭조崇祖의 미풍양속을 신앙처럼 지니고 살아왔다. 이른바 경천애인敬天愛人하고 조상숭배하는 풍속은 효제의식을 근본으로 한 인내천 사상인 것이다.

인간은 사회적 존재이다. 그것은 인간이 군거하며 인간관계 속에서 인륜의 도를 실천해 간다는 것을 의미한다. 유학은 어떤 의미에서는 철학적 인간학이라 할 것이다.

인간관계는 고대로부터 오륜五倫으로 설명한다. 인간은 자신을 중심으로 상하로, 좌우로, 전후로 남들과 관계를 맺어 살아가는 입체적 구조를 형성하는 것이다. 그것은 나와 남의 분별을 내세우는 것이 아니라 우리는 하나라는 일체관념에 기초를 두고 있다. 그러므로 이른바 유가에서는 오륜의 덕목인 친애親愛, 의리義理, 분별分別, 신의信義, 차서次序 등 나 자신이 상대가 되는 남과의 만남에서 덕성을 실천하는 덕행을 강조하고 있는 것이다. 이른바 효친孝親경로敬老사상은 가족윤리이자 사회윤리인 것이다. 자신의 어버이를 친애함은 남을 대하는 대인관계의 근본이 되는 것으로 남을 대하는 구체적인 덕성은 경애敬愛함이 되는 것이다.

효는 백행의 근본으로서 모든 행위의 원천이라는 의미는, 생명의 의의가 바로 자기 행동의 완성이라는 점에 무게를 두는 것이다. 그 생명에 대한 효의식은 생사를 관통하고 있다. 효행의 구체적인 내용은 달효達孝와 추효追孝이다. 달효란 부모가 살아 계실 때 존친尊親하여 부모의 마음에 욕되지 않게 봉양하는 것을 의미하고, 추효는 돌아가신 후 추모하여 보본報本반시反始하는 것을 말하는 것이다.

이른바 효심이란 효의식의 본래적 의미를 주목하는 표현이요, 효도란 효의식의 구체적 방법을 말하는 것이며, 효행이라는 용어는 효의 실천적 측면을 강조하는 표현이다. 또한 효성이란 정성으로 집중하는 것을 말하고, 효자란 부모를 닮은 자식을 말하는 것이다.

이와 같이 효친이란 나를 닮은 나에게 대한 사람대접인 것이다. 이를 미루어 동기간에서부터 이웃으로 옮겨 가 남을 대하는 예의가 되는 우애는 바로 효제의식인 것이다. 나라는 존재의 사회화는 부부관계에서 비롯한다. 그 기본정신은 상경相敬하는 의식이다. 공경이란 일방적으로 자신의 의사만을 고집하는 것이 아니라 쌍방이 합의를 이루어 실천해 나가는 것을 말하는 것이다. 이러한 공경의 확대가 존현尊賢하는 경로敬老의식이다. 나라는 존재는 상하 수직관계와 전후 좌우 수평관계가 만나는 그 한 가운데에서 입체적으로 어울려 심신을 살려내고 있다. 이러한 만남은 입체적 관계 속에서 서로 마음을 나누며 살아가게 하는 원동력이 되는 것이다. 만남에서 상대를 대하는 사귐에는 나와 남을 분별하는 점과 나와 남이 화동和同하는 정신이 있어야 한다. 그것은 자신의 마음가짐과 몸가짐을 제대로 갖추는 일에서 출발한다.

나라는 존재는 개체가 아니라 만남을 통한 우리라는 공동체 속에서의 구성원으로 이해하는 것이다. 따라서 인생 역정에서 나라는 존재는 오륜에서 말하는 모든 관계에서의 체험을 하고 있다고 할 것이다.

일반적으로 효도, 효성, 효심을 말하고 있지만, 그것은 자식이 부모에게 일방적으로 행하는 마음을 강요하는 의미가 강하다. 효란 기실은 부자간의 쌍방이 지녀야할 생명의식을 의미하는 것이다.

효경孝敬이라는 용어는 『효경孝經』에서 효제와 애경의식을 합하여 말하는 것이다. 효경의 의미로서 실제적인 용례는 "효는 백행의 맨처음이 되니, 정가正家하는 도리는 효경함을 먼저 삼아야 한다"[29]는 말에서도 찾아볼 수 있는 것이다.

효경의식의 연원

유학에서의 효경의식은 인간의 성정에서 상대적으로 배어나오는 기초적인 인간성이다. 유교에서의 근본사상으로서의 인간성은 덕성德性이다. 어질다는 인仁이란 바로 인간다움을 말한다. 공자는 "남을 사랑하는 것이다"[30] 라고 하였으며, "자기가 서고자 하면 남을 세우며, 자기가 달하고자 하면 남을 달하게 할 것이니, 가까운 데어서 취해 확대시켜 나가는 것을 인의 방법이라 할 수 있다."[31]고 하였다.

즉 공자의 인사상은 곧 사람에 대한 애정과 관심을 바탕으로 효孝·제悌·충忠·신信 등을 그 실천하는 덕행의 요목으로 삼고 있는 것이다.[32] 또한 맹자도 "부모를 친애하는 것이 인이다"[33] 라고 하였다. 이와 같이 인간관계 속에서 이루어지는 인정을 나누는 기초는 부자관계로 시작하여 타인에게로 확산되는 것이다. 효경의식은 신뢰와 사랑으로 인의 실현을 위한 규범이 되는 것이다.

인간은 주관적으로 이성적 사유보다는 감성적으로 안정된 정서를 통해서 생명을 부지한다.

인륜이란 인간관계의 논리이며, 나와 타인과의 만남의 논리이다. 만남은 관계의 논리를 실천하는 것이다. 인간이 만나는 관계는 상하좌우 전후 내외의 입체적인 팔방으로 맺어진다. 그 관계 속에서 덕행으로 행해지는 실천덕목의 총체가 인仁이 되며, 그밖의 여러 덕목들은 관계에 따라 구체적으로 설명하는 것들이다.

효행의 구체적 내용은 생사生死를 관통하여 이루어진다. 효孝자는 노老의 비匕가 생략된 부분에 자子자가 종속되어 있는 합체자이다. 여기에서의 노老자는 늙어서 머리털이 변한 사람이라는 뜻으로 일흔 이상의 늙은이라는 뜻을 나타낸 것이다. 그리고 자子자는 강보에 쌓인 어린 아이의 모양을 본뜬 것이다.

현존하는 가장 오래된 자료로써 은대의 갑골문자에 효孝자가 있고, 그 뜻은 선조를 받들어 부모를 그리워한다는 봉선사효奉先思孝의 의미이다. 따라서 효는 혈연을 중심으로 하는 조상숭배 관념과 밀접한 관계가 있다.

모든 도덕 행위는 효를 근본으로 한다. 효도는 하늘의 도리이다. 그리하여 영원한 천체의 운행으로 날이 바뀌고 해가 바뀜에 따라 하늘은 만물이 자라나는 햇빛과 물을 주어 한결같이 말없이 만물을 길러낸다.[34] 그런가 하면 또 효는 땅의 도리이다. 땅은 위에 말한 하늘이 내려 주는 혜택을 버림 없이 두루 받아서 말없이 생물을 바르게 기른다. 효란 바로 천지의 임무와도 같이 사람에게서의 당연한 행위이다. 이와 같이 효도가 모든 인간 행위의 원동력이며 생명의 원천이 되는 것이다.

하늘이 양기로써 만물을 내니 이것이 부도父道이며, 땅은 음기로써 하늘의 뜻을 받드니 곧 모도母道이다. 하늘은 만물을 낳아서 감싸줌을 상도로 삼으니 경經이라 하고, 땅은 승순承順함을 마땅하게 여기니 의義라 한다. 사람은 천지 간에 나서 천지의 성품을 받았으니, 마치 자식이 부모父母를 닮는 것과 같다. 그러므로 사람은 하늘의 성품을 받아서 자애慈愛롭게 되고, 땅의 성품을 받아서 공순恭順하게 되니, 자애와 공순이 바로 효가 되는 까닭이다. 그러므로 효란 하늘의 경이요, 땅의 의이며 사람의 행실行實이다. 효는 천지의 경상經常에 근본하니, 이것을 사람이 법으로 취한 것이다. 천지의 경상은 오래되어도 변치 않으니, 사람이 천지天地에서 법法으로 취하면 또한 오래 되어도 바뀌지 않는다.[35]

이와 같이 효도의 근원을 천지 음양의 불변성과 항상성에 두고 있는 것이다.

"오늘 내가 생존하기 위해서는 수십 · 수백 · 수천의 조상이 계셨으며 또한 나에게서 앞으로 수십 · 수백 · 수천의 자손이 있게 된다. 그렇기 때문에 오늘 나를 존재하게끔 해 주신 조상에 대한 감사의 염念을 지닐 수밖에 없고 추모의 정을 품지 않을 수 없다. 이것이 바로 조상숭배 사상인 것이다. 그리고 자기를 기점으로 해서 장래 이어져 갈 아들 · 손자 · 증손 등 자손에 대해 자기 자신이 모범을 보일 수밖에 없다."[36]

이와 같이 효는 생명선의 연장선 그 자체에 뿌리박고 있는 것이다.

"천지에서 받은 성은 사람이 귀함이 되고 사람의 행실에는 효보다 큰 것이 없다."[37]

모든 만물은 하늘이 낳고 이것을 땅이 기른다. 사람도 하늘과 땅의 성품을 받아 태어나지만 우주만물 중 가장 귀한 것이다. 다시 말하면 하늘과 땅의 성품으로 말하면 사람이 가장 귀하고, 또 사람의 행실을 가지고 말한다면 효도가 제일 크다는 것이다.

사람이 하늘과 땅에서 받은 성품 중에서 인仁 하나만을 두고 말하면, 인이라는 것은 인심의 온전한 덕이 되며, 인이란 마치 물이 흘러내리는 것과 같아서 부모를 친애하는 것이 제일이요, 백성들에게 어진 마음을 베푸는 것이 둘째요, 그 다음으로는 만물을 사랑하는 것이다.

효경의식의 생명론

모든 생명을 하나로 묶는 것은 바로 이 효의 원리이며, 사람의 효의 정신을 천지 만물에까지 확대 해석하기도 한다. 「서명西銘」의 내용에서 생명론을 기초로 한 효도의 의미를 파악할 수 있다.

> 하늘[乾]을 아버지라 부르고 땅[坤]을 어머니라고 부른다. 나는 여기서 아득하게 작지만 섞여져서 그 가운데 있다. 하늘과 땅의 가득한 것은 나의 몸이고 하늘과 땅을 이끌고 가는 것은 나의 본성이다. 사람들은 모두 한 뱃속의 형제와 같고 모든 만물은 나와 함께 있는 것이다. 천자는 우리 부모의

맏아들이요 그의 신하는 맏아들의 재상과 같은 것이다. 나이 많은 어른을 모실 때에는 자기 어른을 모시는 것같이 모시고 약하고 외로운 사람을 돌볼 때에는 자기 어린애를 사랑하듯이 사랑한다. 성인은 (천지와) 덕성을 같이 하는 사람이며 현자(군자)는 뛰어난 사람이다. 무릇 천하의 꼽추, 병신, 형제 없는 사람, 자손 없는 사람, 홀아비, 과부 등은 나의 형제들로 환난을 겪으면서도 하소연할 수없는 불쌍한 사람들이다. 하늘의 위엄을 두려워하여 이 신체를 보존하는 것은 자식으로써 공경함이요 천명을 즐거워하고 또 근심하지 않게 하는 것이야말로 오로지 효도하는 것이다.[38]

이와 같이 송대 유학자 장횡거는 효를 생명을 사랑하는 것으로 보았다. 그리고 효는 생명을 사랑할 뿐만 아니라 생명의 건전성과 그 연속성을 유지한다. 부모의 생명을 사랑할 뿐만 아니라 자기의 생명, 형제의 생명, 나아가 인류, 그리고 만물의 생명까지도 사랑하는 것이다.[39] 그러므로 부모를 봉양하고 친애하는 것은 부모의 생명을 사랑하는 것이요, 그리고 "천하의 곱추, 병신, 형제 없는 사람, 자손이 없는 사람, 홀아비, 과부 등은 모두 나의 한 뱃속의 형제와 같고 모든 만물은 나와 함께 있는 것이다"라는, '만민萬民과 만물萬物이 하나의 동포同胞와 같다는 사상은 효의식에서 비롯하는 것이다.

"한 그루의 나무를 자르고 한 마리의 짐승을 죽이는 데에도 그 시기를 맞추지 아니하면 효가 아니다."[40]

공자의 이 말씀도 역시 만물의 생명을 사랑하는 것도 효도의 행위로 본 것이다. 또한 맹자도 "지키는 일 중에 무엇이 가장 큼이 되는가? 몸을 지킴이 큼이 된다."[41]라고 하였으니, 이것은 자기의 몸 즉 자기의 생명을 사랑한 것이다.

그러므로 효는 생명을 아끼며 사랑하는 것이다. 효의 본질은 사랑과 공경이며, 생명의 영속을 유지해야 하며, 생명을 경외하는 몸가짐과 아울러 마음가짐인 것이다.

부모를 사랑하고 공경하는 효도는 일생을 두고 하더라도 다 할 수 없는 것이다.

> 효자가 부모를 섬김에 있어서 평상시에는 공경함을 지극히 하고, 봉양할 때에는 부모의 즐거움을 지극히 하고, 부모가 병이 나셨을 때에는 근심함을 지극히 하고, 상사에는 슬퍼함을 지극히 하고 제사 지낼 때에는 그 엄숙함을 지극히 하여야 하니, 이 다섯 가지가 갖추어진 뒤에야 부모를 잘 섬긴다고 말할 수 있다.[42]

이와 같이 부모를 잘 섬기는 데는 때에 따라 맞아떨어지는 덕행을 행하여야 한다. 즉 공경함 · 즐거워 함 · 근심함 · 슬퍼함 · 엄숙함 등의 다섯 가지의 효행을 실행해야 하는 것이다.

자식된 자는 어려서 부모의 슬하에서 자랄 때는 진실로 그 공경하는 마음을 다하여야 하고, 부모가 자식을 먹이고 입히고 하여 기르다가 노령이 되어 기력이 쇠퇴하면 자식은 그 부모를 잘 봉양함으로써 즐겁게 해드려야 한다. 불행하게도 부모가 병을 얻으면 근심하는 마음으로 온 정성을 다하여 간병하여야 한다. 부모가 돌아가시면 애통해 하면서 삼가함을 다해야 하고, 조상을 모시는 제사에는 몸을 삼가 엄숙히 모셔야 한다. 이와 같이 부모를 섬기는 효도에는 사랑하는 마음가짐과 공경하는 몸가짐을 우선으로 하였다.

부모를 섬김에 공경이 없으면 금수로 기르는 것과 다름이 없는 것이다. 즉 효행의 실천은 물질적 봉양보다 정신적 봉양이 더 중요하다. "부모가 살아 계실 때는 멀리 나가지 않으며, 나가더라도 반드시 가는 곳을 알린다"[43] 라고 한 것이나, "살아서 섬기기를 예로써 하며, 죽어서 장례지내기를 예로써 하며, 제사지내기를 예로써 하여야 한다."[44] 라고 한 것은, 부모의 뜻을 거스르지 않고 공경과 예의를 다해야 함을 강조한 것이다.

> 증자曾子가 말하였다. "효에는 세 가지 종류가 있다. 대효는 부모를 공경하는 것이다. 그 다음은 부모를 욕되게 하지 않는 것이다. 그 다음은 부모를 봉양하는 것이다." 공명의가 증자에게 물었다. "선생님을 효라 해도 좋습니까?" 증자가 대답했다. "이 무슨 말이냐? 이 무슨 말이냐? 군자가 효라 하는 것은 미리 부모의 뜻을 헤아려 그에 따르고 부모에게 도를 나타내 보여 잘못 행하시지 않도록 하는 것이다. 나는 단지 부모를 봉양하고 있을 뿐이다. 어찌 효라 할 수 있겠는가?"[45]

> 증자가 말하였다. "자신의 몸은 부모의 유체이다. 부모의 유체를 다루는

데에 어찌 정중하지 않을 수 있으랴. 집에 있을 때에 기거함에 삼가지 않는 것은 효가 아니다. 인군을 섬김에 충으로써 섬기지 않는 것은 효가 아니다. 관직에 있으면서 언행을 삼가지 않는 것은 효가 아니다. 친구를 사귐에 신의로써 사귀지 않는 것은 효가 아니다. 전장에 임하여 용감하지 않는 것은 효가 아니다. 이 다섯 가지를 실행하지 못하면 그 화가 부모의 몸에 미친다. 어찌 삼가지 않을 수 있겠는가?"[46]

공자가 효자라고 칭찬하던 증자마저도 효를 다하였다고 말하지 못한다. 오직 부모를 봉양하고 있을 뿐이라 하였다. 이와 같이 부모에게 욕됨이 없게 하여 존경하기란 지극히 어려운 것이다.

부모가 돌아가시면 예로써 장사지내고 예로써 제사를 모시는 것이다. 『예기禮記』에 "제사란 부모가 돌아가신 후 미처 다하지 못한 봉양을 뒤좇아서 하고 아직 다하지 못한 효도를 이어나가는 것이다."[47] 라고 하였다. 그러므로 제사를 모시는 효행은 외물이 밖에서 이르는 것이 아니라 안으로부터 마음속에서 우러나는 것이며, 근본에 보답하고 처음으로 돌아가는 보본반시報本反始인 것이다. 제사를 지내는 것은 부모가 생존시에 자식들이 공경하여 효도하는 것과 같은 효도의 연장인 것이다. 지금은 내가 제주이지만 언젠가는 조상의 제사를 계속 지내야 할 자손이 필요하다. 맹자는 후사後嗣가 없는 것을 제일 큰 불효로 본 것이다.

이와 같이 부모의 생존시 존친尊親 · 불욕不辱 · 능양能養의 효도를 달효達孝라 하고, 사후에 조상숭배 사상으로 이어지는 봉제사奉祭祀의 효도를 추효追孝라 한다. 이 둘은 생사와 같이 구별되는 것이 아니다. 선조 · 부모 · 나 · 자식 · 후손으로 이어지는 생명의 연장선상에서 하나로 이어져 있는 것이다.

나눔과 어울림의 세상

생명의 개념적 속성은 의식과 정신이 있다는 것이다. 생명을 물질이 아닌 특별한 힘의 작용으로 말한다면 생기론生氣論적 이해이다. 그것은 역학적인 관계로 설명하면 기계론적 이해가 가능하다. 그러나 생명은 생물학적 의미에서는 하나의 생명적 현상에 국한된 표현이며, 생활은 경제적 의미로서 생활양식을 의미한다.

인간의 삶이란 윤리적 의미에서 의식적 도덕행위라고 할 수 있다. 따라서 인간다움을 안다는 것과 인간답게 산다는 것이 하나로 합쳐질 때, 생명성이 현실로 드러나게 되며, 그것이 바로 덕행이며 효행인 윤리적 행위인 것이다. 그러한 행위는 인간관계 속에서 이루어지므로 인륜이 중요한 명제가 되는 것이다. 인륜의 총체는 기본적으로 천륜天倫관계이다. 따라서 부자간에서의 효경의식은 모든 행위의 원천이 되는 것이다.

공자는 "효는 모든 덕의 근본이 된다"고 말하였다. 즉 효는 변치 않는 규범이요 또한 생명을 근거로 하는 모든 행동의 근본인 것이다.

효는 부모를 봉양함은 물론 조상숭배와 자손을 통한 생명과 효의 영원성을 추구하여, 수직적으로는 부모 · 자식 관계에서 가정 · 이웃 · 사회 · 국가로 확대되는 수평적인 인간관계 속에서 천지자연의 섭리와 마찬가지로 행해지는 것이다. 그러므로 효의식은 시간과 공간을 초월하여 존재하는 것이다.

나의 몸과 목숨을 있게 해 준 부모 조상에게 효도하고, 부모의 유체로 남겨진 나의 몸과 생명을 온전히 보전하여야 하며 또한 후세를 창조하고 계승하게 하는 생명의 근원이 되어야 하는 것이다

효의식은 시대에 따라 변모되어 왔다. 조상 숭배사상과 아울러 효의식은 공자가 인을 바탕으로 하는 효를 주장하고, 맹자의 오륜사상도 공자의 효제사상과 같이 상호평등의 호혜 윤리의식인 것이다. 반면 진한시대의 효의식은 교화적인 차원에서 효심孝心을 근거로 사회적 윤리의식을 형성하기도 하였다.

『효경孝經』에 나오는 효경孝敬의식을 살펴보면, 첫째 보신保身하는 효도, 둘째 공경하는 효도, 셋째 간언諫言하는 효도, 넷째 양친揚親하는 효도, 다섯째 봉사奉祀하는 효도이다.

이와 같이 자신을 부모의 일부분으로 생각하여 어떤 귀중한 것보다도 더 소중히 보신하면서 공경과 사랑으로써 부모를 섬기고, 나아가서 입신立身행도行道하여 후세에 부모를 드러나게 하고, 부모의 사후에는 생존시와 똑같은 마음가짐과 애통하는 몸가짐으로 섬기고 그리워하고 기리는 추모의 정을 잊지 않아야 한다.

■ 주

29 聖學輯要 正家章

30 『論語』「顔淵篇」: 子曰 愛人

31 『論語』「雍也篇」: 夫仁者 己欲立而立人 己欲達而達人 能近取譬 可謂仁之方也已

32 『論語』「學而篇」: 孝弟也者 其爲仁之本與

33 『孟子』「告子章句下」: 親親 仁也

34 『論語』「陽貨篇」: 子曰 天何言哉 四時行焉 百物生焉 天何言哉

35 『孝經大義』「傳三章 註」: 天以陽生物 父道也 地以順承天 母道也 天以生覆爲常 故曰經 地以承順爲宜 故曰義 人生天地之間 稟天地之性 如子之肖像父母也 得天之性 而爲慈愛 得地之性 而爲恭順 慈愛恭順 卽所以爲孝 故孝者 天之經 地之義 而人之行也 孝 本天地之常經而人於是取則焉 則者 法也 天地之經 常久而不變 人之取則於天地 亦常久而不易

36 최근덕, 「효의 본질과 그 전개」『통일로』 9월호.

37 『孝經大義』「傳五章」: 子曰 天地之性 人爲貴 人之行 莫大於孝

38 『西銘』: 乾稱父 坤稱母 予玆藐焉 乃混然中處 故天地之塞 吾其體 天地之帥 吾其性 民吾同胞 物吾與也 大君者 吾父母宗子 其大臣 宗子之家相也 尊高年 所以長其長 慈孤弱 所以幼其幼 聖其合德 賢其秀也 凡天下疲癃殘疾 惸獨鰥寡 皆吾兄弟之顚連 而無告者也 於時保之 子之翼也 樂且不憂 純乎孝者也

39 蔡茂松, 「孝의 本質과 現代的 意義」『孝思想과 未來社會』, 한국정신문화연구원, 1995, p.176.

40 『禮記』「祭義」: 夫子曰 斷一樹 殺一獸 不以其時 非孝也

41 『孟子』「離婁章句上」: 守孰爲大 守身爲大

42 『孝經大義』「傳七章」: 子曰 孝子之事親 居則致其敬 養則致其樂 病則致其憂 喪則致其哀 祭則致其嚴 五者備矣 然後能事親

43 『論語』「里仁篇」: 子曰 父母在 不遠遊 遊必有方

44 『論語』「爲政篇」: 子曰 生事之以禮 死葬之以禮 祭之以禮

45 『禮記』「祭義篇」: 曾子曰 孝有三 大孝尊親 其次不辱 其下能養 公明儀問於曾子曰 夫子可以爲孝乎 曾子曰 是何言與 是何言與 君子之所謂孝者 先意承志 論父母於道 參 直養者也 安能爲孝乎

46 『禮記』「祭義篇」: 曾子曰 身也者 父母之遺體也 行父母之遺體 敢不敬乎 居處不莊 非孝也 事君不忠 非孝也 涖官不敬 非孝也 朋友不信 非孝也 戰陳無勇 非孝也 五者不遂 裁(災)及於親 敢不敬乎

47 『禮記』「祭統篇」: 祭者所以追養 繼孝也

04

단군설화에서의 효경의식

경천敬天애인愛人사상

설화說話는 인류의 지혜와 정감이 농축된 형식과 내용을 가지고, 오랜 세월동안 지속성과 변화를 수반하면서 전승되는 구비口碑문학이다. 전설의 세계는 일상적 경험을 떠나 존재하지 않는 속성 때문에 또한 진실성에 의혹이 따르게 된다. 그러나 전승자의 태도는 그 진실성과 신성神聖함을 의심하지 않는다. 설화는 인간에 관한 이야기로서 신화神話, 전설傳說, 민담民譚, 민요民謠, 무가巫歌 등을 모두 포괄한다.

단군설화는 한국고대 정신사의 원천을 이해하는 주요 문헌이다. 사상적으로 볼 때, 한국 고대정신은 인간본위주의와 현세주의를 중시하고 있어 생명의식에 관심을 집중하고 있다. 동양의 전통으로 보면, 삼재三才사상은 천신天神, 지기地祇, 인귀人鬼의 관계를 설명해 줄 뿐만 아니라 인간이 천지자연을 두루 겸하고 있다는 의식이다. 따라서 인간 생명은 자연의 소산이다. 인간 탄생의 근원에 고마움을 나타내는 보본報本의식은 단군신앙으로 발전한다.[48]

단군설화의 자료 출처는 불가로는『삼국유사三國遺事』, 유가로는『제왕운기帝王韻紀』, 도가로는『규원사화揆園史話』등 유불도 삼교에 고루 보인다.[49] 단군의 부족국가 시대는 중국의 당요唐堯시대와 동일하다. 이는 바로 본원유학의 시원始原과 때를 같이하는 것으로 한국인의 윤리의식에 관한 유학적 해석이 가능함을 일러주는 것이라 할 것이다.

이른바 단군시대의 신시神市공동체는 씨족공동체보다 확대된 사회이다. 인간사회의 구성은 가족이 기본이다. 인간세상은 인간생명을 낳는 창조적 인간사로부터 너와 내가 더불어 살림살이를 살아가는 예치禮治사회를 이루어 가는 것이다. 따라서 인간세계는 인간관계인 인륜사회를 중요시하는 것이다.

단군설화에는 인간공동체를 이끌어가는 삼륜三倫의 인간관계 이론으로서 군신君臣, 부자父子, 부부夫婦 등의 윤리의식이 내재해 있다. 단군설화에서 군신간에는 홍익인간弘益人間이라는 이념을 위하여 군의신충君義臣忠의 공동체윤리를 찾을 수 있으며, 부자간에는 부자자효父慈子孝의 쌍방윤리가 제시되어 있고, 부부간에는 부부가 서로 공경하는 공생윤리를 살필 수가 있다.[50] 여기서는 다만 가족간의 문제로서 부자와 부부 간에 있어서의 윤리의식에 관해 논의하고자 한다. 가족관념은 혈연관계를 기본으로 인간공동체를 이루는 것이며, 이를 구체적으로 본다면 부자와 부부 간의 인간관계인 것이다.

부자간의 쌍방적 효의식

가족사회에서 부모자녀의 인간관계는 인간생명을 이어가는 천륜天倫이다. 천신의 서자가 인간화가 되는 것은 인간세상을 다스리고자 하는 의욕을 부자가 서로 알아보고 알아주는 것에서 비롯한 것이다. 단군설화에서 부자관계는 천손天孫의식에서 기인하는 환인桓因, 환웅桓雄, 단군檀君의 삼대가 함께하는 조손祖孫간의 효의식으로 일관하고 있다. 이른바 삼대문화는 한국고대로부터 전통적으로 계승되어 온 삼대가 동거同居하는 주거로서 인간생명의 영원함이 시간적으로 지속되고 있음을 현실적으로 인식하게 해 주는 것이다. 여기서 부자는 환인과 그 서자 환웅을 말한다. 이는 한편으로 천인관계를 설명해 주는 대목이기도 하다.

> "옛날 환인의 서자 환웅이 자주 천하에 뜻을 두고 인간 세상을 욕심내어 찾았다. 아버지가 아들의 뜻을 알아보고 삼위태백을 내려다보니 인간 세상을 널리 이롭게 할 만하므로, 바로 천부인 세 개를 주어 내려 보내서

이화理化하게 하다. 환웅은 무리 3천을 이끌고 태백 산정山頂 신단수 아래에 내려왔다. 그것을 신시神市라 하고, 이를 환웅천왕이라 이른다."[51]

'아버지가 자식의 의도를 알다' 라는 대목에서 지知자의 의미는 알아주는 일이다. 단순히 아는 것에 그치는 것이 아니라 알아본다는 의미이다. 그것은 의지만을 알고 지나쳐버리는 것이 아니라 그 뜻을 실천에 옮기는 것까지를 내포하고 있다. 세상에서 가장 친근한 이는 자신을 알아주는 이른바 '지기知己'이다. 그것은 아는 사람끼리는 인간적 문화 소통이 있다는 것이다. 우리는 여기서 공자의 말씀을 상기하게 된다. 정직함이란 아비는 자식을 위해 숨겨주고 자식은 아비를 위해 숨겨주는데 있다고 하는 '부자호은父子互隱'[52]의 사람다움의 사상이 있는 것이다. 숨겨주는 일이란 오늘날의 법으로는 허락되지 못하는 일이지만 부자가 서로 문화적 소통이 되었을 때 가능한 것이다. 이와 같이 부모는 자애하고 자식은 효성해야 한다는 부자 쌍방의 효리孝理는 일상적인 구체적 행위에서 현재적으로 현실을 움직여 가는 원동력으로 생명력을 표현하는 것이다.

하늘에서 내려온 신인이 만든 인간공동체를 신시라 이른다는 것은 신성함을 강조하는 것 뿐만 아니라 신인관계를 주목하게 하는 것이다. 신단수를 설정한 것 역시 세속적이 아니라 예속禮俗, 즉 인간다운 성속의 공동체임을 상징하고 있는 것이다. 여기서 환인은 천신天神으로서 아버지이요, 환웅은 신인神人으로서 아들이며, 따라서 단군은 인신人神 혹은 신선神仙으로서 천손天孫인 셈이다. 이러한 삼신三神의식을 바탕으로 구성하는 조손관계는 삼대에 걸쳐 생명을 이어가며, 시간적으로 과거, 현재, 미래가 공존하는 것을 의미한다. 한국 전통의 주거문화 속에서도 종교적 조상숭배의 일면을 살필 수 있다. 말하자면, 고대 혈거穴居의 공간 배치를 지상으로 펼친 것이 전통가옥의 형태인 것이다. 마당을 넓게 펴고 나무를 심지 않은 것은 동굴 밖을 정리하는 것과 같으며 사랑채와 안채, 그리고 부엌과 마루를 분리시키고 있다. 특히 마루[宗]에는 쌀뒤주가 제단을 대신하여 놓이고 그 천정에는 시렁을 매달아 거기에 삼신 단지를 모신다. 이는 토지신, 곡신穀神, 조상신 등 삼신으로 가옥을 보호하고 농경을 하고 자손이 평안하기를 비는 사당인 것이다. 이러한 생명의식이 바로 진정한 효의식이다. 불효하는 자는 스스로를 불초자不肖子라고 부른다. 이는 아비를 닮지 못한 자식이라는 것이다.

일반적으로 천인이라 하면, 그것은 천의와 인사를 말한다. 하늘의 뜻은 천부인 세 개이며, 그것은 천리天理인 것으로 조화와 이화와 교화의 기준이 되는 소위 금척金尺인 것이다.

> "무릇 인간 3백 6십여 가지 일을 주관하시며 인간 세상에 있어서 천리로써 교화하니라."[53]

이 대목이 천리와 인사가 하나가 되는 것을 말해 주는 것이다. 천신인 아버지가 자식의 뜻을 알아주는데 대한 효행이 바로 천리로써 인사를 교화하는 것이다. 효행은 백행의 근본이다.[54] 이러한 효의식은 자신의 생명을 아끼는 본능에서 인간의 존엄성을 찾게 되고, 더 나아가 인간생명의 생동감을 인식하여 행동하게 되는 것이다. 그러므로 효의 시작은 부모로부터 받은 신체발부를 감히 훼손하지 않는 생명의식이라고 하는 것이다.[55]

부부가 서로 공경하는 공생共生윤리

단군설화의 셋째부분에서는 인간탄생과 아울러 부부관계를 살필 수가 있다. 한 가족 혹은 가정은 부부로부터 이루어져 자식을 낳아 길러가는 것이다. 바로 환웅과 웅녀가 혼인하여 단군왕검을 잉태하여 탄생하는 경위를 말해 주고 있다.

그 주된 내용은 동물을 토템신앙으로 삼아 동물 가운데 곰이 여신이 되고, 하느님에 대한 신앙에서 신인이 잠깐 인신으로 조화造化하여 부부의 인연을 맺는다. 이는 인간의 동물적 성격과 천인天人이 무간無間하다는 인간의 신격성을 아우르는 내용인 것이다. 이 설화에서의 부부는 환웅과 웅녀熊女를 말한다.

> "이 때 곰 하나와 범 하나가 한 굴에서 살면서 항시 신웅神雄에게 빌어 사람이 되기를 소원하매, 그 때에 신이 영험한 쑥 한 줌과 마늘 20톨을 보내며

'너희들이 이것을 먹고 백일동안 일광日光을 보지 않으면 사람 모습을 얻으리라' 하였다. 곰과 범은 그것을 얻어먹고 삼칠일三七日을 금기하여 곰은 여신女身이 되었으나, 범은 참지 못하여 인신人身이 되지 못하였다. 웅녀가 된 자는 더불어 혼인할 자가 없었다. 그래서 매번 신단수 아래에서 잉태하기를 빌며 바랬다. 웅이 이에 거짓으로 화하여 혼인하여 아들을 잉태하여 낳으니, 이름하여 단군왕검이다."[56]

곰이 금기하여 여자 몸이 되기 위해서는 일광을 보지 않고 음기陰氣를 최대한 간직하여야 한다. 인간 세상에 내려온 신인神人은 가화假化하여 혼인하는 것은 바로 조화造化를 부린 것이다. 또한 신인은 양기陽氣를 상징하는 것으로 음양이 대대待對하는 화해를 이루어 혼인과 잉태와 출산이 가능한 것이다. 곰이 동물성을 극복하기 위해 영험한 쑥과 마늘을 먹고 삼칠일을 금기하여 여자의 몸으로서 인간화가 된 것이다. 그리고 자식을 잉태하기를 빌어 원하는 치성을 환웅이 알아차리고 신으로서 인간화가 되어 혼인을 한 것이다. 이러한 설화는 어둠 속의 극기수양을 통한 고행과 신의神意의 은총에 의하여 단군의 탄생이 이루어짐을 말하고 있는데, 그 과정을 보아 부부의 인륜적 화합을 간과할 수 없는 것이다. 설화는 대개 상징성을 띠고 있는 점이 특이한 것이다. '이렇듯 부부의 윤리는 인간적이면서 신성한 것이다. 웅녀는 자신의 금수성을 극복하여 사람이 되었고, 신웅은 천왕의 지위를 내버린 후 사람이 되어 부부로서 화합한 것이다.'[57] 이러한 부부화합은 부부유별夫婦有別로서 그 직분에 충실한 것이며, 한편으로는 '하나'의 인간화로 원융圓融

화해和諧한 것이다. 한국 전통의 부부관념 속에는 부부가 존댓말을 쓰는 것에서 알 수 있듯이 상경相敬하는 윤리의식이 있다. 한 지아비와 한 지어미로서 서로의 독자성을 인정함으로써 서로 화합하는 것이다. 경敬이라는 문자는 자신을 굽힌 모양의 진실로라는 뜻인 구苟자와 똑바르게 두드리는 문攵자의 합성어로서, 대인관계에서 자신의 행동을 함부로 하지 않는 것을 의미한다. 다시 말하면 어떤 의사 결정에 있어서도 일방적으로 하지 않고 서로 화합하여야 한다는 뜻이다. 특히 한국어는 명시적明示的인 경어敬語체계를 가지고 있다. 화자와 청자가 서로 사회적 관계에 따라 상호 작용하는 대화의 상황 속에서 나타나는 태도 및 상호관계의 동적인 개념을 나타내기 위해서, 화자가 청자 또는 제3자에게 경의를 표한다는 내용의 상위문上位文을 설정하고, 경의 표시 관계를 결정하는 대화 체계인 것이다.[58]

또한 이 설화가 말해 주고 있는 것은 천손이 하늘로부터 하강하는 천손강림사상에 의하여 인간 생명의 창조 나타나고 있으며, 그 부부의 매개역할을 나무로 삼고 있다는 점이다. 천손의 강림을 위하여 천상과 지상과의 호응을 매개해주는 역할은 태백산의 신단수神檀樹를 설정한 것이다. 이른바 이 교목喬木은 천지를 연계해주는 중심목이며 우주목이다. 그러한 의미에서 신격이 부여된 신목神木이라 말한다. 또한 나무는 끊임없이 생장하고 기후변화에 따라 생명의 재생과 주기의 양면성을 지니고 있기 때문에 인간에게는 경외의 대상이 되기도 하는 것이다.[59] 웅녀가 신단수 아래에서 빌어 그 나무를 매개로 잉태가 가능한 것이다. 환인, 환웅, 단군으로 가계家系를 이어가는 전승은 바로 신단수가 상징하는 밝사상이며, 박달나무 단수에 새로운 생명을 매개하는 신성함을 상징하는 것이다.

인본주의의 이상세계

단군설화를 해석하는 방법은 하나의 술어를 단장취의斷章取義하는 것처럼 풀이할 것이 아니라 계통론적으로 총체적 이해를 하여야 한다. 단군사상은 천인관계를 '우리는 하나'라는 한사상에 기초를 두고 천인 사이에 아무런 간극이 없다는 종교적, 윤리적 성격을 연계시키고 있다. 따라서 천상의 세계에서 지상의 세계로 전이한 천하관념으로서의 인간세상에서 어떠한 문화의식을 가지고 인간공동체를 이끌어 가는 윤리정치의 구조와 경제생활을 영위하였는가에 관하여 총체적 이해를 도모해야 한다. 따라서 삼대문화를 이루어 가는 생명의식과 가족공동체를 영위해 가는 윤리의식을 중심으로 단군설화를 분석해 본 것이다.

단군설화는 일반적으로 샤머니즘의 소산이라 한다. 샤머니즘은 정령精靈에 연유하는 아미니즘을 기초로 하고 있다. 단군설화의 종교사상은 하늘과 인간을 매개해주는 정령을 천신, 신인, 인신 등 세 가지를 드는 삼신三神의식이다. 이러한 삼중구조는 시공을 초월하면서 또한 시공을 하나로 매개해 주고 있다. “단군 때는 우리 나라에 군장이 없어 백성들이 몽매하고 금수와 무리지어 살았다. 그래서 단군이 백성을 교화하여 편발하여 머리를 싸 메게 하여 비로소 군신과 남녀의 분별과 음식과 거처하는 절차가 있게 되었다.”[60] 는 것이다. 바로 윤리의식을 지니는 문화국가가 되었다는 것이다.

전통유가의 가족주의는 유가문화의 핵심이다. 대체로 가족주의는 사회철학적 관점과 가치철학적 관점 두 가지 측면을 함유하고 있다. 그것은 인간사회 구성의 기초로서 정경政經생활을 유지한다는 점과 가족 구성원의 이익을 추구하고 있다는 점이다. 단군설화에 나타난 가족윤리는 부자가 서로 알아주는 진정한 효의식을 실천에 옮기는 부자윤리와 부부가 음양이 서로 대대하여 서로 품어 안고 상경하는 부부윤리가 있는 것이다. 하늘을 상징하는 환인과 환웅은 ‘한’사상의 근원이 되며, 따라서 단군설화의 본사상은 ‘한’사상이다. 한은 한자漢字로 표기하면 환桓이다. 이를 파자해 보면, 목木변은 우주목의 상징을 가리키고, 선亘몸은 널리 뻗치는 뜻으로 시공을 끊임없이 이어진다는 의미를 지니고 있다. 따라서 밝은 하늘과 태양을 의미하는 밝다의 뜻이기도 하다. 이와 같이 인간생명이 하늘에서 온다는 의식은 오로지 하나의 밝음에서 우주생명이 생겨난다는 것이다. 그 생명을 인간 세상에 살리는 길은 삼부인, 즉 금척金尺을 가지고 모든 것을 헤아리는 것이다. 다시 말해서 지상에 현실적으로 표준으로 삼아야하는 것은 천륜이 되는 부자간의 서로 아끼는 마음이다. 천인이 무간하다는 생명의식으로 천인관계를 파악하는 것은 천륜으로 비롯하는 효의식과 음양대대의 자연

섭리에 따르는 경의식은 인간사회를 이루어가는 기본적인 윤리인 것이다.

또한 단군설화에 나타나는 인세人世관념은 중국 주나라 시기의 천하天下관념과는 다소 차이가 있다. 천신天神이 천손天孫을 강림해 준다는 것은 천인天人이 하나로 묶이는 것이라는 의식에서 나오는 것이며, 천명에 의해서 천자가 된다는 의미는 천인天人합일合一적인 사유체계인 것이다.

■ 주

48 해외의 단군신앙으로는 壬辰倭亂 때 日本으로 끌려갔던 24姓의 陶工들이 九州지방의 가고시마(鹿兒島)에 세운 玉山神社가 現存한다.

49 이 밖에 고고학적 자료로서 中國 山東省 嘉祥縣 所在의 武氏祠堂의 石室 畵像石 중 제3석의 4層圖가 있다. 이 그림은 단군신화의 내용과 유사함을 가지고 있다.

50 李乙浩, 倫理的 側面에서 본 檀君神話, 玄潭柳正東博士華甲紀念論叢, 上同刊行委員會, 1981.

51 『三國遺事』, 卷一, 紀異 第一, 古朝鮮條. 昔有桓因 庶子桓雄 數意天下 貪求人世 父知子意 下視三危太伯可以弘益人間 乃授天符印三箇 遣往理之 雄率徒三千 降於太伯山頂 神檀樹下 謂之神市 是謂桓雄天王也.

52 『論語』子路, 第18章. 葉公語孔子曰 吾黨有直躬者 其父攘羊 而子證之 孔子曰 吾黨之直者異於是 父爲子隱 子爲父隱 直在其中矣.

53 『三國遺事』, 卷一, 紀異 第一, 古朝鮮條. 凡主人間三百六十餘事 在世理化.

54 『論語』學而, 鄭玄注.

55 『孝經』第1, 開宗明義章. 身體髮膚 受之父母 不敢毁傷 孝之始也.

56 『三國遺事』, 卷一, 紀異 第一, 古朝鮮條. 時有一熊一虎 同穴而居 常祈于神雄 願化爲人 時神遣靈艾一炷 예二十枚曰 爾輩食之 不見日光百日 便得人形 熊虎得而食之忌三七日 熊得女身 虎不能忌 而不得人身 熊女者無與爲婚 故每於檀樹下 呪願有孕 雄乃假化而婚之 孕生者 號曰檀君王儉.

57 李乙浩, 倫理的 側面에서 본 檀君神話, p.115, 玄潭柳正東博士華甲紀念論叢, 上同刊行委員會, 1981.

58 이정민, 한국어 敬語 체계 연구의 제문제, p.223. 참조, 한국인과 한국문화, 심설당, 1982.

59 최종현, 「고문헌에 나타난 숭목사상 연구」, p.8 참조.『국토계획』제37권 2호, 대한국토도시학회, 2002.

60 『修山集』卷11, 東史本紀, 檀君本紀條. 檀君之時 東夏無君長 百姓蚩蒙 禽獸與群 於是檀君乃教民編髮盖首 始有君臣男女之分飮食居處之節.

05

인생의 통과의례 (관혼상제)

예의禮義와 염치廉恥를 아는 것

절제할 줄 모르고 반성할 줄 모른다면 그것이 바로 예절을 모른다는 것이다. 남들과 함께 하면 나의 욕심을 마음대로 부릴 수 없다는 제약을 귀엽고 안쓰럽다고 내버려 둘 것이 아니라, 철없는 시절부터 실제 생활 속에서 가르쳐야 한다. 학교교육과 가정교육과 사회교육이 각기 따로 필요한 것이 아니다. 지성과 덕성을 갖춰 자신의 마음을 긴장시킬 수 있는 인격자만이 현대 물질 사회를 가장 인간다운 사회로 이겨낼 수가 있는 것이다.

"사람이 사람이면 다 사람이냐, 사람이 사람이라야 사람이지." 어린 시절 어느 선생님이 우스개소리처럼 하신 말씀이 생각난다. 인생살이의 최고목표는 부귀 영화를 누리는 것에 있는 것이 아니라, 얼마나 사람답게 사는가에 달려 있다. 그것은 사람과 짐승이 다르다는 것을 의미한다. 인간을 굳이 생물학에서 동물계로 분류하지 않고 독립된 인류로 나누고 있음은, 인간이 영육靈肉을 함께 하고 있음에도 불구하고, 영혼으로써 우리의 정욕情欲을 조절할 수 있는 존재이기 때문이다.

흔히 사람 못된 자를 가리켜 '짐승 같은 놈'이라 하고, 또한 '무례無禮한 놈'이라고 한다. 이러한 표현은 예를 모르는 사람은 바로 남을 배려할 줄을 모른다는 의미이다. 또한 이는 사람답다는 것이 예의염치禮義廉恥를 자각한다는 뜻이다. 예禮라는 것은 보일 시示자와 풍豊자를 합한 문자이다. 시示자는 또한 저 높은 곳에서 지상에로 내려 비치는 세 개의 빛을 뜻하는데, 그것은 바로 해와 달과 별이다. 풍豊자는 아랫부분은 물건을 담는 그릇, 또는 목기로 만든 제기를 형상한 것이요, 윗부분은 그 그릇에 무엇을 가득 담은 형상을 나타낸 것이다. 인간이 하늘과 감동할 수 있는 것은 그러한 빛을 통한 계시를 얻기 위하여 제물을 바침으로써 얻어 내는 지혜이며 반성이다.

인간은 사회적 동물이라고 한다. 힘센 짐승을 이겨 내고 자연 속에 살면서도 활용할 수 있는 꾀가 생긴 것도 우리가 무리지어 살기 때문에 가능한 것이다. 다시 말해서, 사람은 혼자 사는 것이 아니라, 너와 내가 한데 어울려 살 줄 아는 생활 양식을 택하였다는 것이다. 하나의 공동체를 이루어 살아가는 데는 무엇보다도 남에게 내어 주는 마음이 절실한 것이다. 나만을 생각하지 않고 남을 먼저 생각하는 양보심이 질서를 낳는 근원인 것이다. 내가 배고프면 남도 배고픈 것을 알아 내 배를 채우기 전에 남에게 먼저 음식을 권하는 마음을 가질 수 있어 욕심만을 채우는 짐승과 우리는 다르다는 것이다.

우리는 전통적으로 손님을 접대할 때 집에서 담은 가양주家釀酒를 내었다. 그것도 못할 형편이면 하다못해 냉수 한 그릇이라도 대접했다. 하늘과 인간이 통하는 방법은 정화수 한 잔을 장독 위에 올려놓고 손바닥을 비비며 "비나이다. 비나이다, 일월 성신께 비나이다."하는 소박함으로도 가능하다. 이렇듯 접빈接賓하는 예절은 하늘을 마주하듯 차 한 잔, 술 한 잔이라도 손님맞이에는 좋았던 것이다. 이렇게 우리는 절약정신을 키워 왔다. 예절이란 사치스러움으로 풍성한 것만이 대수가 아니라, 인정상 최소한의 한계를 지켜야 한다. 내 마음에 비추어 이 정도는 해야 사람노릇 할 수가 있다는 한계를 최대치보다는 최소치를 가지고 물질을 조절하는 것이 예절인 것이다. 그것이 바로 청렴한 것이요 과욕寡慾인 것이다.

물질은 일용적이라 쓰지 않으면 안 된다. 그러나 써야 할 곳에 쓰지 않는 사람을 두고 구두쇠라고 일컫고, 단벌 신사를 청빈하다고 하지 않는다. 모두가 알맞게 쓰지 못한 것이다.

의義라는 문자는 양羊과 나(我)라는 글자를 합친 것이다. 즉 내가 양과 같이 착함을 표현한다는 뜻이다. 인간은 허리를 꼿꼿이 세워 직립해 살기 때문에 짐승과 달리 두 손이 남는다. 그래서 인간은 노동을 하며 살아야 한다. 어떤 일을 완성하였을 때 우리는 성취감으로 뿌듯함을 느낀다. 그러나 그 일이 미완성이었을 때 꺼림칙하고, 뒤가 캥기고, 떳떳하지가 못하다. 그래서 부끄럽고 자신이 미워지는 마음을 가진다. 더구나 사람답지 못한 일을 했을 때 수치심을 가지게 되어 남들을 보기가 민망스럽다고 한다. 우리들의 행동거지가 마땅할 때 의롭다고 한다. 남들이 어려울 때 돕지 못하면 우리는 딱한 마음을 가지게 된다. 남을 도왔으면 당연히 해야 할 일을 했을 뿐이라고 한다.

한때 기초질서를 잡는다고 공중도덕을 어기는 자에게 벌금을 부과하기도 했다. 그러나 국민이 가래침을 함부로 뱉고서 적발되지 않았다면 벌금만큼 벌었다고 다행으로 생각할 뿐 수치심을 모르는 것은 형벌로써 우리의 마음을 다잡을 수는 없기 때문이다. 우리의 도덕심에 문제가 있는 것이다.

『논어』에 보면 인구가 많으면 풍족하게 해 주어야 하고, 부유하게 되면 가르쳐야 한다고 하였다. 세상살이란 경제 살림의 발전과 아울러 도덕성의 확립이 중요하다. 정신적인 삶을 풍요롭게 하는 것이 문화적인 생활이며, 그 가르침이란 지식의 축적에 그치는 것이 아니라 예의와 염치를 아는 사람 사는 것을 배우는 것이다. 따라서 교육이란 단지 학교에서만 배우는 것이 아니다. 그러나 학교 교육에서 윤리 도덕 과목은 이미 허드레 과목으로 내버려 둔 지가 오래이다. 입시 위주 교육으로 어떤 문제거리가 터지고 나면 인성 교육, 인간 교육, 참된 교육을 외치곤 한다.

옛날에는 전인 교육을 위해 예악사어서수라는 육예六藝를 가지고 가르쳤다. 예악禮樂은 차서次序를 통하여 나와 남을 구별함으로써 다툼이 없게 하고, 화합을 통하여 서로 함께 친애하여 나와 남이 어울리어 원망이 없게 하는 덕성 교육이다. 사어師御는 신체 교육이요, 서수書數는 지성 교육으로 지덕체가 겸비한 것이라 오늘날의 교육지표와 다를 바가 없다. 한편, 가정교육에서 부모의 역할은 엄부자모嚴父慈母로서 자식을 양육하는 일이었다. 아버지가 지니고 있는 엄격함과 어머니가 지니고 있는 자애스러움으로 정서가 안정된 인간을 기르는 일이었다. 그 엄격성 때문에 자식들은 어떤 일을 수행하는 데 자신의 몸을 추스린다거나 인격을 형성하는 데도 바로 홀로 설 수 있는 자리를 마련하였다.

또한, 어머니로부터 교화받은 자애스러움 때문에 자식들은 남들과 어울리는 데도 함께 어우러져 살 수 있는 마음가짐을 길러 낼 수 있었다. 이렇게 엄격과 자애가 양면으로 갖추어질 때, 인정에 바탕을 두는 덕성이 함양되는 것이다. 인간을 기르는 척도는 이와 같이 인성을, 인정을 바르게 하는 일인 것이다.

인생의 행로는 평탄한 길을 따라 걷기만 하며 사는 것이 아니다. 삶을 살아가다 보면 수없는 갈림길을 만나고, 그 갈림길 앞에서 우리는 어느 한 길을 선택하지 않으면 안 된다. 그러한 망설임 앞에서 필요한 것은 바로 우리의 판단력이다. 마음이 미혹한 상태에 있을 때나 두 마음이 생겨서 갈등을 일으킬 때 가르침을 받기 위해 우리는 스승을 찾는다. 내 마음 속의 스승은 무엇이겠는가.

예절 교육이라 하면 으레 "하지 마라, 해서는 안 된다. 이렇게 해야 한다."고 가르쳐 식상하기가 쉽다. 그러나 적어도 짐승과 구별되는 삶을 영위하여 사람답게 살기 위해서이 정도는 해야 한다는 것을 가르치는 것이 예절의 본질인 것이다. 절제할 줄을 모르고, 반성할 줄 모른다면, 그것이 바로 예절을 모른다는 것이다. 남들과 함께 하면 나의 욕심을 마음대로 부릴 수 없다는 제약을 귀엽고 안쓰럽다고 내버려 둘 것이 아니라, 철없는 시절부터 실제 생활 속에서 가르쳐야 한다. 학교교육과 가정교육과 사회교육이 각기 따로 필요한 것이 아니다. 지성과 덕성을 갖춰 자신의 마음을 긴장시킬 수 있는 인격자만이 현대 물질 사회를 가장 인간다운 사회로 이겨 낼 수가 있는 것이다.

통과의례(관혼상제)

• 관례冠禮

성인으로서의 자긍심과 책임을 자각하는 성년식은 전통예절이 말해주는 참된 의의를 되새기는 날이 되어야 한다.

인간의 성장은 생물학적으로는 25년이 걸린다. 그러나 생리적으로 보면 여자아이는 7개월 만에 젖니가 나고 7세에 영구치가 난다. 그에 비해 남자아이는 성장이 느려 8개월, 8세에 난다. 그래서 여자는 7의 2배수인 14세에 수태가 가능하고, 남자는 16세에 생식이 가능하다. 이것은 육체적 성인을 말하는 것이요, 정신적으로는 20세 전후로 투표권도

이때 생기는 것이다. 인생은 살아가는 동안 커다란 변화에 대하여 어떤 의식을 차림으로써 삶의 의미를 찾으려 한다. 그것이 관혼상제의 통과의례이다.

관례는 모자를 처음 쓰는 의식이다. 모자는 의복과 똑같이 중시되어 그것을 쓰지 않으면 속옷 바람으로 나다니는 것처럼 부끄러운 일로 여겼다. 그래서 성인으로 사람 대접을 받는 통과의례로 특히 한자 문화권에서 행하는 성년 의식이다. 여자는 비녀를 처음 꽂는 의식으로 계례를 행하여 아이와 어른을 구별하였다. 기록상으로 관례가 행해진 것은 고려 광종16년(966)에 "왕자에게 원복을 입히고 태자로 삼았다"고 한다. 그 이전은 신라시대 화랑제도, 고구려시대 조의선인이나 외식에 무용을 쓴 것에서 유추할 수 있을 뿐이다. 그러나 관례를 행해 가지게 되는 자字를 지닌 예는 원효대사의 아들 설총으로 그의 자가 총지이다. 그 다음은 9세기의 최치원의 자가 고운 또는 해운이다. 임금으로는 왕건으로 자가 약천이다.

관례는 조선조에 와서 주가가례가 정착되면서 천민을 제외하고는 모든 사람이 행하게 되었다. 따라서 관례를 행하지 않고서는 의관을 정제하지 못하고, 머리를 땋아 늘이고 다니며 총각 신세를 면치 못하였다. 일단 관례를 올리면 성인으로서 그만한 책임이 따르지만 사회적인 지위가 보장되었다. 관례를 못 올려 갓을 쓰지 못한 자는 상대가 자기보다 손아래라도 관례를 지냈으면 존대를 하고 자기는 하대를 받았다. 신분사회이던 조선 사회에서도 중인이나 평민까지도 형편이 닿으면 모두 최소한 초립을 머리에 썼다. 그러나 양반의 자손이라도 너무

몰락한 자는 이를 갖추지 못했으며, 하층의 천인들은 아예 그 자체가 허락되지 않았고, 그들은 혼인하고도 탕건 · 망건 · 갓을 못 쓰고 대오리로 만든 패랭이를 썼다.

고대에는 관례를 20세에 치르고 30세에 장가를 든다고 했다. 20세 전후의 나이를 약관이라 하는데, 이는 관례 치르기 전의 젊은이란 뜻이기도 하다. 그러다 조혼의 풍습에 따라 나이가 당겨지다가 혼인을 얼마 앞두고 행하거나 동시에 행했다. 서민 사회에서는 장가들면 관례를 치른 게 되고 관례가 곧 장가 든 것으로 간주되어 혼인을 가지고 어른 대접이나 아이 취급을 구분하기도 했다.

구한말 갑오경장을 전후해 개화 사상이 들어오고 1895년에 단발령이 내려 상투와 땋은 머리를 자르게 되자 관례를 폐하게 되었다. 대신 모자를 쓰다가 오늘날은 모자마저 안 쓰게 되고 호적법이 제정된 이후로 조혼이 허용되지 않고 개화와 더불어 교육이 보급됨에 따라 조혼의 풍습마저 사라져 버리고, 혼례에 포함되기도 했다.

옛날의 관례 의식은 성인으로 된 것을 표징하고, 성인으로서의 일을 해야 한다는 사회 교육적인 비중이 높았다. 오늘의 우리 사회도 오랜 민족 전통이 아주 소멸되는 데 대한 아쉬움으로 "성년의 날"을 두고, 해마다 5월의 청소년으로 하여금 사회인으로 나가는 성인으로의 자긍심과 책임을 자각하게 하려는데 있다 한다면 아직도 관례의 정신은 살아있다고 할 것이다.

관례는 본인인 장관자와 외부인 손님이란 뜻으로 주례자인 빈賓 사이에 이루어지는 의식이다. 빈은 인근 마을에서 존경받는 타성의 장로를 택하고, 날짜를 점을 쳐 잡는데 후세에는 정월 좋은 날을 가려 정하였다. 관례는 사규삼 복장에 쌍계를 풀어 상투 하나로 합계하여 망건을 쓰고 임한다.

이것에 동곳꽂이를 하고 복건을 씌우고, 심의로 갈아입는 시가와 관건을 벗기고 초립을 씌우고 갓끈을 매주며, 푸른 고포인 청포로 갈아입고 혁대를 매고 목 짧은 가죽신인 혜를 신는 재가와 복두를 씌우고 갓끈을 매어 준 다음 난삼을 입고 대자를 매고 목이 긴 화를 신는 삼가의 예가 끝나면, 바로 산 사림인 관자와 빈자가 술을 마시고 절하며, 땅에 지사라는 초례를 하여, 감사를 드린다. 이어서 빈자가 관자에게 미리 좋은 글자로 부르기 좋게 짓거나 이름자 하나를 따서 거기에 미칭인 보자나 갈지자를 붙인 자를 지어 준다. 그리고 빈자의 축사와 관자의 답사로 모든 의례가 끝난다.

여자의 관례인 계례는 관건을 쓰지 않고 비녀를 더하는 것인데 여자가 빈과 주인이 되어 혼인을 정하거나 15세가 넘으면 머리를 올리는 예식이 통례였다. 땋아 내린 머리에 삼자를 입고 외식에 임한다. 쪽진 머리에 머리 싸개인 사로 싸고 비녀를 꽂아주는 단가로 끝나고, 나머지는 관례와 거의 같다.

이때 올리는 축문(기도문)의 내용은 정복을 더해 입고, 어린 생각을 버리고 바라는 덕에 따라 오래 수명을 누리고 복 받으라는 것이 골자이다. 동양인은 특히 이름을 중시한다. 옛날 지어 부르던 자는 종교적인 세례명이나 법명과 같은 것이다.

예절이란 시대에 따라 변하게 마련이지만 사회적인 일원으로서 성년이 된 것을 한갓 기념 행사로, 이 날을 '향수 · 장미 · 키스' 등이나 받아 챙기는 날로 기억하고 있으니, 전통적인 예절이 말해 주는 참된 의의를 일깨워 줄 수 있는 새로운 마음가짐으로서의 자字를 가슴에 새기도록 해야 할 것이다.

• 혼례婚禮

이른바 장가들고 시집가는 걸 혼인이라 한다. 고구려풍속에는 남자가 처녀 집 뒤에 서옥壻屋을 짓고 머슴살이를 하며, 아내 될 처녀와 합방을 허락받아 자식이 태어나 얼추 성장하면, 비로소 아내를 시집으로 데려갔다. 혼례란 남녀의 성적인 문란을 막는 제도로서 문화사회를 유지하기 위해 인류가 옷으로 알몸을 가리는 것처럼 중요한 것이다. 또한 혼인을 하면 일부일처로서 지아비가 되고 지어미가 된다. 이것은 태고에는 부부가 엄격히 구분되어 있지 않은 모계사회였는데, 인류가 지혜로워지고 도덕의식을 지니면서 부계사회로 바뀌게 된다. 성은 사회적 문제가 되어, 부계화는 성 질서에 크게 공헌했다.

통과의례로 가장 중요한 일은 태어나고, 죽고, 혼인하는 일이다. 그 가운데 생사는 하늘에 매여 있지만, 혼인은 사람이 선택하는 일이다. 상대를 한번 정하면 고칠 수 없기에 여러 절차를 밟아 신중하게 택한다. 사내아이는 생후 8개월에 치아가, 계집아이는 7개월에 난다. 또한 남자는 8의 배수인 16세에 첫 몽정을, 8배수인 64세에 정자가 사라진다. 여자는 7의 배수인 14세에 초경을, 7배수인 49세에 난자 생산이

멈춘다. 물론 환경과 체질에 따라 개인차가 있지만 남녀의 생리가 이러한 것이다. 고대에도 이러한 성장을 기준으로 혼인의 적령기를 남자는 30세까지, 여자는 20세까지로 했다.

양가의 혼인은 양기가 음기로 바뀌는 저녁에 했다. 그래서 혼례昏禮라 한다. 예절은 시대의 풍속에 따라 바뀌는 게 당연하다. 무의미한 절차만 따르고 정작 소중한 의식을 생략해 버린다면 그것이야말로 번거롭고 까다로운 것이다. 옛날 혼인은 어둑해지는 저녁에 치렀다. 그것은 양기가 음기로 바뀌는 때이고, 황혼이 지면 습도가 높아 '무드'가 잡히는 때라 그렇다.

여섯 가지 절차의 고례는 납채, 문명, 납길, 납징, 청기, 친영이다. 구혼을 허락하면 남자 집에서 예물을 보내 청혼하는 것을 납채納采라 한다. 폐백으로 해로를 약속하는 기러기를 썼다. 남자 집에선 장래 운수를 점치기 위해 생육 책임자인 그 어머니에게 이름을 묻는데 이것을 문명問名이라 한다. 딸은 모계 쪽을 닮기에 그 가풍을 살피기 위한 것이다. 남자 집에서 문명의 결과가 합당하면 자기 집 사당에 고하고, 좋은 징조임을 검증하여 여자 집에 알리는 것을 납길納吉이라 한다. 그다음 함에 예물을 담아 혼약의 징표로 삼아 여자 집에 보내는 것을 납징納徵이라 한다. 오늘날 봉채, 봉치라 하는 것과 같다. 좋은 날짜를 정하여 여자 집에 보내 승낙을 구하는 것을 청기請期라 한다. 그 후 남자가 몸소 신부를 맞이해 오는 것을 친영親迎이라 한다.

혼례절차는 간소함이 최상이다. 우리는 정착문화 속에 살아 이웃간에 원수질 일을 해서는 안된다. 그래서 모든 거래는 제삼자가 꼭 끼게 마련이다. 중매장이에 대한 대가는 겨우 술 석잔이 그만이었다.

전통혼례는 우리 실정에 맞게 고쳐졌다. 혼기가 찬 자식의 부모는 구혼할 뜻을 친지나 이웃에게 소문을 낸다. 이 혼담은 빠르게 퍼져 중매장이가 나선다. 그 대가는 겨우 '술 석 잔'에 지나지 않았다. 한 곳에 정착해서 살기에 모든 거래는 제 삼자를 통해 그렇게 한다. 양가의 중매가 이뤄지면 상대의 건강상태 등을 살피기 위해 가장 가까운 피붙이가 직접 선보기를 한다. 당자끼리의 맞선은 없었다. 이것이 의혼議婚이다. 혼주가 중매장이에게 혼사를 부탁하는 글을 주어, 이를 가져가 혼담을 진행시키면 여자 집에서 허락하는 예문을 주어 보낸다. 이렇게 허혼이 이뤄지면 신랑집에서 싸리나무 가지에 청실 · 홍실을 꼬아 사주四柱를 적은 단자를 끼워 넣어, 청혼의 편지를 함께 보낸다. 이를 받아 대청에서 납채의 예를 행한다. 이것이 오늘날 약혼 절차이다. 다음 길일을 가리는 택일은 신부집에서 한다. 때로는 양가가 상의해서 정하기도 한다. 택일지를 사주보와 비슷한 보자기에 싸서 신랑의 옷치수를 알려 달라는 편지와 함께 보낸다.

혼례 하루 전날 혼서지와 함을 보내는 것을 납폐라 한다. 혼사에 재물을 앞세우지 말라고 채단 두 가지, 그리고 물목은 열 가지가 넘지 않도록 했다. 함은 삼경인 한밤중에 보낸다. 보내기 전, 신랑집에서 액을 막는 팥떡시루 위에 올려놓았다가 부부가 해로하고 아들 많이 둔 나이 지긋한 함진아비가 지고 가게 한다. 그러면 규수 집에서는 기쁜 날 마련하는 찹쌀 떡시루 위에 함을 받아 올려놓는다. 함진아비 일행을 잘 대접해 보내고, 경사에 흥취를 돋구느라 하인들이 함을 판다는 장난기를 섞기도 했는데, 요즘 친구패들이 함 값을 받아내고자 민망한 떼를 쓰는 건 상상할 수 없다.

혼례를 올리는 곳은 집 안마당이다. 대례청에는 돗자리는 동서로, 병풍은 남북으로 친다.

신랑이 신부를 맞아오는 예가 친영이다. 신랑이 관복을 입고 말을 타고 와서 신부집에 도착, 기러기를 상에 놓는 의식인 전안례를 드린다. 이 예가 끝나면 녹색 저고리에 다홍치마, 그리고 활옷으로 성장한 신부가 대례청으로 나오는데, 이를 보통 집안은 마당에 차린다. 대례는 서로 절을 교환한다고 교배례라 한다. 대례상에는 대촉 한 쌍에 불을 켜고, 소나무와 대나무를 꽂은 꽃병 한 쌍, 쌀 두 그릇, 밤 · 대추 · 은행을 목기에 담아 올려놓는다. 술과 술잔은 부부는 일신이라, 표주박 하나를 갈라 둘로 만든 근배를 동서로 놓는다. 돗자리 역시 동서로, 병풍은 남북으로 치며, 대야와 수건 역시 남북에 놓는다. 신랑 신부가 입각하여 꿇어앉고, 손을 씻는데, 신부는 수모水母(절하는 것을 거드는 들러리)가 손가락으로 물을 세 번 튕겨 대신한다. 이러한 예는 성속을 구별하기 위한 의식이다. 그 다음 서로 절을 나누는 교배례를 행하고, 서로 술잔으로 술을 따라 마시고 서로 바꾸어 마시는 근배례로 대례가 끝난다. 그리고 신방을 차린다. 신부가 시집으로 가는 신행을 하고, 신랑이 신부집에 다시 가는 것을 재행이라 하는데 이것으로 모든 혼례가 끝이 난다. 오늘날 결혼식은 교회에서 행하는 의식에 부분적으로 전통혼례를 가미한 것이라 재고해 볼 일이다.

근대육례近代六禮로 간소화된 절차는 다음과 같다.

① 의혼議婚 – 부모와 어른들의 승낙을 얻어냄

② 납채納采 – 신랑의 사주단자를 보냄

③ 연길涓吉 – 택일단자를 신랑댁으로 보냄

④ 납폐納幣 – 혼례전날 함을 신부댁으로 보냄

⑤ 친영親迎 – 신랑과 신부가 혼례를 치름

⑥ 현구고례見舅姑禮 – 혼례식을 마친 후 신부가 폐백을 드림

혼인풍속이 혼인문화이다.

김포공항 로비 한구석에 진풍경이 벌어졌다. 비행기표를 두고 신혼부부와 함잡이 친구들 사이에 승강이가 벌어졌다. 같은 항렬도 맞절을 하는데 자기네들에게 폐백절을 하면 해외로 떠날 표를 주겠다는 것이다. 탑승 안내방송은 재촉하고, 낭패가 날 것에 신부는 안절부절 못하고, 신랑은 태연한척 로비를 오락가락하고, 둘러선 친구들 표정은 어떡하나 하는 걱정보다 어떤 결판이 날지 재미난 모습이다. 종내는 신부의 성화로 맨 바닥에서 큰절을 하고 그들은 떠났다.

주는대로 받는 함값도 일정액에 미달하면 경사에 시비가 일고, 혼숫감 · 예물도 받을 쪽이 물목物目을 정해주는 '법도'가 종내는 파혼으로 내몬다. 혼인이란 거래가 아니요, 남녀가 사랑에 빠져 함께 사는 것만도 아니다. 남녀가 눈이 맞아 적령만 되면 혼인신고가 가능한 법적 뒷받침으로 동거하는 것도 이제는 야합이 아니다.

혼사는 전통적으로 가문과 가문이 서로 맺어 다른 씨족과 함께 화해

하기 위한 중요 방편이었다. 그래서 사돈간이 제일 어렵다고 한다. 인륜의 대사는 죽고, 태어나고, 혼인하는 것이다. 그 가운데 사람이 선택하고 결정하는 일은 혼인 밖에 없어 여러 절차를 거치며 신중을 기했다. 서로 사양과 거부를 대면하곤 할 수없어 매파가 개입한다. 그러나 일방적 계약은 아니다. 택일은 신부댁에서 한다. 혼삿날 생리일을 피해 소위 밀월여행에 소생을 보기 위한 배려다. 사람의 인체는 달의 인력을 타고 산다. 남자 또한 보름날에 가장 술집이 붐빈다고 한다.

혼사는 음양이 화합하는 저녁나절에 행해졌다. 정말 무드가 잡히는 촉촉한 저녁, 황혼이 불그레 물든 시각에 '신부출 신랑출'하며 상견례인 맞절을 하고 집사가 합환주를 권하며 조상들 수원대로 다자다복多子多福을 비는 화촉신방으로 들었다.

한편 조상께 폐백의 예를 올리고, 일가 친척과 형제에게 예를 드려 그 가족공동체의 한 부부로서 새살림을 신고한다. 신부는 책상다리로 절을 시켜 들러리가 부축하고, 가급적 많은 사람이 받게 한다. 신부의 동네 장정들이 처녀를 훔쳐간다는 핑계로 마른 명태 같은 가벼운 막대로 발바닥을 두들기며 신랑을 다룬다. 이와 같이 혼인날의 흥분을 가라앉혀 혈액순환을 돕기 위해서 의식절차로 삼은 것은 신랑, 신부에게 달리 한 것이다. 이런 절차에서 선인들의 지혜가 돋보인다. 처음부터 끝까지 가족끼리 행하는 의식이며, 나머지는 잔치를 함부로 치르지 못하게 하고 흥을 돋우기 위한 일들이다. 이렇게 한데 어울려 잘 치르고 못 치름에 따라 길흉을 판단했다.

오늘날 예식장에서 이뤄지는 혼례절차는 여러 의식형태가 겹쳐 있다. 주례의 역할이 종교적인 사제인지, 법률적인 판사인지, 사회자가 따로 있어 집사도 못되고, 주례사며 혼인서약 등 모든 일을 다 떠벌리고 있다. 게다가 내빈께 인사, 또 부모에게 반절로 인사하는 순서, 청사초롱 대신 촛불을 양가 모친이 밝히고, 첫출발이라고 웨딩마치에 따라 무도가 아닌 식장을 떠나는 행진을 한다. 야외촬영을 위한 웨딩드레스에, 폐백예를 위해 전통혼례복으로, 신방 마련을 위한 여행길에 또 복장을 달리 하며, 피로연도 친구 따로 누구 따로, 하루에 몽땅 치른다. 그렇게 혼사는 동네 장기두듯 주책없이 끝나고 만다.

경조사엔 원래 물건으로 도왔다. 예물도 소모품인 버선 한 손이면 족했다. 그러나 요즘은 뇌물로 구속될만큼 부조를 하고, 소위 '눈도장' 찍느라고 차량행렬이 길을 막고, 축하비행까지 호화판이라 서민들만 상대적 빈곤을 느낀다. 과연 한국적이며 세계적이다. 풍속은 문화다. 이런 혼속婚俗을 미풍양속이라 할 건가. 예속禮俗으로 교화해 인도할 책임이 누구에게 있는가.

예절이란 마음 내키는 대로 내달리는 것이 아니요, 고속도로 속도 제한처럼 하한선과 상한선을 제한하기 위함이다. 인정이 메마른 각박한 사회라 하면서도 인륜의 가장 큰 일이요, 만복의 근원이라고 좋다는 것은 모두다 겹쳐 성대하다니, 어느 한가지로 간소화해야 한다.

• **상장례**喪葬禮

인간의 일생은 생로병사生老病死의 과정을 거치게 마련이다. 따라서 타고난 수명을 다하지 못하고 일찍 죽는 것을 요절夭折한다고 한다. 병이 들어 병사病死하는 것도 숙환宿患으로 돌아갔다고 한다. 인생은 죽고난 뒤에 평가한다. 그러므로 죽음에 대한 표현도 가지각색이다. 죽었다를 나쁘게 표현하면 뒈졌다. 꺼꾸러졌다 말하고, 좋게 말하면 세상을 떴다고 하는 표현들이 그 평가를 의미하는 것이다. 뭐니해도 자연적인 목숨을 건강하게 제대로 거두게 되는 것을 천수天壽를 다하였다고 한다. 성직자의 죽음에 대해서 입적入寂하다, 선종善終하다, 소천召天하다라고 그 의미를 부여하는 것이다. 생물학적으로 보면, 동물은 그 성장기의 5배를 산다고 하는데, 인간은 성장기가 25년 걸리므로 125년이 천수인 셈이다. 의학이 발달한 현대에 이르러서도 장수長壽가 백세를 기준으로 삼고 있는 것은 태아胎兒 때부터 제 목숨을 깎아먹고 있다는 증거이다.

상례는 시신을 거두어들이는 의식이며, 장례는 시신을 매장하는 의식을 말한다. 우리가 관습적으로 "저 집에 초상이 났느냐"고 묻는 것은 문상할 때가 되었는가를 확인하는 말이다. 초상이란 소렴小殮과 대렴大殮을 거쳐 입관入棺을 마치고 상주喪主들이 성복成服한 때까지를 말한다. 초상 전에는 혈족만이 출입하게 되므로, 상복으로 차려 입고 일반 문상객을 맞이하는 것이 예의에 맞는 것이다. 장례는 전통적으로 매장문화가 일반적이었다. 화장은 인도지방의 풍습이 불교에 의해 전해진 것이다. 제 수명을 다 살지 못했거나 객사客死한 이들에게 베풀기도 했다. 티벳 지방의 조장鳥葬이나 사막지역에서 낙타를 순장殉葬하는 제도 등은 모두가 그 지역의 형편에 따라 장례를 지낸 것이다.

예절이란 시대와 환경에 따라 절차 등은 변하는 것이다. 다만 치성致誠을 들이는 것만은 변할 수 없는 것이다. 상복이나 수의는 주로 천연적인 직물을 사용한다. 묘자리를 명당이라 하는 곳을 찾는 것은 바람이 잘 통하고 물이 배수가 잘되는 풍수자리를 골라내는 것이다. 그 곳이 배산임수背山臨水의 형상을 지닌 곳으로서 인간이 자연적으로 흙으로 돌아가게 하기가 가장 용이하기 까닭인 것이다.

우리 한민족은 푸른 색을 띠는 몽골 반점이 있다. 몽골족은 북극의 에스키모인들이나 아메리카 인디언까지도 포함된다. 에스키모인들은 나이가 들어 거동이 불편해 지면 혼자 기거할 수 있는 조그마한 이글루를 지어 자리를 옮긴다. 그 곳에 자식이 먹을 것을 공양하다 음식이 그대로 남으면, 식수를 대접하고, 그마저 없어지지 않으면 자결自決한 부모를 만나게 되는 것이다. 이것이 우리 나라의 고려장과 흡사한 풍습을 볼 수 있다.

묘비墓碑는 돌아가신 분을 기준으로 세우고, 상석床石은 자손의 신분에 맞게 설치하는 것이 옳다. 아랫단은 땅을 상징하고, 위는 하늘을 상징하여 둥글게 하고 가운데에 세로로 세워서 사람 이름자를 새겨 넣은 것이다. 달리 벼슬이나 신분의 고하에 따라 기와지붕이나 용상을 올리기도 한다.

• **제례**祭禮

제사는 추모하는 마음을 드러내는 의식이다. 유교의 제사는 길례吉禮에 해당한다. 제사의 예는 천신天神에 행하는 것을 사祀라 하고, 지기地祇에 대해 행하는 것을 제祭라 하고, 인귀人鬼에 대한 것을 향享이라 하고, 문묘文廟에 행하는 것을 석전釋奠이라 한다. 이와 같이 제사는 천지 자연에 대한 고마움을 표하는 의식과 인간 조상에 대한 고마움을 표하는 의식, 그리고 인류문화에 대한 고마움을 표하는 의식 세 가지가 있다. 이는 모두가 자연 생명과 인간 생명과 문화 생명의 무궁함을 기원하는 의식인 것이다. 자기 자신에게 목숨을 낳아주신 부모에게 보본반시報本反始하는 태도로서 예물을 갖추어 바치는 것이다. 더 나아가 우리의 생활공간을 제공해 주는 자연에 대해서, 그리고 우리가 인간답게 살아갈 수 있는 문화를 남겨 준 성현聖賢에 대해서 그 고마움을 기리는 것이 제사의식인 것이다.

우리나라에서 전통적으로 4대 봉사를 하게 된 것은 「주자가례」가 보편화가 된 것에 기인한다. 조선 초기에는 「국조오례의國朝五禮儀」에 의하면 6품 이상의 관직자들은 3대를 사당에서 제사하고, 7품 이하의 관직자 및 서민들은 부모만을 제사하도록 하였다고 기록되어 있다.

우리의 전통 가옥에는 안방, 건너방, 마루, 부엌이 기본 구조를 이룬다. 일반 서민들은 가묘家廟라 하는 사당을 지을 수 없었으므로, 마루가 사당의 역할을 하는 공간이며, 신성한 곳이었다. 마루(종宗) 한가운데 쌀 뒤지를 놓고, 그 윗벽에 시렁을 만들어 삼신三神 단지를 모셔 놓는다.

삼신은 토지신인 터주대감이요, 곡신穀神인 씨앗단지, 그리고 자손을 점지하는 할미신을 말한다. 따라서 뒤주는 제단으로서 다른 가구보다 우람하고 높이가 보통 이상으로 만들었던 것이다.

조선 후기에 이르러 반상班常의 구분이 무너지면서 지위 고하를 불문하고 4대조를 제사하는 것이 일반화되었다. 조선 말기부터는 자칭 양반이라고 행세하는 계층이 거의 대부분으로 늘어나 4대 봉사를 하지 않으면 상놈이라는 소리를 들었다. 그러나 4대 봉사는 4대조의 직계 자손인 장자, 장손만 지낼 수 있는 제사인 것이다.

제사는 부부가 함께 올린다는 예법이 원칙이었다. 초헌初獻은 제주인 남편이, 아헌亞獻은 그 집안의 주부인 아내가 맡아 행하였다. 그러나 오랜 관습으로 여자는 제사의식에 참여하지 않았으니, 이는 현대적으로 바로잡아야 할 일이다. 조상의 제사를 모실 때 배우자가 있을 경우 두 분을 함께 모신다.

제사 상차림의 기본원칙은 죽은 사람과 산 사람의 좌우를 바꿔 놓고 좌우의 균형을 잡는 데에 있다. 신위를 기준으로 하면 제주의 좌우가 바뀌는 것이다. 제사 상을 진설함은 최고의 진수성찬을 갖추어 한꺼번에 5열로 모두 다 차려 놓는 것이다. 일반적인 식단과 같이 수저나 젓가락이 자주 가는 제수는 신위 가까이 놓고, 후식으로 먹는 과일류는 제사상 끝에 진설하는 것이다. 진설 위치를 동서로 나누고, 중앙으로 자리 잡는 것은 5색의 방위색에 따라 모양 있게 하기 위한 것이다. 홍동백서紅東白西나 조율이시棗栗梨柿라는 말은 그렇게 색깔이 어울리게 배치하는 것이 보기에 좋다는 의미이다.

제사는 자기 혈통들만이 모이는 가족회의라고 할 것이다. 농경사회에서 시제時祭는 경작지를 분배 받고 수확한 곡식을 분배하는 회의를 위해 춘추로 지내는 혈족만의 의식인 것이다.

오늘날 현대사회는 한자문화권에서 벗어나 있고, 농경사회에서 산업사회로 바뀌어 주거지도 도시화가 되어, 마치 유목생활화가 되고 말았다. 이런 시대에 알아듣지 못하는 축문을 읽어 거리감을 주는 의식이 타당한가는 다시 한번 생각해 볼일이다.

• 출산, 백일, 첫돌

사람은 한 곳에 모여 무리를 이루고 서로 도와가며 생활한다. 날짐승이나 길짐승은 알에서 깨어나거나 뱃속에서 태어나자마자 바로 제 발로 걷기 시작한다. 어미가 이끌어 주지 않아도 스스로 생활에 익숙해지는 본능을 지니고 있다. 그러나 사람은 그렇지 못하다. 태아 시절부터 혼자 걸을 수 있을 때까지 삼 년간은 어머니의 보살핌을 받아야 한다.

대개 예절이라 하면 여러 가지 절차 때문에 까다로운 것으로 여긴다. 그러나 일상생활 속에서 사리에 맞는 상식을 넘어서지 않는 한계를 규범화한 것에 지나지 않는다. 우리의 일상은 만남의 연속이다. 인륜人倫이란 다름 아닌 인간관계요, 사람을 대하는 자세와 마음가짐은 어떠해야 할 것인가를 생각하면 그러한 태도는 인정에서 우러나오는 마음에서 비롯하여 하나의 철칙으로 굳어지고, 그것이 얼마나 훌륭한가를 따져 천리天理에 맞는가를 생각하게 된 것이다. 그것은 하늘이 미리 정해준 섭리가 아니라 인간이 만들어 내는 것이어서 시대와 지역에 따라 다소 차이와 손익損益이 있어, 이를 풍속에 따른다고 한다. 미풍양속美風良俗으로 전래되는 풍속은 인정으로 수긍이 가는 절차이기에 우리는 그것을 예속이라 부른다. 유교에서 세상을 다스리는 근본적인 목표도 모든 사람이 문화적으로 교화를 받아 가장 인간적인 세속世俗을 만드는 데 있다.

우리 한 평생은 동물적인 삶 속에서 생장하고 늙어 죽지만 식물의 일생에 비겨 생각하는 동양적 사고로 풀이한다. 농경사회에서 정착하여 사는 삶이기에 우리의 사고 역시 동물답지 않은 정적인 식물적 사고를 선호한다. 그래서 마구 욕심부리는 무한의 짐승보다는 홀로 서 있는 식물처럼 적어도 이 정도는 되어야 한다는 최저에 규범을 정하는 기준이 있는 것이다.

예의 기본은 사람을 대하는데 손님처럼 맞이하는 것이다. 에스키모 사람들이 제 식구처럼 모신다고 자신의 아내까지도 시중들게 하는 것은 정도가 지나치는 일이지만 내 집처럼 편하게 지내시라고 하는 그 마음이 손님 접대의 기본이다. 서로 품어 안아 서로 배려하는 마음씨에서 우러나오는 대대待對의 관계를 유지하는 것이다. 그 마음을 음식을 내거나 예물로써 나타내어 감정을 표현하는데 지나치거나 미흡하지 않게 적절한 정도를 지켜야 한다. 그래서 모든 일들 가운데 특별한 놀이로서의 의식을 정하여 인생의 기쁨과 즐거움을 함께 나누는 것이다.

이 세상에 탄생함은 생명에 대한 경이로움과 아울러 존엄함을 생각하는 일이다. 오래도록 그 기쁨을 누리도록 장수를 기원한다. 친척이나 친지가 임신을 했으면 임산부의 건강과 건강한 아기의 출산을 기원하는 말로 축하의 인사를 한다. 만일 선물을 주고 싶으면 임신에 좋은 음식이나 임산부에 필요한 옷가지 등을 마련하는 것이 좋다. 지나친 친절로 태교에 영향을 주거나 임신부에게 정신적 부담이 되는 인사는 삼가야 한다. 출산에 대한 인사는 산부가 몸을 추스릴 수 있는 출산 이레 이후가 좋다. 옛날엔 대문에 금줄을 내걸어 병의 전염도 막고 남들의 축하 인사도 사양했다. 가까운 근친은 피가 섞인 까닭에 그 이전이라도 상관이 없다. "순산을 축하합니다." "어쩜 아기가 이렇게 예쁘고 충실하죠"라는 순산의 축하와 아기 칭찬의 말로 인사를 한다. 선물에도 산부의 빠른 회복과 모유가 잘 나오게 하는 음식물과 갓난아이에게 부족한 것이 있으면 그것들을 챙겨주는 것이 좋다.

옛날엔 갓난아이의 무병장수를 비는 뜻에서 조금 천한 듯해도 생활 주변에서 가장 흔하고 자주 쓰는 물건으로 '우리 개똥이' 등등의 아명兒名을 짓기도 했다. 의학이 발달한 오늘날은 쓸모없는 일이지만 자식의 무병장수를 비는 마음만은 같으니 조심해야 한다. 작명은 집안의 족보에 있는 항렬자를 지켜 집안에 소속감을 갖도록 지어야 한다. 그래서 조부나 일가 친척이 지어주는 것이 관례가 된 것이다.

아기의 백일 잔치는 아무 탈없이 건강하고 어여쁘게 자람에 대해 삼신 할머니와 조상에게 고마움을 표시하려고 여러 사람을 청해 함께 기뻐하며 즐기는 놀이이다. 백일상을 차리는 음식물이 모두 이런 뜻을 담고 있다. 송편은 잘게 쑥 · 송기 · 옥색 · 분홍 · 백색의 다섯 가지 색깔로 빚어 만든다. 수수경단은 차수수로 만들어 팥고물 · 콩고물을 입힌다. 백일에 일부러 수수경단을 상차림에 올리는 것은 수수의 음이 목숨 수壽자와 같아 장수를 기원하는 까닭이다. 쇠고기나 생선을 넣은 미역국을 마련하고, 나물은 두서너 가지만 준비한다. 반드시 시금치나 미나리 등 푸른색 나물을 쓰는데 이 역시 새 생명을 뜻하는 것이다.

아기의 첫 번째 생일인 돌이 되면 첫 해의 순환이 순조로워 계속 돌아가게 돌잡이 잔치를 한다. 돌잡이 상에는 수수팥떡은 물론 송편·과일, 대추와 밤이 섞인 설기떡을 놓는다. 대신 색편도 좋고, 서양식 케익을 놓아도 좋다. 특히 흰쌀을 놓는데 쌀은 우리 농경민족의 주식이므로 평생 유복하기를 비는 마음에서다. 굵은 타래실은 홍색과 백색의 실로 타래 지어 놓는데, 실은 끊이지 않아 명이 길기를 비는 마음에서다. 붓(연필)과 벼루(필통) 종이, 책을 놓아 성장하여 학문이 빼어나기를 빈다. 활과 화살은 싸리나무 가지를 껍질을 벗겨 활 모양으로 휘게 다홍실로 매는데 장성하여 무예에 뛰어나라는 뜻이다. 여자아이는 바느질 기구를 차린다. 돈은 지폐를 놓아도 무방하나 옛날 엽전을 실로 타래를 지어 놓는다. 돌이 된 아기가 돌상에 놓인 물건들을 둘러보다가 어느 것을 잡게 하는 것이 돌잡이이다. 그 잡은 물건으로 그 아기의 장례를 예측하며 즐거워하는 잔치이다. 돌에는 장난감이나 옷, 축의금, 돌반지를 선물로 하는데 포장에 하수연賀壽筵 혹은 첫돌 축하를 쓴다. 돌떡을 이웃에게 돌려 아이의 장래를 축복해 준다.

생일은 평생의 기쁜 날이다. 그러나 자신만이 독점하는 것이 아니라 주변 사람과 함께 공유하는 잔치이다. 색다른 음식을 차려 마음을 기쁘게 해 주고, 나이 먹음을 일깨우며 더욱 어른스러워 지기를 가르치고, 부모의 은혜를 기리게 인도하는 것이다. 어린아이의 생일은 부모의 노고를 치하하기 위한 것이요, 소년기에는 그 아이를 기쁘게 하고 성숙시키기 위해서고, 청년기에는 자기를 낳아주신 부모의 은혜를 기리기 위해서고, 어른의 생신은 수복강녕壽福康寧을 위해 자손들이 차린다.

- **수연壽筵**

생일은 태어난 날을 말하고, 첫 돌부터 죽기 전까지 해마다 돌아오는 모든 돌날을 이르는 말이다. 특히 회갑부터 칠순, 팔순 등에 베푸는 생일잔치를 수연이라고 하는데 보통 잔치 연宴자를 쓰기도 하지만 자리 연筵자를 쓰는 건 그 연회를 높인다는 뜻에다 자리를 깔고 특별히 큰 상을 올린다는 뜻이다. 자신의 생일은 좀 속되게 낮추어 '귀빠진 날'이라하고, 남이나 어른에겐 높여 생신生辰, 임금이나 선성先聖은 탄일誕日 또는 탄신誕辰이라 한다.

인생의 오복 중 수복강녕壽福康寧이 으뜸이요, 무병장수는 모든 이들의 바람이다. 옛사람들은 수를 헤아리는 방법으로 육갑六甲을 사용했다. 천간天干은 갑을병정 등 열 개요, 지지地支는 자축인묘 등 열두 개다. 따라서 처음인 갑자甲子가 한 주기를 도는 데는 60회가 되는데, 이를 가리켜 회갑回甲 또는 환갑還甲이라 한다. 새로운 육갑이 시작된다고 61세를 진갑進甲, 70세는 칠순연七旬宴 또는 '인생 칠십은 예로부터 드물다'는 두보의 시구에서 따온 고희연古稀宴, 77세는 희喜의 약자가 칠십칠七十七을 합한 자로 희수연喜壽宴, 80세는 팔순연, 88세는 미米의 글자를 풀면 팔십팔八十八로서 미수연米壽宴, 90세는 구순연, 99세는 일백 백百에서 일一을 덜어 백수연白壽宴, 100세는 백수연이라 한다.

모든 수연은 회갑 때의 의식과 같이한다. 회갑 잔치 마련은 그 자녀와 제자 등이 당사자인 환갑주의 의견을 존중해서 한다. 회갑연은 다른 생일과 달리 특별히 마련하는 것이기에 좋은 계절과 날짜로 택일하는데, 생일보다 앞당기기는 하되 늦춰 잡지는 않는다. 날짜가 정해지면 일가친척, 친지에게 미리 서신을 내어 왕림해 줄 것을 청한다. 오늘날 혼례나 백일잔치 등에 웬만큼 아는 사람이면 모두에게 청첩장을 보내 축의금을 받아 그 돈으로 잔치를 때우는 식의 풍습은 이상스런 현상이다.

이 의식에서는 장수를 기리고 기원하며 드리는 헌수獻壽의 술잔을 올리기 위해 큰 상을 차린다. 헌수상은 제사때 쓰는 교의처럼 높은 탁자로 하지 않고 낮고 큰 상으로 한다. 상차림은 실과와 한과 등을 목기에 높이 괴어 올린다고 굄새라 한다. 이 높이는 다섯 치에서 한 자세 치까지 높이기도 하지만, 잔치 음식의 기준은 초대한 손님의 수에 비례하는 것이라 절제하는 것이 좋다. 사과, 배, 복숭아 등의 과일은 대나무나 싸리 등의 꽂이로 꿰어서 높이 올리고, 건과와 한과 등은 켜켜이 백지를 둥글게 오려 넣고 보기좋게 괴어 올린다. 갖은 음식과 술, 주찬, 어육, 떡, 식혜, 수정과류, 저냐, 전골, 산채 나물 등을 다 올리지만 밥상이 아니라 술상이므로 제삿상과 달리 메와 국은 올리지 않는다.

간혹 떡국이나 면 종류를 올리기도 한다. 음식 차리는 진설법도 젯상과 다르다. 앞턱의 첫줄에 술잔과 수저, 떡을 놓고, 다음 줄에 어육과 전골, 탕, 찜, 육회, 어회, 수육에 화채, 간장, 김치 등도 같이 배열한다. 그 다음 나물과 포혜며 저냐 등을 놓는 채줄과 그 다음 과줄은 같다. 상차림의 진설법이 까다로워 보이나 그 기준은 반드시 드셔야 할 것은 맨 앞줄에, 그리고 젓가락, 숟가락이 자주 가게 되는 음식은 가까이에, 후식은 제일 바깥에 두고 색깔을 구색에 맞추어 보기 좋게 차리는 원칙에 따르면 그다지 어렵지 않다. 그래서 집안과 지방에 따라 차이가 있지만 맨 앞줄이 술과 떡이고 맨 바깥줄이 과일과 한과인 것은 공통이다. 헌수상 차림의 전통음식을 들어본다. 떡은 흰떡, 설기, 인절미, 송편을 쓴다. 편, 다식, 유과, 생과는 제철에 나는 것. 건과는 밤, 대추, 곶감 등이요, 당류, 육포, 어포, 육적, 어적, 전, 꿀에 재거나 졸여 만든 전과 그 밖에 수정과, 식혜, 나박김치는 필수이고 탕은 신선로를 마련하기도 한다.

환갑주가 어느 쪽이든 부부는 한몸이라 헌수상은 같이 받는다. 원래 겸상은 없지만 한상에 술잔을 두 벌만 놓고 남자는 서쪽, 여자는 동쪽에 나란히 앉는다. 이런 위치를 제사상과 같다 하여 바꾸기도 하지만 생사간의 위계는 같은 것이다. 어느 한쪽 부모가 회갑 전에 돌아가셔 사갑祀甲을 지낼 때 자손만이 제주가 되어 행한다. 환갑주의 부모나 친형, 숙부 등을 모실 때는 별도의 상을 차려 먼저 헌수한 다음 그들이 내려다보며 즐거워하는 앞에서 자제들의 헌수를 받는다. 환갑주 내외는 자녀들이 갖가지로 마련해 준 회갑 빔을 차려 입는다. 부모가 아직 살아 계시면 아주 화려한 오색 무늬옷을 입게 하거나 색동 저고리를 입기도 한다. 이는 중국의 노래 자가 70세 때 90세인 부모를 즐겁게 하기 위해 때때옷을 지어 입고 그 앞에서 어린 장난을 해 보여 부모를 즐겁게 했다는 효자다운 고사에 유래한다.

헌수는 큰 절로 올리고, 재배를 하며 여자는 4배를 함이 옳다. 1배만 하는 것은 약식이다. 자식 내외가 나란히 나가 함께 잔을 올린다. 잔을 마친 뒤에 꿇어앉아 하사賀辭로 '아버님 어머님 만수무강하소서' 정도로 짧게 말한다. 그러면 환갑주 내외는 술잔을 비우거나 조금 입에 대고, 집사자를 시켜 잔을 되돌리는 돌림술을 내려 주게 한다. 그 다음 차례대로 헌수를 하는데 사위와 아우 등이 헌수하면 반절이나 맞절을 해야 한다. 기본은 웃사람이 아랫사람에게 헌수하지 않는다는 것이다.

헌수가 다 끝나면 가무를 잡히게 하여 흥겨운 잔치를 연다. 축사를 지어 수연을 축하하기도 한다. 오늘날 대연회장에서 무질서하게 치러지는 잔치는 재고해 볼 일이다. 친척이나 친지가 할 선물은 옷가지나 당자가 일상적으로 쓸 물건들로 정한다. 잔치에 보탬이 될 것이나 약간의 돈으로 대신해도 무방하다. 축의금 봉투에 쓰는 말은 '축수연祝壽筵, 하의賀儀, 축희연祝禧宴' 등이 있다.

연령별 명칭은 다음과 같다.

15세 : 지학志學의 나이 　　20세 : 약관弱冠의 나이

30세 : 입지立志의 나이 　　40세 : 불혹不惑의 나이

50세 : 지천명知天命

60세 : 이순耳順, 육순六旬

61세 : 환갑還甲, 회갑回甲

62세 : 진갑進甲

70세 : 칠순七旬, 고희古稀

77세 : 희수喜壽

80세 : 산수傘壽

88세 : 미수米壽

90세 : 졸수卒壽

91세 : 망백望百

99세 : 백수白壽

100세 : 상수上壽

108세 : 다수茶壽

120세 : 천수天壽

06

유교의 근본사상과 종교성

인간다움의 큰 가르침

한 나라의 문화는 여러가지 배경에 의하여 이동하고 복합되어 이루어지는 것이다. 그것을 크게 양분한다면 본래적인 것과 외래적인 것, 두 줄기로 나눌 수 있을 것이다. 이러한 두 줄기의 문화사상은 시대를 지나오면서 한 민족의 정신세계에 토착화되어 다른 것과 같으면서도 구별되는 개성적 성격을 띠어 고유문화를 형성하게 되는 것이다. 이는 두 줄기가 원융됨으로써 이룩되는 것이다.

우리 나라에 있어서는 특히 본래성을 민족문화의 근간으로서 개방적인 포용성을 발휘하여 외래적인 사상을 수용함으로써 독자성을 지니게 하는 창조력의 바탕을 이루는 것이요, 외래성은 강렬한 배타성으로 고립되기 쉬운 본래의 것에 생명력을 부여하는 작용이 되어 왔던 것이다. 그러므로 우리의 고유문화 내지는 재래사상을 말할 때는 외래적인 요소로서 유 · 불 · 도 삼교의 영향을 지적하여 설명한다. 이 가운데에서도 유교적인 교화사상이 그 유래가 가장 오래 되어서 우리의 전통관념과 매우 밀접한 관계를 지니고 있다. 오늘날 우리가 삼강오륜을 들어 인간의 도덕적 규범을 말한다든가 관혼상제의 예절을 들어 풍습을 말할 때, 그것을 외래적인 것으로 생각하지는 않는다. 더구나 이것을 부정하려는 사람들까지도 그것의 고루함을 지적하여 그 개선을 말하고 있다. 이것은 우리의 가치 의식 속에 유교적 윤리가 지배적이며, 서구의 생활풍속과 사고방식이 우리에게 많은 영향을 끼치고 있는 현실에 있어서도 아직은 우리의 심층에는 유교적인 통념이 다른 무엇으로 대체되지 못하였음을 입증하여 주는 것이다.

또한 유교는, 불교와 도교가 종교로서 일반대중에 보급된 점과는 달리 학술적 대상으로 수입되어 점차적으로 신앙의 형태로 변모하였던 것이다. 그러나 한국 종교를 말할 때 반드시 유교를 들고 있다. 유교는 공자를 개조로 삼고 그의 가르침을 받드는 학파이며, 『의례』와 『예기』에 보이는 유교적 의례가 자세히 규정되어 있으나, 그 교의는 우리의 전통적 민족신앙에 입각한 윤리적 요소가 비교적 농후하다는 점에서 성격을 뚜렷하게 달리한다.

따라서 일반적인 종교의 개념으로써 유교를 획일적으로 정의하기에는 그 여부에 관한 논란의 여지가 많다. 그럼에도 불구하고 유교를 이해하는 하나의 방편으로 종교로서의 유교라는 파악은 가능하다. 왜냐하면 유교의 근본적인 사상체계에는 종교적 성격이 나름대로의 구조를 이루고 기능 역시 지니고 있기 때문이다. 이러한 점에서 종교와 유교의 두 개념에 서로 긍정과 부정의 태도를 취하여 논의가 일어나게 되는데, 그 해결은 용이하지가 않다. 그러므로 여기서는 종교로서의 여부 문제는 따로 미루어 두고, 다만 유교의 근본사상에 있어서의 종교적 특성과 그것이 종교적 교화를 어떻게 하였는가를 역사적으로 살펴보기로 한다.

유교의 전래와 수용

우리 나라는 지연적으로 중국과 인접해 있는 까닭에 기원전 3세기 전부터 경제적 교환과 문화적 교류가 행하여져 왔다. 따라서 중국의 고대사상이 우리 나라에 역사의 기록보다 훨씬 앞서 영향을 끼쳐 왔으나 일반적으로 유교사상의 전래와 수용은 중국의 한자문화의 수입을 그 기점으로 삼는다. 이것은 한자漢字가 단순한 문자로서의 기능만을 담당한 것이 아니라 한문자가 지니고 있는 의미를 통해 사상을 전달하여 주었기 때문이다. 이를테면 효라는 문자는 가족사회의 윤리를, 충이라는 한자는 국가사회의 윤리를 가르쳐 본래적인 우리의 도덕관념을 더욱 구체적인 것으로 확충시켜 주었던 것이다. 다시 말하여 우리의 조선숭배와 부족사회에서의 행동규범에 대하여 이론적인 배경을 제시하여 주었다고 말할 수 있는 것이다.

또한 한문자의 전래는 교육방법과 제도의 수립에도 영향을 가져왔다. 삼국시대에 있어서 고구려에서는 불교가 전래된 372년에 태학이라는 교육기관을 설립하게 되었고 한편으로 견당을 세워 독서와 습사를 하며 심신을 연마하여 숭무정신을 길러 진취적인 기상을 배양하였다. 신라에서는 국학이 682년에 건립되어 『논어』와 『효경』을 가르치어 인의와 충효의 사상을 배웠다는 기록이 나타난다. 그러나 임신서기석壬申誓記石에 나타난 화랑도의 독서 내용은 『시경』·『상서』·『춘추』·『예기』을 들 수 있어 육경의 사상을 중심으로 수련하였음을 알 수 있다. 또한 원광圓光법사의 세속오계世俗五戒에도 충·효·신·용·의를 사회윤리의 덕목으로 삼아 화랑도 정신을 이룩하여 삼국을 통일하는 원동력이 되게 하였던 것이다. 백제에서는 고구려나 신라에서와 같이 교육기관의 건립에 관한 기록은 없지만 375년에 박사 고흥高興이 『백제서기』를 만들었다는 것으로 미루어 볼 때 한자 사용을 알 수 있고, 285년에 일본에 『논어』와 천자문을 전한 왕인王仁박사의 기록과 그 밖에 유교 경전의 전문가를 일컫는 오경박사라는 칭호가 있음을 볼 때, 백제에서도 유학이 교육적 기능을 하였음을 알 수 있다.

이와 같이 삼국시대에 있어서는 유교는 육경사상을 중심으로 학문적 대상이었으며 유불도가 정립鼎立하던 시기이었다.

고려시대에 와서는 이 삼교는 서로 융화되어 우리의 의식세계에 이론적인 배경을 제시해 주는데 큰 역할을 하였다. 그러나 유교가 일반대중에게 종교적 교화를 펴게 된 것은 고려 사회의 유학자로서 주자학을 제일먼저 이해하고 역설하여 전래시킨 안향으로부터 비롯된다.

안향安珦은 충렬왕 15년에 원나라에 들어가 『주자전서』와 공부자·주자의 초상을 모사하여 가지고 와서 사당에 모시고, 당시 학교의 쇠퇴와 더불어 유교의 부진함을 만회하려고 노력하였던 것이다 그 후 유교를 정치이념으로 한 조선 시대에 와서 도학道學의 발흥으로 조광조趙光祖에 의해 정교에 응용하고자 하는 노력이 보이었고, 명현을 중심으로 서원이 곳곳에서 설립되어 존현의 사상을 고취하고 확립함으로써 종교적 권위를 행세하게 되었던 것이다. 따라서 문묘文廟와 서원書院에 중국의 성현과 우리 나라의 훌륭한 유학자가 봉사되어 숭배의 대상이 되었다. 이러한 서원을 중심으로 유교는 발전하여 서양 중세에 있어서의 교권과 같은 절대권을 가지고 학문적으로 또는 정치적으로 세력을 형성하여 나갔던 것이다.

이러한 유학의 수용은 퇴율과 같은 인물이 학문적으로 심화 발전시켜, 중국의 우주론적인 성리학을 구심적이고 향내적인 인간학적 방향으로 집약하여 사칠심성론을 주제로 진일보한 방면도 있었다. 그러나 서원을 중심으로 정치와 부동하여 전모하는 도구로 사용되는 폐단이 없지 않았다. 이러한 폐단은 예송禮訟과 붕당朋黨을 낳아 탕평책蕩平策이 시행되기에 이르렀고, 급기야는 19세기 중엽에 이르러 서원의 철폐를 명령하게 되는 불운에 빠지고 말았다. 그 후 일제시대에는 성균관이 경학원으로 바뀌어 위축되었고, 해방 후 재건에 힘써 성균관과 향교를 중심으로 유학사상의 교화 사업을 하고 있는 것이다.

유교의 근본사상

유교는 공자를 중심으로 하는 교학사상이다. 중국 고대의 학파를 『한서漢書』 예문지에서는 아홉개의 학파로 분류하고 있는데 유가자류儒家者流인 유교 역시 그 중의 한 학파인 것이다. 이 학파의 특징을 거기에는 다음과 같이 서술하고 있다. 즉 주대 사도司徒의 관직에서 나왔으며 교화敎化를 밝히는 것이 그 임무요, 음양의 이치를 따라 대자연의 이법에 순응하며 인군을 바르게 도와 사회를 안전하게 하는 것이다. 그리고 그 근본사상은 유교의 경전인 육경을 통하여 이해되는 인의사상이며, 역사적 도통의 연원으로는 요순과 문무를 본받는다고 하였다. 유교는 흔히 인간중심적이며 현실적 경향이 강하다고 하는데, 이는 중국사상에는 종교적 요소나 영향이 희박하기 때문에 학문의 중심은 항상 인간이 어떻게 생을 영위하여야 하는가 하는 도덕적 관념에 있었던 것이다. 따라서 유교는 정통적 신앙을 바탕으로 은나라 이래의 주술이나 미신을 시정하여 합리적인 예의 질서로 정리한 것이다. 이와 같이 유교는 학파의 하나로서 개조인 공자가 고래로부터 전승되어 오던 중국 고대의 하은주 삼대문화를 계승하며 이를 집대성하여 윤리주의적

인생관을 확립한 것이다. 중국 고대의 민족신앙은 천에 대한 존신이었다. 그러므로 모든 사람들은 모두 천으로부터 태어났다고 하는 신앙심을 지니고 있었다. 이러한 인간 생명의 천부성에 관한 관념은 사상적인 발달을 통하여 점차 추상적인 의미를 내포하게 되었다. 즉 천에 대한 의식은 재래적인 의미로서는 하나의 자연적 대상으로 파악되어 외경하여 왔는데, 인간을 주재한다는 상제관념으로 변화하여 인격적인 천으로 이해하는 경천사상으로 발전하게 되었다. 다시 말하면 종교적 문화가 흥성한 은대에 있어서는 천이 인간에게서의 화복을 좌우함으로써 공포와 신비, 또는 경이하는 마음가짐에서 순종과 굴복의 자세를 취하는 종교적 성격을 지녔다. 그러나 인문주의적 특징이 뚜렷한 주대에 이르면 하늘에 대한 관념은 천명사상으로 발전하게 되었던 것이다. 이러한 고대의 신앙을 공자에 와서 '하늘이 나에게 덕을 낳아주었다'고 하여, 인간의 도덕성이 하늘로부터 부여된 것으로 보아 인격적인 천으로 전회하게 된 것이다. 이는 천과 인을 매개시켜 주는 개념을 덕으로 보고 그 덕을 통하여 천인합일을 도모하려는 것이다. 따라서 덕에 관한 논리를 정립함으로써 인간을 발견하고 자아를 의식하여 인성에 내재해 있는 도덕성을 통하여 자각된 하늘로 이해하게 된 것이다. 즉 인성과 천도는 근원에 있어 하나라고 보아 천도를 실현하는 것이 인도를 실천하는 것이요, 인도를 통하여 천도가 실현된다는 것을 체계화하였다 할 것이다.

이러한 인격적 천을 이해함에 있어서 인간의 본질 - 인성에 내재해 있는 도덕률 - 을 인의 개념을 통하여 설명이 가능하다. 공자는 인을 중핵으로 삼은 것이다. 인이란 식물의 종자와 같은 역할을 가져 모든 도덕적 가치의 근본이 되는 것이며, 인간 생명 그 자체를 말하는 것이다. 그러므로 공자의 도는 생명을 실현시키는 길이어서 세간적인 일용과 상행을 떠나 따로 존재하지 않는다. 어떻게 하면 인간이 천도를 체현하느냐에 중점을 두어 성현이 되기를 바라는 성학聖學을 지향하는 것이다. 따라서 유교에서의 이상적인 인간상은 전인적으로 성숙된 인간을 가리킨다. 그를 지칭하여 성인 · 현인 · 대인 · 군자라고 표현한다. 이는 인간의 도덕성이 지 · 정 · 의와 더불어 하나로 통일된 인격 속에 조화를 이루는 사람을 말하는 것이다.

공자는 인간을 말함에 있어 자아에게로 문제를 집중시킨다. 그러므로 남에게 내보이는 학문보다는 자신을 가다듬는 학문을 강조하여 자아의 성찰과 각성을 촉구하고 있다. 이는 도덕의 기초를 선천성에 근거하고 있으므로 도덕의 실천은 바로 자아의 사람다움의 문제로 귀결하기 때문이다. 사람다움을 인 관념과 연관시켜 말할 때 '극기복례'를 들어 말할 수 있다. 극기란 사리사욕을 극복한 나로서 천이 부여한 본성을 그대로 간직한 나이고, 본래적인 자아인 것이며, 복례란 모든 사람이 공유하는 보편성을 지니어 세상 사람들과 일체가 되는 것을 말한다. 인仁이란 사람다움이라고 해석할 수 있다면, 사람은 사람다움을 이룩하는 성인成仁과 사람다움을 실천하는 천인踐仁이 주요 문제가 된다. 유교의 본의는 수기치인修己治人에 있기 때문에 자아의 문제 해결에서 끝나는 것이 아니라 자아완성이 되면 추기급인推己及人, 즉 자신을 미루어 남에게 도덕적 감화를 주어야 한다. 또한 이를 자아와 타인을 매개하는 것을 예치禮治로써 설명한다. 예에는 내용과 형식이 있어 본원적인 강상綱常의 불변성과 예의제도의 가변성으로 구분된다. 인간에 있어서의 본질적 불변성과 객관적 상황과의 관계에서 나타나는 가변성을 말하는 것이다. 그러므로 예의 내용은 다름 아닌 인간본질의 문제요, 예의 형식은 행위로 나타나는 규범적 측면을 말하는 것이다.

따라서 유교의 예는 행동규범으로서 의례儀禮만을 지칭하는 것이 아니라 존재의 원리로서 인간의 본성과 천도의 이법이 기초되어야 한다. 예에 어긋난다면 천리에 어긋나는 것이므로 천도와 인성과 예행禮行이 하나로 뭉쳐질 때, 진유의 예가 될 수 있는 것이다. 예는 나와 남을 구별함으로써 주체를 세우고 남과 교접함에 있어서 절제할 수 있는 원리인 것이다. 그러므로 예는 악樂을 항상 연관시켜 예악이라 말하게 된다.

유교의 근본사상에는 전통을 존중하는 상고尙古주의의 특징이 있다. 상고는 옛것에 대하여 단순히 묵수하는 것도 아니며 복고적인 것도 물론 아니요, 옛것의 에센스를 간직하는 것이라 하겠다. 이는 공자의 호학정신에서 기인하는 것이다. 공자의 도는 그 근원을 시서의 고전세계를 창조한 고대 성왕의 도에다 두는 의미에서의 옛것을 숭상한다는 상고인 것이다.

옛 도를 사모하고 준숭하여 전술하되 창작을 하지 않으며, 호고好古하는 것이다. 즉 전통의 권위에 대한 맹종이 아니라 기까운 주대의 문물과 예악을 모범으로 삼아 옛것을 취사선택하고 종합함으로써 가장 바람직한 것을 형성하려는 것이다. 이러한 상고주의는 공자의 역사관이라 하겠다. 즉 부고나 제도의 고수를 뜻하는 것이 아니라 역사적 발전의 의미에서 옛것을 파악하여 인간성과 상황성을 조화시켜 나가려는 미래지향적 특징을 가지는 것이다.

공자사상에서는 가치의 원천을 인에 두고 백행의 근본을 효제에다 두고 있다. 이는 유교가 이념적으로는 성현지도와 제왕지법으로 설명되지만, 구체적으로는 정교로써 실행되는 것을 말한다. 이러한 내용은 맹자에 있어서 오륜사상으로 구체화되는데, 오륜에서 제일 먼저 내세우는 것은 가족윤리로서의 효의식이다. 가족이란 부자라는 종적인 관계와 부부라는 횡적인 관계가 공존하는 사회이다. 여기서 부자관계는 계약에 의해서이루어지는 것이 아니요 천륜으로 맺어진 친애관계이다. 이러한 관계에서 생겨나는 정은 인정에 근본한 발로이며 인간애의 기반이 되므로 효를 기준으로 내세운 것이다.

그러므로 효는 인의 개념을 방법적인 면에 있어서 전개해 나가는 기초가 된다. 그것은 차별애를 토대로 하여 우리의 인정으로는 아무리 노력해도 내 부모를 사랑하는 것만큼 남의 부모를 사랑하지 못한다는 것이다. 따라서 유교에서는 박애라든지 겸애라는 의미 대신 능애能愛(자기 처지를 만족하여 인자한 마음이 차 있기 때문에 널리 만민을 사랑할 수 있다)는 원리를 강조하는 것이다. 다시 말하면 효에서 비롯되어 사랑은 확산되어가므로 그 기반을 능애로 삼지 않으면 진정한 평등이 이루어질 수 없음을 말하는 것이다. 그러므로 효는 인류애의 근본이 되며 이를 확대해 나가면 사회적 동료의식이 생기고 더 나아가 봉사와 희생정신이 이를 토대로 생겨나는 것이다.

유교의 종교성

이제 유교의 근본적인 사상체계에서 그 종교적 성격을 찾아보기로 한다. 유교儒敎라는 용어는 유학사상이 교화敎化주의를 표방하고 있음을 나타낸다. 유교의 중점은 인간이 천도를 어떻게 체현시키느냐 하는 데에 있다. 인생을 하나의 덕을 이루어가는 과정으로 보고, 궁극적 목적을 가장 인간다운 사람이 되는 데에 두고 있다. 따라서 상제[神] 안으로 따라 들어가는 것이 아니라 상제의 의사를 어떻게 체현하여 주체성과 용관성을 하나로 관통하고 도덕실천의 중심을 삼는가 하는 것이다. 다른 종교가 초세계적인 초월자를 중심으로 교의를 전개하는데 반하여, 유교는 세간을 용납하고 주어진 현실을 바탕으로 이를 천도에로 끌어올려 도덕적으로 최고의 선한 세계를 이룩하려는 것이다. 즉 '초월적 세계를 극진히 하되 일상성에서 말미암기' 때문에 초월적 이상과 세간적 현실을 매개하는 본원을 주요 문제로 삼아 이원적인 모순을 일원화하려는 것이 근본이념인 것이다.

우리가 유학을 종교로 볼 때 그것을 일상생활의 궤도로서의 책임과 정신생활의 도정을 지도해 나가는 작용을 생각하여야 할 것이다. 유교가 일상생활의 궤도를 이루는 것은 불교에서의 계율과 기독교의 십계명 등과 같이 예절 등의 정형과 같은 예악과 오륜 등을 들 수 있는데 이는 성인이 아니고는 제정이 불가능하다.

성인은 도를 체득하여 스스로 자기의 심신에로 밟아나아가 말하지 않고서 믿는 경지의 소유자이므로 예악과 윤상倫常은 오히려 일상성을 지니면서도 정중하고 엄숙한 의미를 갖는다. 따라서 윤상생활은 유교에서는 생물학적 관념이나 사회학적 관념으로 보는 것이 아니라 도덕관념으로 보는 까닭에, 윤상에는 항구적인 진리가 있는 것이다. 부자사이에는 천륜의 관계로서 거기에는 천리와 천명이 있음으로써 일정한 도리로서의 불변하는 진리가 이면에 있는 것이다. 그러므로 유교는 도덕적 천리에 엄숙한 의미를 두는 일종의 도덕교道德教인 것이다. 그것은 천리에 대한 신앙이 실천의지를 규정하기 때문에 천명을 존신하여 선왕의 도인 예악과 천의 대도인 륜상으로서의 효제를 단순한 생활규범인 도덕적 덕목이 아닌 신앙적 덕목으로 삼는 것이다. 일반적으로 종교의 기능은 주관적인 개인의 내면적인 인격적 창조 외에 객관적인 분화창조의 책임을 지고있다. 그러므로 유교에 있어 서도 앞서 말한 일면에 그 깊은 의미와 가치를 부여하여 인간의 정신을 항상 계발시켜 정신생활의 도정을 지도해 나가는 구실이 있다. 유교에서 정신생활을 열어 놓는 기본적인 관념은 인과 성 그리고 천도이다. 인이란 하나의 덕목으로서 '인애'와 '애인'의 의미를 가지지만 근본적으로는 창조성 본체로서의 정신적 실체로 파악되어져야 한다. 이는 심 본체로서의 마음속에서 우러나는 '각覺'과 자연적이며 생물적인 생명의 충동이 아닌 '천의 유행이 건健하니 군자는 이것으로써 자강불식한다'는 씩씩함의 '건'의 관념을 통하여 이해되는 것이다.

그리고 성은 일반적인 생리적이거나 심리적인 인성이 아니라 인의 내용을 포함하는 성, 즉 창조성 본체가 인간에게서 보면 인간의 성을 이루게 되고 우주의 유행으로 본다면 그것은 천도인 것이다.

이 성과 천도는 모두 인에서 관통되는 하나의 관념인 것이다. 그래서 유교에서는 천인 · 성인 · 진인을 핵심으로 삼는 것이다. 기독교의 '나는 생명이요, 진리요, 길이니라'의 길과 불교의 해탈을 통한 성불의 길은 일상생활의 궤도에서 정신생활의 도정을 여는 것이 아니므로 특수한 종교의식이 필요하다. 그러나 유교는 길 · 흉 · 가 · 군 · 빈의 예가 모두 일용상행의 궤도 안에 포괄되어 있어서 이 밖에 따로 종교의식을 갖지 않는다. 유교에 있어서의 천 혹은 하느님은 정적인 면에서 말하면 상제요 이理적인 면에서는 천도이다. 왜냐하면 상제도 주관적인 면에서는 호소하고 갈구하는 정을 가지고 있는 한편 이理적인 면에서는 천도가 곧 인격신으로 격상하는 양면성을 갖기 때문이다. 따라서 유교는 호소하고 갈구하는 정이 기도로 표현되거나, 객관적인 면의 상제에 중점을 두지 않으므로 엄밀한 의미에서는 종교성이 희박하나 리적인 면에서는 원숙한 종교성을 지닌다고 한 것이다. 이는 인간을 일인칭화하여 천의 관념이 다른 종교의 우주의 최고 주재자인 것은 틀림없으나 유굔는 천명에 의해서 인간의 도덕이 결정되므로 수양의 문제가 중시되어 계신공구하는 경敬을 문제삼는 것이다. 이는 상제의 의사를 어떻게 체현하느냐에 중점을 두고 일에 임하여 공구함에서 시작되는 자신이 수덕修德하지 못할까하는 일종의 도덕적 책임감에서 우환憂患의식을 강조하기 때문이다. 따라서 유교는 본질적으로 인간문제를 집약시키고 인간의 내면성으로 전환시켜 천도와 성이 사람다움으로 체현되기를 희구하는 성학聖學이라고 할 것이다.

한국에서의 기독교 전래와 유교

전통사회에서 외래사상으로서의 기독교 전래는 하나의 커다란 충격이었다. 그것은 동서문화의 교섭에 있어서 근본적인 차이에 의한 갈등속에서 일어나는 마찰이었다. 한 나라의 문화는 여러가지 배경에 의하여 복합적으로 이루어지는 것이다. 그것을 크게 양분하여 본다면 본래적인 것과 외래적인 것, 두개의 큰 줄기로 나누어 볼 수 있다. 이러한 두 줄기의 문화사상은 시대를 지나오면서 한 민족의 정신세계에 토착화되어, 다른 것과 같으면서도 구별되는 개성을 지니게 되면 고유문화로서 형성하게 되는 것이다. 다시 말해서 본래적인 것과 외래적인 것 이 두 줄기가 원융圓融됨으로써 이룩되는 것이다.

우리 문화에 있어서 본래성과 외래성의 구분은 그다지 쉽지 않다. 특히 우리나라에 있어서 본래성이란 민족문화의 근간으로서, 개방적인 포용성을 발휘하여 외래사상을 수용함으로써 독자성을 지니게 하는 창조력의 바탕을 이루어주는 것이다. 아무래도 외래성이란 강렬한 배타성으로 고립되기 쉬운 본래의 것에 생명력을 부여하는 작용이 되어 왔던 것이다. 따라서 우리의 전통사회에서 고유문화 또는 재래사상으로 유·불·도 삼교 또는 외래적인 요소로서의 영향으로 지적하여 설명하고 있다. 그러나 오늘날 우리가 삼강오륜을 들어 인간의 도덕적인 규범을 말한다든가 관혼상제의 예절 등을들어 풍습을 말할 때, 우리는 그것을 외래적인 것으로 생각하지는 않는다. 유·불·도 삼교

가운데에서도 유교적인 감화는 그 유래가 가장 오래되어서 우리의 전통관념과 매우 밀접한 관계를 지니고 있다. 그래서 우리의 가치의식 속에는 유교적 윤리의식이 지배적이며, 서구의 기독교적 생활풍속과 사고방식이 우리에게 많은 영향을 끼치고 있는 현실에 있어서도 우리의 마음 깊은 곳에는 유교적인 통념이 다른 무엇으로 대체되지 못하는 점들이 많다. 한편 유교는 불교와 도교, 기독교 등이 종교로서 일반대중에게 보급된 점과는 다르게 학술적 대상으로 수용되어 수양공부 등과 같이 점차적으로 신앙의 형태로 변모하였던 것이다.

특히 조선조 오백년의 근세사회는 유교사상을 정치적 이념으로 삼고 있는 유교문화권 속의 전통사회였다. 이러한 사회에 기독교문화가 전래됨으로써 생겨나는 갈등은 무엇보다도 정치적인 문제로 나타나게 되었다. 무정부사회를 초래하고 인륜을 파괴하는 무부무군無父無君의 사태가 확산될 것을 우려한 것이다.

유교와 기독교와의 종교적 갈등은 실제적인 문제에 있어서 전례典禮에 관한 것이었다. 조상숭배의 전통적인 의례로서의 제사와 우상숭배라는 계율로서의 경배敬拜라는 문제에서 발단되어 정치적으로 반체제성향에 대한 위기의식으로 발전하여 무부무군無父無君이라는 유교적 난세 관념에 따른 박해를 가하였던 것이다.

우리나라에 기독교가 전래되는 과정 또한 특이한 점이 적지 아니하다. 이른바 북학파들에 의하여 지향되어 오던 오랑캐의 왕조인 청나라를 배척만 할 것이 아니라 한족漢族의 후예인 중국을 배워야 한다는 북학사상의 영향 속에서 천주학, 즉 서학西學에 대한 지적인 관심으로부터 자생적으로 그 전래가 이루어 진 것이다. 임진왜란이 일어난 후 얼마 안되어 이탈리아 선교사 마테오리치가 북경에 들어 와서 천주당을 세우고 크게 교의를 선전하는 데 있어서 서양의 과학기술 등을 통하여 전도하였다. 거기서 간행한 도서와 선사받은 기물들이 중국 사신들의 행차 편에 전해져 지식인들사이에 서학내지는 서교로 알려졌으나, 그것이 신앙적인 단계에 이르지는 않았다. 그러다가 정조 임금 초기에 남인의 명사인 권철신, 정약전 · 정약용 두형제, 그리고 이벽 등에 의해서 천주교리에 관한 토론이 자주 벌어졌다. 그와 같이 서학으로서의 지적인 접근으로 천주天主의 개념을 상제上帝관념과 견주어서 해석하는 등 기존의 유교체계를 통해 이해하였다. 중국을 거친 서구의 과학지식이 천주학의 사상적 학문적 체계 속에서 포괄적으로 이해되어 서구과학에 대한 지식인의 이해가 천주교신앙으로 들어갈 수 있었던 것이다. 그러한 지적 접근이 신앙으로 발전하는 과정에서 중인 · 서민들의 역할이 컸으며 지식인들은 소수를 제외하고는 사상적인 동요와 굴절을 보였다. 1783년에 이벽의 처남인 이승훈이 그의 아버지 이동욱의 북경사신 행차에 동행하였는데, 이벽의 권유대로 북경에서 서양인 교사敎士를 찾아보고 입신하고자 남방에 가서 필담으로 교례를 배우고 뒤그나몽 신부에게서 세례를 받았다. 그는 조선교회의 기초라는 의미로 베드로의 법명을 얻어 정식으로 입교한 조선인이 되었다. 그는 돌아오는 길에 많은 교서 · 십자가 · 성서 · 로사리오 등을 가지고 와서 이벽과 함께 연구하고, 전도에 착수하여 그 교세가 빠르게 전교되었다. 기독교 선교사에서 보더라도 모두가 선교사의 전도활동 속에서 점진적으로 선교되는 데 반하여, 조선인은 서적을 통한 교리의 연구와 자발적인 입교로 전교되는 특별한 예이었다. 또한 중국과 일본의 전도는 대체로 세력을 이용하려는 하류사회로부터 비롯하였는데 조선 사회는 정치권력으로부터 소외 추방된 지식층의 교리인식을 상류사회가 수용하게 된 점도 하나의 특징이다.

종교적 차원에서 서교西敎는 조상숭배의 옛 풍습을 우상숭배로 보아 폐지하는 점에서 고유적인 것과 외래적인 것이 충돌하여 정도正道와 사교邪敎로 유교와 갈등을 보였던 것이다. 도道는 일상적인 생활 속의 절실한 길이요 행위의 규범인 동시에 초월적인 존재이며, 진리 그 자체이며, 인간적 차원에서 심성心性의 보편성으로 부여된 것이다. 도는 추상적 관념에 그치는 것이 아니라 인간이 일상 속에 움직이는 길이므로 어떠한 도를 따르느냐에 따라 어떤 생활과 행동이 나타나느냐가 결정된다. 따라서 도는 인륜일용人倫日用에 있어서 실천되는 것이며 현실 속에서 구체적으로 나타난다. 그 결과가 인간에게 이로운가 해로운가에 따라 옳고 그름의 문제도 생기게 된다. 그러므로 이단異端의 문제도 바로 도의 시비와 이해의 문제에서 제기되는 것이다. 이단이란 바른 도에 있어서 그릇된 것이요 현실의 문제 해결에 해로운 것이라는 의미이다. 그러나 정도를 실현하기 위하여 이단을 대하는 태도는 공격하고 배척하는 대립적 관계를 유지하는 것이 아니다. 벽이闢異라는 것은 정도가 아닌 벌판을 정도의 길로써 열어나가는 것을 뜻한다. 따라서 벽이 정신이란 이단과 대립하는 자세만을 의미하는 것이 아니라 정도를 확보하려는 위정衛正의 의지가 함께 있는 것이다. 외적인 이한의 시련을 통하여 내적인 진지성이 강화되는 정신이라 할 것이다.

유학사에 있어 맹자는 변론을 통한 벽이闢異정신의 기수라고 하겠다. 맹자가 살았던 전국시대는 여러 학파의 학설이 서로 팽팽하게 맞서 서로들의 도를 주장하던 때였다. 맹자는 특히 그의 시대가 양주楊朱나 묵적墨翟의 사상에 기울어져 있음을 지적하고 이에 대한 변론을 사명으로 삼았다. 공자가 이미 이단을 전공하는 것은 해로울 따름이라고 경계한 바 있지만 그의 시대는 사상적으로 대립되는 도전은 없었다, 그러나 맹자는 양주의 위아주의爲我主義와 묵적의 겸애주의兼愛主義라는 논리체계로부터 저항을 받았다. 그는 이때 위아주의가 사회규범인 군신君臣간의 의義를 부정하는 것이라고 비판하여 무군無君으로 규정하고, 겸애주의의 무차별한 사랑이 자기 어버이를 무시하는 것이라 하여 무부無父로 단정함으로써 이들이 인륜을 저버린 금수의 세계를 자초하는 사설邪說이라고 하였다.

유교에서 정사正邪와 치란治亂은 도의 참된 실현으로서 선치善治를 이루는 데 있어 중요한 문제이다. 인군이 덕을 밝혀 천명天命을 따름으로써 치세治世를 이루거나 천명을 거슬려서 욕망을 품음으로써 세상을 어지럽히는 난세의 양상이 대조를 이룬다. 세상을 어지럽히는 극한 상황이 시군시부弑君弑父로서 하극상下剋上의 극치를 말한다. 세상의 종말을 말하는 것이 아니라 난세에서 치세로 지향해가는 선치善治는 바로 예치禮治로 가능한 것이다.

한편 청나라 왕조는 처음에는 천문학 등 서양과학을 수입하는 서학을 주로 하고 천주교 전교활동은 부차적인 것으로 하여 포용적 태도를 취하였다. 그러나 초기의 예수회 선교사들의 데우스Deus를 천주라고 번역하여 유일신인 하나님과 자연신인 하느님과의 조화적 태도와는 달리 유교적 전통과 제도를 거부하는 선교사들의 활동이 나타나고, 천주교의 세력이 증대하자 이들을 이단으로 규정하여 탄압을 가하였다. 우리나라에서도 외국인 신부들의 잠입과 교세 부흥활동으로 네 차례에 걸친 사교금압邪教禁壓이 단행되다가 강화수호조규의 성립을 계기로 전도가 공공연하게 행하여졌다. 이때의 유교는 도를 구현하려는 진실된 신념에 충실한 것이 아니라 전래의 양주 · 묵적과 도가 · 불가에 대한 비판이론을 형식적으로 빌어다가 서학을 배척하여 유교적 통치세력의 안정성을 지속시키려는 정치적 보수성에 근거하였다. 이는 벽이정신에서 나타나는 유교적인 발전도 이룩하지 못하고 서세동점西勢東漸의 대세 앞에 침체기에 빠져들고 말았다. 천주교의 수용이 유교적 질서 속에서 이루어졌다 하더라도 천주교 교리가 생활면에서 실천윤리로서 발현되었던 것은 그 자체가 이미 반체제적인 요소를 내포한 것이었다. 그 단적인 예로서 제사의 폐지는 정치권력에 대한 중대한 사상적 도전이었으며 외래사상에 의한 반체제적 충격이었다. 천주교사상 가운데 예를 들어 사람은 계급 · 신분의 차이 없이 천주님의 아들이라는 평등관념이 중추적인 내용을 이루고 있는데, 이것은 당시에 있어서는 반봉건적 반체제적인 것으로, 천주교가 반사회적인 사교로 박해를 당하게 된 것이다. 그로 인하여 사상적 도전은 사그러들고 구원과 복음과 내세 등의 신앙적인 측면으로 수축되어, 병력 5~6만명을 조선에 파견하여 포교의 자유를 누리게 해 달라고 교황에게 진정한 황사영

백서사건과 같은 탈사회적 성격으로 흐르기도 하였다.

이제 근대에서의 기독교 전파와 그 교리에 대해 살피기로 한다. 기독교는 유대 나라의 나사렛 사람인 예수가 정의와 평화의 세계를 실현하기 위하여 세운 종교이다. 천지만물의 창조자이며 섭리자인 유일신을 천부天父로 모시고 예수를 죄악에 빠진 인류의 구세주인 그리스도로 믿고서 그의 신앙과 사랑을 모범으로 삼아 천부의 성지聖旨에 합치하게 생활함이 그 근본교리이다. 교조의 이름에 따르면 예수교이며, 교리에 따르면 천주교 · 성교聖敎라고 하는데 구교 · 신교의 양대 종파와 다시 여러 지파로 나누어져 세계에 전파되었다. 로마 가톨릭교회가 외형적인 제도에 중점을 두고 사람 개인의 정신적 결정을 무시함에 반대하여 모든 제도와 의식의 속박에서 벗어나서 성서 및 신앙으로써 인간과 하나님이 직접 통하는 새로운 신앙을 주장하니, 이 신 단체를 프로테스탄트(개혁교회)라 하고 종래의 로마. 그리스 양교를 구교라 함에 따라 개혁회를 신교라 하게 되었다.(최남선의 『조선상식문답』 참조)

조선에 대한 신교의 설교활동은 1832년부터 비롯하나 1876년 제국정책이 실시되고 1882년 미국과 통상조약이 체결되고 이어 영국 · 독일 등과 통교하여 1884년에 입국한 미국 북장로파 선교사 호저스 앨런이 선교사의 선구가 되었다. 그는 의사이며 외교가로서 우리 나라 신문화에 공헌이 크고 특히 광혜원廣惠院을 열어 서양 의학과 의술을 베풀었다. 그 이듬해 조선 주재 최초의 목사인 H.G 언더우드(원두우元杜宇)가 입국하여 신교 선전의 기초를 세우고 연이은 선교사의 도래로 전도와 함께 교육사업에 힘썼다. 감리교에서도 배재학당과 이화학당을 세워

교육사업에 뜻을 기울이고 조선인 전도자의 양성에 착수하고 인쇄사업을 활발하게 해주었다. 그 후 기독교 출신의 지식인들은 한일합방의 일제 침략에 대한 항일운동의 중추적 역할을 담당하였다. 이 때 기독교는 종교적 내세관으로만 받아들여진 것이 아니라 일제를 물리치기 위한 서구적 힘의 상징으로서 자주독립이라는 국제적 국가윤리관의 조언자로, 그리고 새로운 문물에 의한 물리적 힘의 배양자로 받아들여진 것이다. 그 당시 개화사상가들은 개화를 단순한 서구화로 보지 않고 당시 사회가 가지고 있던 이념적 구조적 모순에 대한 대담한 개혁으로 생각하였다. 그래서 유교적 지식인들은 일제의 침략을 무력적인 것으로만 파악하지 않고 친일 개화파들의 정치적 행위에 의한 개혁까지도 개화로 파악하고 있었다. 따라서 갑오경장을 비롯한 일련의 개화 혹은 근대화 운동이 보다 큰 성과를 거두지 못하였다. 한국의 기독교는 다른 아시아 · 아프리카의 피선교국과는 달리, 그것이 한말에 서구침략의 첨병으로서보다 개화의 교사로 들어왔다. 식민지 시대에 일제 침략의 제어장치 구실을 하여 충실한 반체제적 저항세력으로서 민족주의와 결합할 수 있었다는 점에서 특이한 양상을 갖는다.

기독교는 개인의 구제를 위해서 필요하였고, 민족의 구원을 위해서도 필요하였던 것이다. 더구나 한국전쟁의 절망을 구해주러 온 우방들이 거의 기독교 국가였으며 난민 구호사업이 기독교 단체를 통해서 이루어졌다. 전쟁 당시에 현실의 가난과 고난을 이겨내는 정신적 물질적 구제수단으로 뿌리를 내리기 시작한 기독교는 이승만 초대 대통령이 취임식 때 취임기도를 올리고, 1955년 5월에는 일요일에 일체의 행사를 중지토록 하며, 이어 성탄절을 공휴일로 제정하는 정치 지도자의 적극적인 지원으로 다른 전통종교를 압도하는 세력을 보였던 것이다.

기독교의 전래가 한국문화와 한국인의 생활에 끼친 공적은 여러 방면으로 크지만 몇 가지를 들어보기로 하자. 첫째 미신의 타파로 정신적 해방의 큰 은덕이었다 할 것이요, 둘째 성서 번역과 보급을 통하여 국어와 국문에 새로운 생명과 가치를 불어넣어 국어연구가 촉진된 것이요, 셋째는 전도의 방편으로서 학교를 설립하고, 근대학술의 교과서, 근대의학의 치료사업, 근대적 인쇄술의 수입, 신음악의 보급, 집회 · 오락 · 교제 · 연설 · 토론 등 공동생활의 양식을 가르침 받은 근대문화의 보급이라 할것이요, 넷째로는 축첩폐지와 여학교 설립 등으로 부녀의 사회적 위상을 정립하여 준 일이요, 다섯째로 의례의 간소화로 관혼상제의 준행에 있어서 번문욕례繁文縟禮에서 벗어날 수 있는 것 등이다.

이와 같이 기독교는 두 차례의 격동기를 거치면서 교세를 확고하게 자리 잡게 되었으며, 반사적으로 유교는 점차 대중에게서 멀어지게 되었던 것이다. 그러나 오늘날 유교는 조선시대 관습과 결합한 이념적인 사상과는 다르다고 할 것이다.

유교는 공자를 중심으로 하는 교학사상이다. 중국 고대의 학파를 『한서예문지漢書藝文志』에서는 아홉 개의 학파로 분류하고 있는데, 유가자류儒家者流인 유교 역시 그 중의 한 학파인 것이다. 이 학파의 특징을 『한서예문지』에서는 다음과 같이 서술하고 있다. 유가자류는 주나라

사도司徒의 벼슬에서 나왔으며, 교화敎化를 밝히는 것이 그 임무요, 음양陰陽의 이치를 따라 대자연의 이법에 순응하며 인군人君을 바르게 도와 사회를 안전하게 하는 것이다. 그리고 그 근본사상은 유교의 경전인 육경六經을 통하여 이해되는 인의사상이며 역사적 고통의 연원으로는 요순堯舜과 문무文武를 본받는다고 하였다. 중국 고대의 신앙은 하늘에 대한 존신尊信이었다. 모든 사람은 모두 하늘로부터 태어났다는 인간 생명의 천부성에 관한 관념이 사상적인 발달

과정을 거쳐서 점차 추상적인 의미를 내포하게 되었던 것이다. 하늘에 대한 의식이 자연적인 하늘에서 인간을 주재한다는 상제관념上帝觀念으로 변하여 인격적인 하늘로 이해하면서 경천敬天사상으로 발전하게 되었다.

다시 말하면 종교문화가 흥성한 은대殷代에 있어서는 하늘이 인간의 화복을 좌우함으로써 공포와 신비 또는 경이로운 마음가짐으로 순종과 굴복의 자세를 취하는 종교적 성격을 지닌다. 그러나 인문주의적 특징이 뚜렷한 주대에 이르면 하늘에 대한 관념이 천명天命사상으로 발전된다. 이러한 고대의 신앙을 공자에 와서는 하늘이 인간에게 덕을 주었다고 하여 인간에 내재하는 도덕성이 하늘로부터 부여된 것으로 파악하여, 하늘과 인간을 매개시켜 주는 개념을 덕德으로 보고, 그 덕을 통하여 천인합일天人合一을 도모하려 하였다. 이렇게 인격적인 하늘을 이해함에 있어 인간의 본질로서 우리 인성人性에 내재해 있는 도덕률을 인仁으로 설명한다. 인이란 종자種子와 같은 중핵中核의 역할을 함으로 모든 도덕적 가치의 근본이 되는 것이며 인간 생명 그 자체를

말하는 것이다. 그러므로 공자의 도는 생명을 실현시키는 길이기 때문에 세간적世間的인 일용日用과 상행常行을 떠나 따로 존재하지 않는다. 어떻게 하면 인간이 천도天道를 몸소 실현시키느냐에 중점을 두어 가장 인간다운 인간인 성현이 되기를 바라는 희성희현希聖希賢을 지향하는 것이다. 따라서 유교에서의 이상적인 인간상은 전인적으로 성숙된 인간 즉 천도를 체현한 인간으로 성 · 현인 · 대인 · 군자로 표현한다. 이들은 인간의 도덕성이 지知 · 정情 · 의意와 더불어 하나로 통일된 인격 속에 조화됨을 말한다. 그러므로 자아의 문제로부터 남을 완성시키는 문제로 나아가는 데 하늘과 인간의 관계가 구체화되면 자아와 타인의 관계가 되며 그 매개는 예로써 이루어진다. 사리사욕을 극복한 나로서 하늘이 부여한 본성을 그대로 간직한 본래적인 자아를 앞세워, 모든 사람들이 공유하는 보편성을 지니어 세상 사람들과 일체가 되는 극기복례克己復禮가 중요한 것이다. 사회성을 의미하는 예에는 내용과 형식에 있어 본원적인 강상綱常의 불변성과 예제禮制의 가변성으로 구분된다. 즉 인간에 있어서의 본질적 불변과 객관적 상황과 가치관에서 나타나는 가변을 말하는 것이다. 그러므로 예의 내용은 다름 아닌 인간 본질의 문제요, 예의 형식은 행위로 나타나는 규범적 측면을 말하는 것이다. 따라서 유교의 예는 행동규범으로서의 의례儀禮만을 지칭하는 것이 아니라 존재의 원리로서 인간의 본성과 천도의 이법이 기초되어야 하는 것이다. 우리가 생각하는 보수적 성향이 유교에 있다고 하는 것은 전통을 존중하는 상고尙古주의의 특징을 말한다. 상고란 지나간 것에 대한 단순한 묵수가 아니며 복고적인 것도 아닌, 시간을 초월한 의미에서의 옛 것의 에센스를 간직하는 것을 의미한다.

공자의 사상은 실천을 강조하여 모든 행위의 근본을 효제孝悌에 두고 있다. 유교가 이념적으로 성현의 도와 제왕의 법도로 설명되지만 구체적으로는 정치와 종교로써 실행되는 것을 말한다. 이것이 맹자에게서 구체화되는 것이 오륜사상이다. 일상생활의 궤도를 이루는 것은 불교에서의 예불과 계율, 기독교에서의 기도 · 예배 등의 정형과 같이 예악과 오륜을 들 수 있는데, 이것은 성인이 아니고는 제정할 수 없는 도이다. 따라서 유교에서는 윤리적 일상생활을 생물학적 관념이나 사회학적 관념으로 보는 것이 아니라 도덕적 관념으로 보는 까닭에 윤리적 일상생활에는 항구적인 진리가 있는 것이다. 부자 사이는 천륜天倫의 관계로서 거기에는 천리天理와 천명이 있음으로써 일정한 도리로서의 불변하는 진리가 이면에 있는 것이다. 그러므로 유교는 가족 윤리로서 효를 강조하고, 도덕적 천리에 엄숙한 의미를 두는 일종의 도덕교인 것이다. 바로 가정이 교회당이요 사원인 셈이다.

그것은 천리에 대한 신앙이 실천의지를 규정하기 때문에, 천명을 존신하여 선왕의 도인 예악과 천도인 윤상으로서의 효제를 단순한 생활 규범인 도덕적 덕목으로 보는 것이 아니라 신앙적 덕목으로 삼는 것이다. 일반적으로 종교의 기능은 주관적인 개인의 내면적인 인격적 창조· 이외에 객관적인 문화창조의 책임을 지고 있다. 인간의 정신생활의 길을 열어가는데 기본이 되는 관념이 인仁과 성性과 천도이다. 인이란 “하늘의 유행流行이 건健하니 군자는 이것으로써 자강불식自强不息한다”는 씩씩하여 꺼지지 않는 것으로 이해되는 것이며, 창조적 본체가 인간에게서 보면 인성이요, 우주의 유행으로 본다면 천도인 것이다. 기독교의 "나는 생명이요, 진리요 길이니라"의 길과, 불교의 마음 속에서 우러나는 각覺의 해탈을 통한 성불成佛의 길은 일상생활의 궤도에서 정신생활의 도정途程을 여는 것이 아니므로 특수한 종교의식이 필요하다. 그러나 유교는 길흉 등의 예가 모두 일용상행의 궤도 안에 포괄되어 있어서 이밖의 다른 종교의식을 갖지 않는다. 따라서 유교에서는 박애든지 겸애라는 의미 대신 능애能愛(자기 처지에 만족하여 인자한 마음이 가득 차 있으므로 널리 만민을 사랑할 수 있다는 원리)를 강조하는 것이다. 다시 말해서 효성에서 비롯되어 사랑은 확산되어가므로 그 기반을 능애로 삼지 않으면 진정한 평등이 이루어질 수 없으며, 효는 인류애의 근본이며 이를 이루어가면 동료의식과 봉사 희생정신이 생겨나는 것이다.

오늘날 다종교 시대에 있어서 종교간의 갈등이란 있을 수 없다. 평화와 정의를 위하는 기독교정신과 자비와 화해를 위하는 전통종교는 윤리적 선행을 추구함에 배치되지 않기 때문이다.

문화소통의 이해

우리의 전통적 관념 속에는 시대를 거쳐오면서 여러 가지 요소가 원융되어 있다. 그 가운데 유교의 전래로 말미암은 것은 토속적인 민속신앙을 예속화시키고 인륜적 도덕의식을 함양시켜 준 점이다. 이는 공맹을 중심으로 하는 유학사상이 인문적이고 합리적인 성격을 지녀 주술이나 미신으로 인습화된 재래사상의 신비적인 요소를 견제하기 때문이다. 우리의 조상숭배의 관념은 효사상을 근간으로 하여 가족윤리로 체계화되었다. 또한 순장하는 습속이 인간의 지성과 양심에 의하여 행할 것을 가르치는 인도주의의 영향으로 예법이 아니므로 금지한 것이 좋은 본보기이다.

조선사회에 있어서는 유교 가운데 주자사상의 영향을 크게 받았다. 가족을 사회의 기본 단위로 삼아 가부장제를 유교에 입각하여 구축하고 문화적 · 사회적 제도에 있어서도 개인이 아니라 가족을 중심으로 구성되었던 것이다. 따라서 유교적인 관혼상제의 의식이 일반화되어 습속으로 고정되고, 효도와 정렬貞烈을 표창하는 제도가 성행되고, 그리고 종족을 규제하는 종법제도를 통하여 효의 도덕이 우리의 윤리적 특징이 되었던 것이다.

오늘날에 유교의 미래적 방향은 유교 본래의 정신으로 돌아가 시대적인 제약을 탈피하는 어떠한 제도나 규범에 얽매이지 말아야 할 것이다. 유교는 본디 산 인간 그 자체를 문제삼기 때문에 인간학적 해석을 통하여 인간의 내면성에 있어 철저함을 이루어 안으로 성실성을 지니고 외적인 사물의 세계를 밝히는 명석성을 지녀 내외가 구유하는 유교의 본래정신을 확충해 나가야 할 것이다. 바로 성실함이란 대상으로부터 긴장감을 늦추지 않는 것이다. 오늘날 기술 과학시대에서 인간성에서 우러나오는 작용이 곧 인의의 행동이라는 의미를 반성하여 명덕을 밝히는 수신의 단계를 근본으로 자기완성의 전인성으로부터 신민의 사회성으로 나아가 질서와 조직구조를 갖어야 하는 것이다. 그러한 성실성을 갖춘 공동체를 형성하는 것이 유교의 이상이 되어야 할 것이다.

07

효경교육과 방법

'교학상장教學相長'의 교육

비교적 소수를 대상으로 했던 과거의 교사는 학생들과의 '관계'를 중시하면서 그들과 전인격적으로 만날 수 있었다. 그러나 지금의 교사는 반 아이들 이름조차 제대로 외우기 어려운 다인수학급의 교단 앞에 막연히 서 있다. 시간의 간격이 너무 커, 전통에서 발견되는 미덕을 현재적으로 재음미하는 일이 새삼스럽고 한편 무의미하게까지 여겨진다. 이 글을 통해 다만 우리 전통 속에 스며 있는 '교육, 인간'에 대한 관점에서 현재의 교육을 새롭게 보는 아이디어를 얻게 되길 바랄 뿐이다.

교육이란 동서고금을 막론하고 인간이 삶을 영위하는 데 필요한 모든 행위를 가르치고 배우는 과정이며 수단이다. 다시 말해 바람직한 인간을 만들고 개인생활, 가정생활, 사회생활 속에서 행복하고 가치있는 삶을 살도록 하고 인류가 함께 사는 모습을 위해 노력하는 하나의 작용이다. 또한 교육은 교학상장敎學相長이라 하여 배우고 가르쳐 서로를 길러주는 것이다. 일반적으로 어버이와 자식, 스승과 제자, 선배와 후배간의 직접체험과 간접체험을 통하여 '경험이 풍부한 사람과 미경험자' 혹은 '성숙한 자와 미성숙한 자' 사이에 이루어지는 것이다.

자력과 타력의 대화

인간은 자력自力과 타력他力에 의해서 교육되어진다. 인간이라는 생명체에게는 본래부터 가지고 있는 선천적인 힘, 즉 '배우지 않고도 알 수 있는 양지良知'와 '체험하지 않고도 할 수 있는 양능良能'이 있다. 이것이 삶을 살아가는 시간적 공간적인 환경을 통해 자발적이며 창조적인 잠재력으로 자신의 발전을 도모하게 하는 것이다.

교육은 이러한 자력自力에 의한 배움[學]과 타력他力에 의한 가르침[敎育]이 어우러질 때 성립된다. 교敎는 '본받는다' '가르친다' '알린다' 등의 여러 뜻을 가지고 있다. 즉 어떤 방향을 제시하고 거기에 접근하도록 이끌어주는 것과 모범을 보여 그렇게 하도록 만드는 것을 의미한다.

육育이란 '기른다(양육)' '낳는다(생성)' '자란다(성장)'는 뜻으로 올바르게 자라나는 것을 의미한다. 따라서 교육의 진정한 의미는 인간의 타고난 성품에 성장하는 힘을 더함으로써 자발적이고 창조적인 힘을 충분히 발휘하도록 해주는 것이다. 인간이 자력의 발휘가 배제된 채 타의에 의해 조장되기만 한다면 훈련받은 짐승처럼 어떤 행위에 익숙해질지는 몰라도 생물적 생명력에 순응하는 존재가 될 수는 없다.

교학敎學이라는 두 글자는 일반적으로는 '가르친다'와 '배운다'는 뜻으로 사용하지만 이것을 파자破字해보면 그 의미는 결국 같은 것이 된다. 즉 셈을 놓는 산가지[爻]를 바른 손으로 지시하며 자식을 이끄는 것은 교敎요, 양손으로 산가지를 가지고 자식을 보듬고 있는 형상은 학學이다. 인생에서 제일 먼저 배우는 것은 셈을 놓는 것으로, 이것은 생각하며 살아가는 삶의 시초로 여겨졌다. 결국 고대의 교육은 인간생활의 시작과 함께 비롯되었음을 알 수 있다. 교육은 의도적으로 이뤄지기보다는 생활 그 자체, 즉 일상의 생필품을 얻어 의식주를 해결하고 자신과 공동체를 보호하는 일 등에서 자연스럽게 이루어졌다.

전통 교육 개관

『삼국유사』에 나오는 단군설화에는 "환웅이 무리 3천을 거느리고 태백산정 신단수神檀樹 아래에 내려와 여기를 신시神市라 하고 이에 환웅천황이라 했다. 풍백風伯, 우사雨師, 운사雲師로 하여금 주곡主穀, 주명主命, 주병主病, 주형主刑, 주선악主善惡 등 인간의 3백 60여 가지 일을 주관하여 세상을 이화理化하도록 했다"는 구절이 있다.

이것은 농경과 절대적 관계를 가지는 바람과 비와 구름을 주관하고 인간세상을 다스리는 데 있어서 곡식, 목숨, 병, 탈, 잘잘못 등을 주관했다는 점을 뚜렷이 보여주는 것으로, 홍익인간弘益人間을 목표로 인간을 교화敎化하려 한 것이다.

한편 기자조선箕子朝鮮 때 팔조범금八條犯禁 가운데 오늘날 전해지는 3개조에는 "사람을 죽인 자는 즉시 사형에 처한다. 남을 상하게 한 자는 곡물로써 변상한다. 남의 물건을 훔친 자로서 남자는 그 집의 노奴가 되고 여자는 그 집 비婢가 된다. 만약 자속自贖하고자 하는 자는 50만냥을 내야 한다"라고 되어 있다. 이는 인간을 존중하고 도덕을 강조하여 민중을 교화하는 지침이었다.

삼국시대에는 학교교육이 시작되었는데 유불도儒佛道의 영향이 그 배경이 되었다. 고구려에서는 372년 태학太學을 세워 유교경전과 무예武藝를 겸한 교육을 시행했다. 이외에 우리나라 최초의 사학으로 경당이 있었다. 기록을 통해 보면 "풍속이 서적을 아끼고 세력이 있고 없는 집이고 간에 모두 거리에 큰 집을 지어 경당이라 하고, 혼인 전의 자제들이 여기에 모여독서와 무술을 익혔다"고 되어 있어, 경당은 신라의 화랑도花郞徒와 유사한 성격으로 고려이후 성행한 서당書堂의 기원이 됨을 알 수 있다.

신라의 경우는 화랑도 교육에서 전통적 교육방법을 살필 수 있다. 신채호는 "화랑은 본래 상고 소도제단蘇塗祭壇의 무사, 곧 그때에 선비라 칭하던 자인데 고구려에서는 조의선인皁衣仙人(검은 옷을 입은 선인)이라 하고, 신라에서는 미모를 취한 화랑이라 했다"고 하였다. 이것으로 미루어 화랑은 고대로부터 전래해 온 우리의 고유신앙에서 발상된 인재양성 기관이었음을 알 수 있다. 화랑은 본래 양가의 귀족 출신 청소년으로 조직된 민간단체였으나 국가의 필요에 따라 진흥왕 때부터는 화랑도 교육을 통하여 국가의 어려움을 극복하고자 하였다.

『삼국사기』에 의하면 도덕과 가악歌樂과 유람遊覽을 통하여 인간관계와 정서교육을 강조하고 있음을 알 수 있다. 도덕교육은 대인관계에 있어 공사公私를 분별하고, 서로 화목하며 관대함을 체득시켜 다툼과 경쟁이 없게 하는 방법이었다. 노래와 풍류교육은 서로를 이해하며 명랑성과 쾌활함을 길러 서로 원망이 없게 하는 방법이었다. 또한 유람은 명산대천을 멀다 하지 않고 찾게 하여 국토에 대한 애착심을 기르고 견문을 넓히는 교육방법이었다.

화랑도의 일상생활 신조를 살필 수 있는 것은 진평왕 때 원광圓光법사가 제시한 세속오계世俗五戒이다. 그 내용은 첫째 임금을 섬기되 충성으로 다하고, 둘째 부모를 섬기되 효로 다하고, 셋째 친구를 사귀되

믿음으로 다하며, 넷째 싸움에 나가서는 물러나지 말며, 다섯째 산 것을 죽이되 가려서 해야 한다는 것이다. 이는 유교적인 이념일 뿐만 아니라 무사武士로서 지녀야 할 기본정신이었다.

이와 같이 전통적 교육방법은 인간관계인 인륜人倫을 중시하였다. 인륜은 입체공간적인 인간관계로 오륜五倫이며, 오달도五達道며 인간된 도리의 전수며, 정신도덕과 생활의 훈련이다. 결국 교육은 수도修道인 셈이다. 그 상하의 관계에는 안으로 부모와 자녀가 있고, 밖으로 지도자인 군君과 그에 속한 신臣이 있다. 그 전후의 관계에는 안으로 형제와 자매가 있고 밖으로 붕우朋友가 있다. 그 좌우의 관계는 안으로 부처夫妻가 있고 밖으로 붕우가 있다. 이외의 인간관계도 상하 전후 좌우의 구조 속에서 이 다섯 가지에 속해 있다. 이렇듯 오륜에는 가정적이며 사회적이며 정치적인 것이 전부 포함된다. 또 오륜은 사람마다 모두 관계하는 것이며, 인류가 공생하고 공존하는 길이기 때문에 달도達道라고 한다.

가정교육과 학교교육

결국 교육의 기초는 생활 속에서 배우는 가정교육에서 비롯된다. 한 개인은 출생하여 입학하고 성인이 되기까지 모두 부모의 양호와 교도를 받는다. 또한 가정교육은 한 개인의 입신처세立身處世에도 영향을 미친다. 확실한 가정교육은 자녀가 실제생활 속에서 때와 처지에 따라 친절한 지도를 받고 훌륭한 습관을 양성하게 한다.

아버지는 엄격해야 하고 어머니는 자애스러워야 함을 흔히 엄부자모嚴父慈母라 말한다. 이는 가정교육 방법의 이론적 근거로 '엄격'과 '자애'는 가정교육에서 빠뜨려서는 안될 양대 지주이다. 한번 엄격함을 보여줌으로써 자녀로 하여금 두려워하게 하며 고독과 원망과 불신의 심리를 갖게 하고, 한번 자애스러움을 보여줌으로써 자녀로 하여금 의지하게 하여 겁나는 일에 안심하고 책임을 저버리지 않는 심리를 갖게 한다. 엄격함은 현실적인 이성을 계발할 수 있고, 자애스러움은 서로 아끼는 정감을 더욱 깊게 할 수 있다. 그러므로 엄격과 자애의 어느 한쪽에 치우치지 않아야 이지적이고 정감이 넘치는 자녀를 길러 낼 수 있다. 그런 후에야 비로소 그 자녀가 국가와 사회에 쓸모있는 인재가 되기를 바랄 수 있는 것이다. 옛말에 역자교지易子敎之한다는 말이 있는데 너무 인정에 끌려 자녀를 감싸주기만 하거나 반대로 너무 나무라기만 할 것을 우려해 올바른 지도가 되도록 자녀를 서로 바꾸어 가르친다는 의미이다.

이런 가정의 생활교육은 물론 학교의 지식교육으로 보충되어야 한다. 그러나 교육은 천근淺近한 데서부터 심원深遠한 것으로 차근차근 가르쳐야 한다. 이를테면 쇄소灑掃, 응대應對, 진퇴進退 등 일상적인 작업과 의식주 생활 등 실제생활은 반드시 가정 안에서 훈도薰陶되어야 하고, 그 나머지는 학교의 교도가 필요한 것이다.

고려시대 이후로는 서당書堂이 대중 교육기관으로서 초등교육을 담당해왔는데, 이는 조선시대에 와서 더욱 발달했다. 서당은 선비와 평민의 자제로서 사학四學이나 향교鄕校에 입학하지 못한 8세부터 16세에 이르는 동몽童蒙들의 사설 교육기관이었다. 그러나 지방민의 교화와 유학적 학풍 및 도덕적 향풍鄕風의 진작에 영향이 컸다.

『고려도경高麗圖經』에는 "여염집들이 있는 거리에는 경관經館과 서사書社들이 두셋씩 마주 바라보이고, 이곳에 백성의 자제들이 무리로 모여 스승에게서 경을 배우며, 조금 장성하면 뜻이 맞는 사람끼리 벗을 택하여 절로 가서 글을 익힌다. 그리고 아래로는 코흘리개까지도 향선생에게서 배운다"고 되어 있다.

전통 교육 방법으로서의 '강講'

서당의 교육방법으로는 강講이 주된 것이었다. 강이란 배운 글을 소리 높여 읽고, 그 뜻을 질의응답하는 방법이다. 강에는 암송하여 낭독하는 배강背講과 교재를 보면서 읽는 면강面講이 있다. 질의응답은 단순히 기계적으로 외우는 것을 지양시켜 주었는데, 철저한 개인 교습의 대면학습으로 능력에 따른 수업이 가능하였고, 사제간에 인격적인 교류가 이루어져 친근함을 유지할 수 있었다.

날마다 학생의 실력정도에 따라 학습량을 정하고, 그 내용을 익혔는지 여부를 이튿날 배송을 통해 확인을 받은 후 새 학습으로 나아갔다. 만일 학습진도가 완전히 이해되지 않았다고 판단되면 자정이 넘도록 야독夜讀을 통해 보충하게 했다. 이처럼 '강'은 개별 학생의 능력에 따른 완전학습을 가능하게 하는 것으로, 부자관계처럼 서로를 잘 아는 친밀한 사제관계 속에서 학습이 이루어 졌기에 가능한 일이었다.

글의 뜻인 문리文理를 통하는 방법은 먼저 구두句讀를 익히고 한 문장의 뜻을 이해하는 점진적 방법을 통해 스스로 공부할 수 있는 단계로 나아가게 하는 것이다. 글공부는 글자에 얽매이는 것이 아니라 문장의 뜻을 이해하는 것, 즉 통달하는 것을 목표로 한다.

한편 계절과 학습내용을 조화시켜 가르쳤다. 예를 들면 겨울에는 경사經史에 속하는 비교적 어려운 학습을 시키고, 여름에는 시율詩律과 같은 흥미 본위의 학습을 시켰으며, 봄가을로는 사기와 명문장을 학습시켜 선비의 기상을 길러주었다. 글공부의 단조로움을 덜기 위해서 예를 시켰는데 대개 오후에 행해졌다. 오늘날 시설과 인력 부족으로 첫 교시에도 예체능 교육을 실시하는 것과는 다르다.

여름철이면 산천 자연을 가까이 해서 장소를 옮겨 교육하고 거기에서 흥을 돋우기 위해 조촐한 잔치를 열어 인정을 나누기도 했다. 서당에서의 엄격함과 야외에서의 자유스러움을 병행하되 오늘날과 같은 형식적인 만남이 아니라 함께 종유從遊하며 생활 속에서 가르침을 베푼 것이었다. 도제徒弟교육이 가능했던 것이다.

또한 이른바 유희학습을 통해 놀이를 가르침으로써 심성을 곱게 하는 방법을 시행하였다. 쌍육雙陸놀이로 정사를 돌보는 종정從政놀이를 함으로써 장래의 관심거리를 익히게 하고 각 고을의 이름 외기, 시 짓기, 투호投壺 놀이 등을 통해 집중력을 높이고 한가로움을 즐길 줄 아는 능력을 키워주었다. 서당교육은 '능력별 학습' '사고력을 길러주는 학습' '소집단에 관심 있는 교육'을 통해 가정교육과 다를 바 없는 학교 교육을 배려함으로써 인간교육을 목표로 삼았다. 암기 위주의 수험受驗을 위한 공부가 아니라 스스로 의문을 갖고 학습동기를 부여하여 자발적인 자세로 생각하는 교육이 되게 하였고, 사제간에 서로 아끼는 마음을 나누며 인생의 한 과정 속에서 교육이 이루어지게 하였다. 그러나 스승의 능력도 천차만별이어서 '바담 풍' 훈장도 있었으며, 자신만을 꼭 닮게 하는 묵수적 지도를 통해 규격 속에 갇힌 인간을 길러내는 등 부정적인 측면이 전혀 없었던 것은 아니다.

지식과 인성의 관계가 모호하여 교육받은 사람이 반드시 인격적으로 훌륭한 사람은 아니라는 믿음이 당연하게 받아들여지는 요즈음, '지식'과 '인성'이 조화를 이루는 인간을 만들려 했던 과거 우리 전통 교육의 미덕을 재음미해 보고, 비록 극도로 달라진 교육환경이지만 그러한 교육환경과 방법에 스며 있는 '정신'을 오늘에 되살려 보려는 노력은 의미가 있으리라 본다.

효경孝敬교육은 공익公益을 지향한다

철학이란 사람이 사고하는 것을 말한다. 사고력은 바로 판단력이다. 인간은 덕성을 타고난다. 그 덕성은 남과 어울리는 사회성을 가리킨다. 이 철학이라는 단어에서부터 인간인 나 자신이 나아갈 바가 결정되어지며 너와 나의 공익 추구도 가능해진다.

인간은 다른 모든 동물이나 식물들과는 달리 뛰어난 특성을 지니고 있다.

첫째로, 연장을 사용할 줄 안다는 것으로 원시시대 때부터 돌도끼, 토기 등을 사용해왔고 이것은 지혜가 있음을 뜻한다. 둘째로는 불[火]을 사용했다는 사실로 불은 음식물을 익혀 먹을 수 있게 하고 또 추위를 이길 수 있는 방법이 되었다. 마지막으로 인간이 동물보다 나은 점은 생각을 한다는 것이다.

동물은 생각을 할 줄 모른다. 내가 배가 고프면 옆에 있는 한 배의 짐승도 배가 고프다는 것을 모른다. 그들도 어미가 새끼를 돌보거나 음식을 먹여주는 것은 성장할 때 뿐으로 다만 종족 고유의 본래적 본능일 뿐이다. 식물의 생장 · 소멸도 마찬가지로 생각에 의한 것이 아니다.

철학한다는 것은 생각한다는 것이다. 생각은 내가 배가 고프면 남도 고픈 것을 아는 것이다. 이것을 아는 것이 바로 예禮의 철학이다. 개나 곰, 나무 등은 철학을 할 수 없다. 우리 인간이 그것을 보고 철학을 할 수 있을 뿐이다.

철학이란 요즘 말로는 인간학, 즉 사람이 하는 사람만이 할 수 있는 학문을 말한다. 생물학하면 생물의 전반에 관한 연구이듯이, 철학은 인간에 대한 연구이다. 인간의 문제해결은 바로 '나'에 관한 이해로부터 출발한다 하겠다.

종래의 동양사상에서는 이것이 삼재三才사상의 바탕이 되었다. 삼재는 하늘 · 땅 · 사람 이 세 가지이다. 하늘은 별 · 달 · 구름 등 하늘의 모든 것을 포함하고, 땅은 동 · 식물, 광물 등의 모든 것을 포함하여 자연계를 통틀어 이야기한다. 그러한 천지자연 가운데서 바로 사람이 가장 으뜸이라고 생각했다. 그리하여 기독교에서 이야기하는 것처럼 인간을 창조된 존재, 곧 하늘로부터 태어났다고 한다. 이러한 존재의 명칭이 인간인 것은 바로 지상과 천하에 살기 때문이다. 그럼 동물도 그렇지 않느냐고 하겠지만 그것이 아니다.

사람은 하늘과 땅의 요소를 모두 지니고 있다. 우리 사람을 신체적 구조로 보아서 모든 다른 생물과 구분 지을 때의 차이는 허리를 꼿꼿이 펴고 산다는 것이다. 인간에 가장 가깝다는 원숭이도 허리를 굽히고 네발로 다닌다. 사람은 두 발로 보행하므로 나머지 두 손을 사용한다. 허리를 꼿꼿이 편다는 것은, 머리위에 하늘을 똑바로 이고 있고 발바닥으로 똑바로 땅을 딛고 있는 자세다.

우리의 머리가 둥근 것은 하늘의 형상과 같다. 여기에서 인간이 하늘을 닮은 존재임을 알 수 있다. 땅은 모가 났다. 모가 난다는 것은 각이 진 것인데 인간의 발바닥이 그렇다. 우리 신체구조에는 여러 명칭이 있는데 그중에서도 사람의 중심은 허리가 아니라 인중人中이라 한다. 사람은 입으로부터 항문까지는 텅비어 계속 음식물을 섭취, 배설하여 인간의 몸을 기른다. 코로부터 눈 · 귀 · 머리는 생각, 즉 정신적인 것을 의미한다. 우리 인간은 물질적이면서도 정신적인 것을 갖추고 있는데 이것이 갈라지는 부분이 인중이다. 이것은 또 인중 윗부분은 하늘, 아래 부분은 땅으로 볼 수 있고 하늘과 땅을 연결 시켜주는 것은 팔과 손이다. 손으로 의사표시도 하고, 물질섭취 · 공작 등을 할 수 있다. 그래서 인류문화가 담겨져 있는 것은 모두 손이 만들어 낸 것이다. 조각품 · 예술품 · 음악 등 모든 것이 다 그렇다.

그러면 하늘은 둥글고 땅은 모가 나는데 인간의 본래적인 성질, 즉 본성은 무엇인가 하면 허리를 꼿꼿이 펴고 있으므로 '곧다'라고 할 수 있다. 이것은 바로 정직해야 한다는 것으로 사람이 타고난 그대로 실천하는 것을 말한다.

사람은 생각에 의한 꾀로 정직한 것에 나쁜 생각을 갖다 붙이고 무슨 척을 많이 한다. 정직한 마음에 척을 갖다 붙이면 그것이 악한 것이 되는 것이고 정직한 그대로 사는 것이 선행이다.

다시 본론으로 돌아와서 인간은 생각을 하는데 이것이 곧 철학이고, 인간이 왜 생각을 하느냐가 중요해진다. 우리가 생각을 해서 나쁜 행동을 도모하는 사람은 도둑이고, 내 앞에 놓여진 현실을 내 스스로 해결하기 위한 힘을 기르기 위한 것으로 생각하는 것, 이는 곧 판단력, 사고력인데 이런 것을 기르는 것이 바른 것이다. 이런 판단력을 기르기 위해서 내 스스로 느끼는 것도 있지만 이보다는 남이 올바르게 느끼는 생각도 많다. 이러한 것을 부모 · 선생 · 친구 · 책 등의 간접적인 체험을 통하여 여러 가지를 한데 모아 나의 생각을 바르게 할 수 있다면 그 사람은 올바르게 생각한다고 할 수 있다. 그러므로 책을 많이 읽어야 하고 옛것에서 배워야 한다. 시간이 흘러도 변하지 않은 옛것은 모든 이들이 옳다고 생각하는 진리인 것이다. 성균관의 명륜당도 옛스럽다고 하는 것은 옛부터 지금까지 가장 올바르기 때문에 지금까지 보존되어졌다는 점이다. 사람도 역사적 인물이 되기 위해선 올바른 삶을 살아야 한다.

다시 사람은 무엇인가 하는 문제를 살필 때, 나는 태어나면서부터 사회적 동물이기 때문에 제일 먼저 남과 더불어 살지 않으면 안 된다. 실재로 태어나자마자 부모님과 만난다. 나는 부모로부터 태어나고, 부모는 나뿐만 아니라 내 형제도 낳으며, 나는 내 자식을, 내 자식은 내 손자를 낳는다. 또 나는 친구도 있다. 곧 종 · 횡의 관계 속에서 내가 사는 것은 내가 사는 것이 아니고 내 할아버지가 나로 변신해 살고 있는 것이다. 여기서 가장 바람직한 효의 사상이 나온다. 그러니까 내가 나 자신을 위해 충실히 살고 하늘이 내게 준 목숨 그대로 내 할아버지처럼 사는 것으로 이것이 효이다. 이것이 유교 원래의 효이며, 많은 자기를 자기답게 만드는 것이다. 성실이란 자기 자신도 속이지 않는 것이다. 남이 안보니까 적당히 하는 것도 자기기만이다. 법이라는 것은 타의적으로 제재를 가하는 것이고 스스로 바르게 생각하는 것은 우리가 덕성을 갖추고 있기 때문이다.

인간의 본성은 다른 말로 하늘로부터 받은 덕성이라고 한다. 자신이 잘못을 저지르고도 부끄러워 할줄 모르는 사람은 염치도 없는 참된 사람이 아니다. 그러니까 자신을 속이지 않는 것이 참된 것이고 자신만을 위한 욕망을 이겨내는 것이다. 그래서 유교의 가장 바람직한 인간인 군자는 혼자 있는 것을 삼간다. 남이 보지 않는다고 욕심대로 끌고 가는 것을 삼가는 것이다. 이러한 것을 단 한마디로 해보면 성실성이다. 하늘로부터 본래 타고난 덕성을 잃지 않고 잘 보존해 나가는 것이다. 내가 할아버지를 어떻게 못하는 것처럼 내가 부모를 마음대로 못하는 것처럼 내가 나를 마음대로 못한다는 것을 잘 파악해야 한다.

내가 배가 고프면 남도 배고픈 것을 알아야 하며, 내가 원하지 않는 것을 남에게 시키지도 말아야 한다. 이것이 곧 자기 자신에게 충실한 것이다. 그러니까 자기 자신의 욕심에 이끌려 행동하면 나쁜 사람이다. 그러므로 유교에서는 자기 자신을 수양하는 수기修己가 가장 중요하다고 한다. 왜냐하면 나를 미루어서 남을 이해하여야 하기 때문이다. 자기 자신이 완성되지 않으면 자기 자신을 미루어 남을 생각할 수 없다. 그러므로 수기치인修己治人이라는 말이 있다. 남을 교화한다는 말은 자신이 먼저 완성되어야 한다는 것이다. 자기 자신이 하고자하지 아니하는 것을 남에게 베풀지 않는다는 것의 기준은 나의 마음이다. 모든 가치판단의 기준은 자기 자신인 것이다. 남의 생각은 뺏어 올수도 내 생각을 남에게 줄 수도 없다. 나에게 충실하지 않으면 안 된다. 이것을 성실이라 얘기한다.

사람이 태어나서 두번째 만나는 것은 친구 · 선배 등이다. 여기에서 장유長幼, 군신君臣 등의 관계가 생긴다. 오늘날로 해석하자면 이들

사이에는 의리가 있어야 하고, 의리라 함은 공사의 구별이 명확한 것을 말한다. 또 붕우유신朋友有信이란 말에서 붕우란 막연한 관계가 아닌 뜻을 같이하는 친구를 말하는데 이들 사이엔 믿음이 있어야 한다. 다음 부부유별夫婦有別은 남여 사이에 신체적 · 정신적 성향이 틀리다는 것으로 별이란 차별이 아니라 구분을 의미한다. 지아비와 지어미의 할 일이 따로 있다.

인간이 태어나 이 이상의 관계는 맺을 수 없다. 이 오륜五倫의 속에 인간관계 모두가 들어간다.

공자가 말씀하시길 인이란 극기복례克己復禮라 했다. 사사로운 나를 이겨 사회적으로 예를 회복하는 것이 인이라는 말이다. 극기의 기己는 평범한 내가 아닌 사리사욕에 가득 찬 나이다. 나의 욕망이 남에게 내보여졌을 때도 가장 떳떳할 수 있으면 이것이 예이다. 예는 흔히 격식 · 형식을 생각하게 되는데 이것은 잘못이다. 내가 남에게 대접을 받기 위해선 예를 행해야 한다. 예에는 반드시 예물이 따르게 된다. 신과 대면할 때 제물이 필요하듯, 사람과 사람사이에도 필요한 것이 예물이다. 인간이 짐승과 다른 것은 바로 용서하여주는 마음이다. 나를 이긴다는 것은 나 자신을 객관화시키는 것으로 남 앞에서 떳떳할 수 있는 것으로 이런 사람이 대인大人이고 군자인 것이다.

그러면 어떻게 나 자신을 완성하느냐에 대한 생각이 필요하다. 오늘날 집단생활을 보면 나 자신이 모여 있는 가家, 가가 모인 국國, 국이 모인 천하天下이다. 여기서 수신이 잘된 사람들만 살면 집안도 잘 다스려지며, 이런 집들만 모여 있으면 나라도 잘 다스려지고, 이런 나라만 모이면 천하가 다스려진다. 이러므로 남과 관계를 이루고 사는 나 자신을 수신하려는 노력이 필요하다. 부족하지도 과하지도 않은 중용의 상태로 자신을 정비하여야 한다. 이 중용도 일정치 않고 사람마다 다르다. 그러나 사람들은 모두 인을 지니고 태어났다. 이 인은 부끄러워할 줄도 알고, 사양할 줄도 아는 마음이다. 이 인을 잘 가꾸는 사람이 바로 자기를 이기는 사람이다.

결국 극기복례란 사사로운 나를 이기고 공적인 나로 돌아가는 것이며, 이는 인의 실천이다. 하늘이 준 본성을 이 현실에 그대로 실천해 옮기는 것이다. 행동을 할 때도 모든 이가 자기를 주시하고 있는 것처럼 하여야 한다. 덕이란 자기 몸을 윤택하게 하는 것으로, 마음을 넓게 가지고 몸을 편안히 하면 반드시 자신의 의식을 전성되게 할 수 있을 것이다. 이러기 위해선 항상 긴장하여야 한다. 자신이 완성된 사람은 소외감을 느끼지 않는다.

오늘날은 모두 어떻게 하면 이로울까를 생각하여 사람이 사람대우를 못 받고 기계화 되어가고 있으나 이는 일개인이나 한부분의 이익만을 추구해서이다. 넓게 생각하여 모두가 이로운 것을 구하여야 한다. 이러한 것들은 지나친 욕심을 버리는데서 가능하다. 즉 욕망에 치우치지 말고 본래적 마음, 어린아이와 같은 마음을 잘 간직하고 실천에 옮기려는 마음이 가장 바람직하다.

결론적으로 인간은 생각하는 동물이고, 이것이 곧 철학한다는 것이며, 이것의 내용은 자기 자신의 존재를 확실히 규명하여 실천에 옮기는 것이다.

성균관의 존현尊賢과 양현養賢 문화

1398년 조선왕조가 한양 땅 숭교방에 최고학부인 성균관을 건립한다. 조선조가 나라를 세우자 마자 전국토에 365개의 향교를 설치하여 영토를 확정했다. 그래서 제주향교는 1392년에 건립되었다. 조그마한 나라에 일년의 날수에 해당하는 학교를 세운 것은 군왕이 하루에 한 향교를 생각하며 백성을 교화하는데 게을리 해서는 안된다는 뜻이라 한다. 인구 밀도에 따라 한양부에는 사부학당과 성균관을 두고 지방의 군현에는 향교를 둔 것이다. 그 후 사학으로서 서원과 서당을 합하면 가위 교육국가라 할 만하다. 학교는 인륜을 밝히는 명륜明倫과 풍속을 교화하는 곳으로 정사의 근간이 되기 때문이다.

성균관은 성현을 높이는 존현尊賢사업과 훌륭한 인재를 기르는 양현養賢사업을 맡았다. 대칭구조의 궁궐양식인 건물을 보면, 문묘인 대성전, 강의실인 명륜당, 도서관인 존경각, 기숙사인 동서재로 이뤄져 있다. 이처럼 서양의 고전 대학의 4대 요소를 모두 구비하고 있다. 대성전은 공부자를 문화의 집대성자로 추앙한다는 의미에서 대성大成 지성至聖 선사先師라는 시호에서 이름을 붙인 것이다. 그 곳에는 공자를 주벽主壁으로 하고 공문孔門 사성四聖을 비롯하여 한중韓中 역대 성현의 위패를 모셔 학덕을 기리는 석전례를 표하는 곳이다.

대한제국의 고종황제는 칙령으로 '문명文明한 진보進步에 주의注意함을 요지要旨로 함'에 취지를 두고, 성균관에 경학과를 설립한다. 그것이 바로 우리나라 근대대학의 효시이다. 교육과정은 3년, 학과목은 경학, 사학, 문학 뿐 아니라 지리, 수학이 늘어나고, 시험제와 학점제 등 오늘날과 다를 바 없는 학사제도로 새로운 교육의 요구에 부응했다. 그러나 일제 강점 때 조선인의 정신 개조를 위한 정체사관으로 불교와 유학이 탄압을 받았다. 조선왕조를 이씨왕조로 고쳐 부르고, 붕당정치를 몹쓸 당쟁이라 하고, 문명과 야만의 구별에 대한 모화慕華의식을 사대주의라 하여 관학자를 동원, 민족자존심을 손상시키는데 주력하였다. 성균관을 경학원, 명륜학원으로 개편, 단지 존현만 하도록 격하하고, 식민지 교육을 하기 위해 따로 경성제국대학을 5만평 규모로 세우고, 향교 땅엔 군국주의 체재의 국민학교를 만들었다. 해방 후 미군정은 경성제대를 폐교시키지 않고, 한국적이라는 미명아래 서울대학교로 개칭만 했다. 이에 전국 향교는 재산을 출연하여 성균관대학을 지금의 명륜동에 설립했다. 1960년대에 와서 다시 재단법인체가 운영하는 학교는 모두 학교법인으로 분리함에 따라 성균관과 성균관대학이 존현과 양현 하나씩만 맡는 오늘의 현실이 됐다.

성균관은 종교단체가 아니라 교육기관이다. 교육이 나라를 지탱하는 백년지대계라고 늘상 말하지만 오늘날에 와서는 문묘에 예를 드리지 않는다. 이승만 초대 대통령은 석전에 참여하고 알성시謁聖試 격인 백일장에도 시험관으로 임석했다. 그 후 문교장관이 참석하다가 고작 화환만 보내어 대신하고 있을 뿐이다. 성균관대의 건학정신은 유학정신이요, 교시는 인의예지이다. 이것이 곧 성균관의 육백년이 넘는 전통과

교육이념을 계승하고 있다는 것이다. 인은 사람을 아끼는 마음이요, 생명을 창조하는 사랑이다. 의는 사고와 행동이 떳떳하지 못할 때 갖는 수치심이요, 시대정신이다. 예는 절제된 행위로서 화합과 질서를 만들어내는 실천력이다. 지는 옳고 그른 것을 의식하고 행동하는 판단력이다. 항간에 교명과 교시를 현대적인 용어로 고치자는 논의도 있다 한다. 그것은 문화적 열등감에서 나오는 천민의식이 아닐까.

성균관은 성현의 길을 좇는 학문 정신의 큰 맥을 이어가는 곳이다. 조선시대의 최고 학부인 성균관은 옛 성현에 대한 봉사奉祀기능도 함께 하였다. 당시 학문의 목표가 성현이 되기를 바라는 데 있었기 때문이다. 그래서 강의실과 도서관, 기숙사의 역할을 했던 명륜당과 존경각, 동재와 서재 이외에 성현의 위패를 모신 사당인 대성전 등을 두었는데, 이를 통틀어 문묘文廟라 한다.

이 땅에 개화開化 바람이 불기 시작한 1894년 갑오경장 이래로 100여 년 동안 너무나 많은 변화가 있었다. 그 가운데서도 자기 자신을 스스로 추천하는 시험을 통하여 관리를 채용하는 과거제도의 폐지는 인심의 향방을 크게 달라지게 하였다. 이른바 '칠서七書(사서 삼경)'로 불리며 집집마다 마련했던 유교 경전이, 입신 출세와는 무관하게 됨으로써 일반인의 수중에서 멀어지게 된 것이다. 따라서 「논어」 한 줄 외우지 못하여도 지식인 노릇을 할 수가 있게 되었다.

'나'라고 하는 한 몸뚱이를 조상으로부터 물려받은 것처럼 한 국가도 역사적 전통 속에서 경영되고 있다. 우리가 일상 생활에서 매일 사용하는 화폐를 자세히 들여다보면, 우리는 아직도 유교적 전통 속에서 살고 있음을 알게 된다. 1천원권 지폐에는 퇴계 선생의 초상과 도산서원의 전경이, 오천원권 지폐에는 율곡 선생의 초상과 오죽헌의 모습이, 만원권 지폐에는 세종대왕의 초상과 경회루의 전경이 그려져 있는 것이다.

세종대왕은 과학적 기구의 발명과 훈민정음의 창제로 성군의 지위를 누렸다. 그러한 업적은 유교 경전인 「역경易經」에 관한 깊은 탐구가 그 바탕이 되었다. 율곡 이이의 임진왜란에 대비한 '십만 양병설'등의 시무책時務策도 유교적 실천에서 비롯되었다. 또한 퇴계 이황은 일본에서까지 『천자문』과 『논어』를 가지고 건너가 문명을 깨우쳐준 백제시대의 왕인 박사와 맞먹는 추앙을 받는다. 그들에게 유교적 윤리 의식을 일깨워준 덕을 기리는 까닭이다. 더구나 세계의 수많은 국제 학술회의에서 유일하게 한국어가 공식 사용어로 지정된 퇴계학 학술회의가 세계 각지에서 지금까지 20여 차례 이상 개최되고 있는 사실들을 상기한다면, 우리가 그들이 누구라고 자랑할 인물이 아니고 무엇이랴.

성균관은 바로 이들이 젊은 시절 다니던 국립 대학이었다. 조선시대에 인재 양성을 위하여 서울에 설치된 국립 교육 기관인 것이다. 그 기원을 따져보면 중국 주나라 때 천자의 도읍지에 설립한 학교인 벽옹辟雍과 제후의 도읍지에 설립한 학교 반궁泮宮의 제도에 따라 세워진 것이다. 우리나라에서는 고구려 소수림왕 때인 372년에 세워진 태학太學으로부터 시작하여 신라 시대의 국학國學, 고려 시대의 국자감國子監 제도를 계승하여 1398년에 세워진 것이 오늘날의 성균관이다.

고려 초기에는 호족豪族 출신의 무신들을 대신하여 새로이 유교적 교양을 갖춘 문신 관료를 등용하여 문치주의를 내세웠다. 조선 왕조는 유교를 정교 이념으로 삼고 종묘宗廟와 사직(사직;농경 사회의 근간인 토지신과 곡신)과 아울러 문묘를 세웠으며, 사대부 집안에는 가묘家廟를 세우게 하였다.

성균관 문묘에 들어서면 수령 600년을 자랑하는 거목의 은행나무 네 그루가 이처럼 오랜 성균관의 전통을 말해준다. 대성전, 명륜당, 존경각, 동서재를 비롯한 20여 개의 부속 건물들이 있는데, 이 옛 기와 지붕의 구조물들은 다만 옛날 건축물에 불과한 것이 아니다. 건물의 배치와 규모는 성균관이 인재 양성의 교육 기능과 함께 선성先聖과 선현先賢에 대한 봉사奉祀의 기능을 가지고 있음을 보여준다. 서양인들도 서구의 근대 대학 설립의 네 가지 기준인 예배당, 강의실, 도서관, 기숙사 모두가 갖추어져 있는 사실을 알고, 다시 한번 놀란다.

대성전은 공부자孔夫子가 하은주 삼대의 문화를 집대성하였다는 뜻에서 '대성大成'이라 이름한다. '대성지성문선왕大成至聖文宣王'이라는 시호의 공부자 위패를 비롯하여 증자, 안자, 자사, 맹자의 네 성인과 공자의 제자 가운데 뛰어난 열 사람인 공문십철孔門十哲과 중국 송나라 때 성리학의 체계를 세운 6현六賢, 그리고 우리나라의 신라 2현(설총, 최치원), 고려 2현(정몽주, 안향), 그리고 조선 14현을 함께 모시고 덕을 기리는 사당이다. 이는 성균관 교육의 궁극적인 목표가 문화생명을 낳아준 성현이 되기를 바라기 때문이다.

유교적으로 말한다면 우리가 학문하는 까닭은 나의 마음이 성인의 마음과 같아지지게 하려는 것이다. 경전의 글을 읽는 이가 성인의 마음 씀과 성인이 되는 까닭을 잘 살펴서 내가 이루지 못하고 얻지 못한 것을 구하여 의문을 없앤다면, 성인의 뜻을 알 수 있을 것이다. 요순堯舜이 성인이라 일컬어지는 까닭은 위대한 업적에 있는 것이 아니라 본성을 좇아서 세상을 다스렸기 때문이다. 사람이 사람답게 사는 것은 바로 하늘을 닮는 것으로서, 타고난 본성을 따르는 것이라고 할 것이다. 성인이란 군자라는 말과 같이 사람 중에 가장 이상적인, 바람직한 인간을 뜻하는 것이다. 따라서 학문의 목표도 성인되고 현인되기를 바라는 배움인 것이다. 조선조의 국왕이 문묘에서 작헌례를 올린 것을 기려 과거 시험의 특별 전형적으로 알성시를 본 것도 성현을 배알拜謁한 것을 기림으로써 사회적 교화를 펴기 위함이었다.

명륜당은 정신 세계에서 가장 구체적으로 인정을 나누는 인간 관계인 인륜人倫과 물질 세계에서 가장 실제적인 일용日用의 도를 말한다는 성인聖人의 도를 밝힌다는 뜻에서 '명륜明倫'이라 이름하고 강학講學하던 곳이다. 존경각은 성현의 도를 싣고 있는 경전을 존경하여 받들어 지닌다는 뜻에서 '존경尊經'이라 이름하고, 사서 오경을 각각 100권 씩 간직하여 열람하게 한 도서관이다. 동서재는 성균관의 입학시험인 진사시험과 생원시험에 합격한 유생들이 기거하며 숙식하던 곳이다.

성균관은 한성漢城의 동북쪽 숭교崇敎의 골짜기에 자리잡고 있다. 북쪽은 산이 둘러싸듯 껴안고, 남으로 땅이 넓은 곳, 그리고 두 물이 두루 흘러 자연스럽게 반수泮水를 이루는 형국의 터전인 오늘의 명륜동에 세워졌다. 동쪽과 서쪽에서 흐르는 물이 남쪽에서 만나 흐르도록 한 반수는 성균관이라는 성역을 세속과 구별해주기도 하였다.

성균관의 학생은 유생儒生이라 하였으며, 정원은 200여 명이었다. 그들은 도포와 민학건民學巾 또는 복건幞巾이라는 관을 썼다. 유생이 될 수 있는 자격은 정규생과 특별생으로 크게 두 가지였다. 정규생은 한성시와 향시鄕試에 합격한 생원과 진사로서, 입학생은 오늘날의 대학 학력고사 합격자에 해당한다고 하겠다. 특별생은 대체로 사학四學생도로서 15세 이상된 유학幼學으로 『소학』및 사서와 오경 중 1경에 통달한 상급 시험 합격자인 승보생升補生과 부조父祖가 공신이거나 3품 이상인 관리의 적자로서 「소학」에 능통한 자로서 부모의 음덕으로 입학하는 문음생門蔭生이었다.

성균관에 입학한 유생들은 동재와 서재에 나누어 기숙하면서 매월 초하루 관대를 갖추고 문묘에 나아가 사배례四拜禮를 행한다. 일과는 새벽 북 소리 한 번에 기상, 두 번에 의관을 갖추고 단정하게 앉아 책을 읽고, 북 소리 세 번에 식사를 한다. 학업에 열중하도록 출석 점수제의 일종인 원점圓點을 실시하였는데, 아침 저녁 식사 때마다 식당에 비치된 명부인 도기到記에 서명하게 되어 있었다. 원점 1점은 조석으로 두 번 식당에 들어가야 얻을 수 있고, 이 원점을 300점 취득한 자 곧, 성균관에서 300일 이상(약 1년) 기숙하며 공부한 유생에게만 문과 초시인 관시館試에 응시할 자격을 주었다.

한편 유생들도 재학 중 학령學令의 적용을 받았다. 학령이란 성균관 학칙인 동시에 서원을 중심으로 한 사립 학교가 아닌 공립 학교인 관학의 일반적인 학칙이다. 학령의 주요 내용은 다음과 같다. 시험 제도는 경서 시험인 학관일과學官日課가 제술 시험인 순과旬課를 실시하며 그 성적은 연말에 종합하여 식년시式年試에 참작한다. 고담高談이나 이론異論을 좋아하는 자, 조정을 비방하는 자, 사장師長을 모독하는 자, 권세에 아부하는 자, 주색을 말하는 자는 벌한다. 오륜을 범하는 자, 절개를 굽힌 자, 교만한 자, 스스로 자랑하고 사치한 자, 묘한 말과 보기 좋게 꾸민 얼굴빛으로 남의 환심을 사려는 자 등은 기숙사에서 쫓아낸다. 경서 시험의 점수인 고과분수考課分數는 대통大通, 통通, 약통略通, 조통粗通으로 나누며, 조통 이하는 벌한다. 매월 8일과 23일은 정기 휴일로서 세탁을 하거나 부모를 찾아뵙는 여가를 준다. 해마다 품행이 단정하고 시무時務에 밝은 유생 1, 2명을 천거하여 서용한다는 등의 규칙이 있었다.

성균관의 기본 교과목은 『대학』, 『논어』, 『맹자』, 『중용』의 사서와 『예기』, 『춘추』, 『시경』, 『서경』, 『주역』의 오경을 비롯하여, 『근사록』, 『성리대전』, 『통감』, 『송원절요』, 『경국대전』, 『동국정운』 등 철학, 역사, 제도에 관한 것이었는데, 과거 과목에 따라서 변동되기로 하였다. 이밖에 시詩, 부賦, 송頌, 책策과 같은 작문법을 비롯하여 왕희지와 조맹부의 필법도 익히게 하였다.

성균관은 문과 준비를 위한 과거科擧교육을 담당하는 기관으로 입학 규정은 엄하면서도 일정한 재학 기간이나 졸업일이 없어 과거에 합격하는 날이 바로 졸업이었다. 그래서 성균관 유생들은 과거에 있어서 여러 가지 특전을 부여받아 관시館試, 알성시謁聖試, 춘추도회春秋都會 등과 그 밖에 천거의 특전이 있었다.

유생들이 재학하는 동안 일상생활의 중심은 기숙사였다. 그 생활은 규칙이 엄격하면서도 유생들의 자치로 운영되었다. 유생들의 자치기구로 재회齋會를 두고, 그 임원으로 회장격인 장의掌議를 비롯, 색장色掌, 조사曹司, 당장堂長 등이 있었다. 내부적인 문제는 재회를 통해 자치적으로 해결하였고, 때로는 대외적인 문제를 논의 대상으로 삼기도 하였다. 다시 말해서 조정의 부당한 처사에 대한 시정 요구, 선대의 유신儒臣에 대한 문묘배향의 요구, 이단에 대한 배척 요구 등이 있을 때는 재회를 열어 상소문 작성의 대표인 소두疏頭를 뽑고 오늘날의 성명서격인 유소儒疏를 올렸다. 자신들의 요구가 받아들여지지 않을 경우에는 집단 시위인 소행疏行이나 수업 거부 내지는 단식 투쟁인 권당捲堂 또는 동맹 휴학으로 성균관을 비워버리는 공관空館 등의 실력 행사로 맞서기도 하였다.

한편 유생들은 기숙사의 숙식과 학용품, 학비 일체를 국가로부터 지급받는 관비생官費生이었다. 이러한 비용은 2000여 결이 넘는 학전과 성균관 밖에 거처하는 300~400명 되는 노비들의 신공身貢으로 충당하였다. 대체로 조선후기에 교육재정이 궁핍해지고, 과거 시험 교육의 기능까지 담당하는 사학인 서원書院이 발달하고, 붕당朋黨에 휩쓸려 학업을 소홀히 하고, 집권층인 벌족閥族들이 과거시험을 불공정하게 운용하여 부진하게 되었다.

1895년 성균관은 경학과를 설치하여 개화의 물결 속에서도 우리의 전통적인 유학과 도덕을 지켜나가는 동시에, 이러한 자세를 바탕으로 우리나라 근대화에 대처해 나갈 인재를 양성하는 교육기관으로 새롭게 출발하였다. 따라서 학제도 3년제로 한 학년이 전후 2학기로 구분

되었으며 입학시험으로 선발하되 20세 이상 40세까지의 연령 제한과 졸업시험을 합격한 자에게만 졸업증명서를 주었다. 학과목도 옛날과 달리 국사國史가 필수과목, 만국萬國 역사 및 지리, 우리나라 지리 및 산술 등이었다.

그러나 일제에 병탄된 지 1년 만에 일제 식민지 정책의 일환으로 경성제국대학이 세워지자, 전면적인 개혁을 강요당해 경학원經學院으로 개칭되면서 최고학부로서의 교육기능은 상실당하고 석전釋奠향사享祀와 향교 등의 재산관리를 주 임무로 하는 기관으로 바뀌게 되었다. 그 뒤 전국 유림들에 의한 성균관 교육 기능의 회복 운동으로 1930년에 경학원 부설 명륜학원이, 1939년에는 명륜전문학원으로 승격, 1945년 광복과 함께 경학원도 성균관으로 환원되고, 이듬해에 성균관대학이 설립되고, 1963년에 학교 법인 성균관대학과 재단법인 성균관으로 나뉘어져 교육기관과 교화 기관의 역할을 각각 담당하게 되었다.

오늘날 성균관대학이 사립대학으로 그 명맥을 잇게 된 것은 우리의 근대 역사가 외세에 좌우되어 낳은 결과이다. 일본 제국주의가 종식됨과 동시에 경성제국대학은 없어져야 했다. 그러나 1945년부터 3년간의 미군정에 의해 경성제대가 서울대학으로 개칭되었고 성균관은 황실재산의 일부로 분류되어 국가재산에 편입되어, 다시는 최고학부의 전통을 잇지 못하게 된 것이다. 이런 맥락에서 서울시가 정도 600년 사업을 대대적으로 벌이고 있는 시점에서 사립 대학으로서의 성균관의 위상이 과연 어울리는 것인지 다시 생각해 볼 일이다. 잘못된 것을 바로잡아 우리의 전통과 우리의 역사를 정립하여야 할 것이다.

더군다나 중국은 문화대혁명 사건으로 유교가 단절되어 전통 문화라는 명목으로 되살리고 있는 실정이다. 다만 재단법인 성균관이 사회단체로서 문묘의 제도를 유지 관리하고 있으며, 세계 유일의 학과인 유학과가 성균관대학에 설치, 운영되어 유맥儒脈을 잇고 있다. 우연이라고 말해 버리기에 단순하지 않은 배경과 과정이 있다는 까닭을 깊이 생각해볼 일이다.

성균成均이란 음악의 조율을 맞춘다는 말로서 곧, 어그러짐을 바로잡고 지나치거나 모자라는 것을 고르게 한다는 뜻이다. 따라서 세상의 풍속과 예의를 순화하고 인재를 양성하는 성균관의 본래 기능을 되살려 사회적으로 고급문화를 이룩하고 교육하는 데 기여해야 할 것이다.

08

가족환경의 효경문화

가족환경의 친화親和

사람이 의식주의 기본 생활을 영위하는 공간이 집안이다. 한평생 인간의 심신心身이 평안한 곳이다. 마음으로는 섭섭함이 없고, 몸으로는 답답함이 없는 곳으로 생기生氣가 넘치는 기쁨과 활기活氣에 찬 즐거움이 가득한 열락悅樂의 낙원이다. 사람의 생리적 욕구와 심리적 평안함과 경제적 안정을 가져다주는 생활환경인 것이다.

가정은 부부와 그들의 자녀로 이루어진 공동체이다. 서로 의지하는 믿음과 서로 아끼는 애정을 가지고 서로가 끌어안아 출산을 하고 그에 따라 부모와 자식간의 혈연관계로 맺어진다. 따라서 생식과 양육과

의식주를 해결하고, 심신을 보호해 주며 상호 신뢰를 바탕으로 하는 종교적 차원의 욕구를 모두 해소해 주는 정서집단이다. 여기서 자신의 목숨이 태어나고, 혼자 걷기까지 절대적인 보살핌으로 길러 주고, 심신의 휴식을 통한 노동을 위한 재생산이 이루어진다. 가족은 이익집단이 아니라 정서집단으로 하나의 공동체를 이루고 그 구성원의 분업과 역할에 의해 운영되는 사회적인 기초 집단이다.

현대사회는 농경을 위주로 수공업에 의존하던 시대가 아니라 산업을 위주로 기계공업이 고도로 발달한 시대이다. 농사일은 힘을 합쳐 소출에 공동으로 참여함으로써 수확을 거두어들이므로 처음부터 끝까지 모든 작업에서 자신이 소외되지 않는다. 그러나 산업은 상술과 기술에 의해 생산물의 수요와 공급에 기여함으로써 성과를 얻어내기 때문에 효율성을 강조한 분업화와 기계화 작업에서 우리는 완전한 성취감을 느끼지 못한다.

우리의 가족문화는 할아버지와 손자가 더불어 사는 직계가족의 구조 속에서 이룬 인간관계였다. 그러나 이제 단출한 핵가족이 되었다. 주거 형태도 도시화의 과밀로 아파트라고 불리는 분리주택에서 산다. 거처가 독립된 것 같지만 도리어 갇혀 사는 셈이다. 가족과 단절되고, 이웃과 단절되고, 자연과 단절된 생활 공간인 것이다. 식생활에서도 저장음식보다는 힘들이지 않는 인스턴트 음식들을 갈수록 더욱 찾는다.

더구나 산업사회는 모든 일에서 오직 생산적인 이득에만 매달려 있다. 이득을 따지면 그 일에는 이해利害가 엇갈리고, 모든 사람들이

승패를 가르는 일에 몰두하게 되고, 맞는가 틀린가의 시비를 가리는 대립의 결과를 즐겨한다. 세상사에 있어서 모두가 이롭고 편한 것이 최고라는 관념에서 자연스러운 것보다는 과학적이고, 분배보다는 생산적인 결과에 가치를 고정시키는 것이 현대사회이다. 그러나 인간의 삶이란 살아가는 과정이 중요한 것이다. 나의 삶은 나 자신이 살아간다는 개성주의가 나 혼자 잘 살면 된다는 이기주의로 잘못 빗나가고 있다. 부모에게도 자신의 생명을 낳아준 고마움을 가지는 것이 아니라 좀더 잘된 환경과 조건 속에서 길러주지 못함을 원망한다.

인생은 사람과 만남의 세상이다. 부자父子로 만나고, 친구로 만나고, 이웃으로 만나고, 동료로 만나는 인간세상이다. 그 만남의 논리는 대대待對관계로 설명할 수 있다. 이는 쌍방이 서로에게 자신을 내어주는 논리이다. 그 가운데서 가장 기본적인 만남은 하늘이 정해 준 천륜天倫의 관계이다. 부자간의 효의식은 생명에 대한 고마움으로부터 인류의 정감을 돈독하게 하고 서로 사귀는 정을 순화하여 사람과의 만남 속에서 자기의 이익을 따지지 않고 남을 아끼는 행위를 드러나게 한다. 인간사회의 지지나 신뢰의 가장 낮은 조건은 피차 서로가 저버리지 않는 것이다. 자식의 도리 또한 생명의 근원에 대한 보답인 것이다.

현대사회는 물질에 대한 무한한 관심 때문에 효율성을 고취하여 모든 것들이 대형화 · 대량화 · 극대화를 추구해 간다. 따라서 상대적으로 인간에 관한 무관심 때문에 사실판단과 가치판단이 혼동되는 사회로 바뀌어 가고 있다.

오늘날 세상은 모든 것들이 단절되어 있다. 때문에 인간관계의 기본이 되는 가족관계도 더 이상 밀착된 것이 아니다. 자연환경을 저버리는 일은 벌써 오염과 공해로 우리들의 목숨을 위협하고 있다. 이에 따라 인간환경의 괴리도 심각한 국면에 처해 있다. 부부관계와 부자관계로 공생하는 기초 단위가 가족사회이다. 미운 정 고운 정 마다하지 아니하고 오순도순 생계를 꾸려가며, 기쁨과 즐거움이 넘치는 보금자리가 가정환경이었다. 다시 말해서 인간의 생리적 욕구와 심리적 욕구 그리고 경제적 요구가 어느 하나 빠짐없이 모두 만족스러운 곳이었다. 그러나 한 곳에 정착하여 농경 위주로 살던 사회가 이제는 돈벌이를 위해서 산업전선에 끼어들어 경쟁해야하는 처지가 되어 우리들의 가정도 해체되어 가고 있다. 생명윤리가 유전자공학에 의해 무너져 가고, 인간관계도 각각 개체로 떨어져 나가 만남이 없는 외톨박이 세상살이가 되어 간다. 그렇다고 집 가家의 형상대로 그저 돼지우리 속에서 꿀꿀대며 살아갈 수 없는 노릇이 아닌가. 가정은 남녀가 동물의 암수처럼 짝을 이루는 것이 아니라 부부가 자식을 기르며 동거하는 집단이다. 한 지붕 한 가족으로, 한솥밥 한 식구로 땔감과 샘물을 함께 사용하며 가계의 수지를 맞추어 살림을 살아가며, 살을 맞대고 인정을 나누며 사는 정겨운 곳이 가정이다.

태아는 자궁 속 양수에 전달되는 산모의 맥박 소리로 큰다. 세상 밖에 나온 아기는 불안해서 운다. 어미의 맥박소리가 단절되어 불안한 것이다. 그래서 산모는 아기를 심장 가까이 왼쪽으로 안아 주어 그 불안을 해소해 준다. 어머니의 품은 한없이 그리운 것이다. 어미 모母의 두 점은 젖꼭지를 뜻한다. 젖은 어미의 심지에 따라 그 양이 결정된다고 하지만 모유를 먹인다는 것은 영양만이 아니라 양질의 정서까지 안겨 다 주는 것이다. 양육법에도 모자가 피부접촉을 통해 포근한 체온을 느끼게 하여 우리의 의식 또한 동질성을 갖게 되는 것이다. 그러나 지금은 모유 대신 우유를, 안아주기 보다는 독립된 공간에서 양육하니, 어머니의 역할을 상실한 것이다.

자식은 부모 슬하에서 항상 같이 생활하면서 모든 행동이나 언행을 직접 눈으로 보고, 귀로 듣고 배운다. 자신을 닮지 말라 해도 흐르는 물은 아래로 내려가는 법이다. 현대는 부자간이 만나 함께 놀아줄 시간이 주어지지 않는다. 그 옛날엔 생계를 유지하기 위한 일터가 가정과 밀착되어 있었다. 생산에서도 분업적이 아니라 자급자족을 위해서는, 말을 알아듣고 철이 들 나이만 되면 모두 노동에 참여해 가계를 함께 꾸렸다. 따라서 아버지의 생업이 가족과 단절되지 않았다. 그 노동의 가치를 이해하고 존경하여 아버지의 권위와 보람을 안겨 줄 수 있었다.

가족간의 단절은 올바른 부모의 역할을 통해 자녀를 교육해야 한다. 부부는 서로 권위 있는 아버지의 모습과 사랑으로 모든 것을 품어주는 어머니의 모습을 분명하게 만들어 주어야 한다. 가족공동체를 이끌어가는 가장권과 가족의 살림을 꾸려 가는 주부권을 서로 확보해 주어야한다. 가정교육이란 생활 속의 습관을 길러주는 것이다. 엄한 것은 두려움과 원망과 고독감을 갖게 하여 독립심을 길러 주며, 자상함은 의뢰심을 갖게 하여 힘든 일에 마음 놓이게 하여 책임을 저버리지 않는 심리를 갖게 한다. 씩씩함과 포용력으로 길러진 자녀만이 사회에서 진취적이고 창의적인 생활인이 될 것이다.

자신의 형편이 곤궁하면 으레 조상 탓을 한다. 빈부의 격차가 심한 사회일수록 상대적인 빈곤감 때문에 부모의 유산에 관심을 갖는다. 재물은 생산보다 분배의 방법이 중요하다. 균등한 배분이란 자식 각자의 분수와 처지에 따라 나누는 것이 바람직하다. 그 형편에 따라 기준을 세우는 것이요, 딱히 정할 수 있는 것이 아니다. 시장경제 원칙에 따라 경쟁하는 것이 아니라 가족경제의 균등원리에 따라 만족할 줄 알아야하는 것이다. 예절이란 최저와 최고의 한계 속에서 자신의 욕심을 조절하는 것이요, 그렇게 할 줄 아는 살림살이가 인간적인 것이요, 문화적인 삶이다.

가정불화는 무엇보다 가족간에 서로가 서로를 무시하는 데서 싹이 튼다. 자신을 알아주지 않는 서운함에서 시작되는 것이다. 애정의 결핍에서 생기는 것이다. 가족간에 서로 관심을 가지고 마음 씀씀이를 조심스럽게 한다면 세상에서 더 가까운 사람이 누구이겠는가.
인간에게 물질적인 요구는 필요조건에 지나지 않고, 정서적인 안정이 충분조건이다. 따라서 인간관계의 단절에서 나타나는 인정의 결핍에 목말라 하고 있는 것이다. 공동체로서의 최소 단위인 가족도 근본은 인간환경의 친화에 있는 것이다.

백년해로 百年偕老

이상적인 부부사랑은 한가지 마음이어서 좋아하고 싫어하는 것이 서로 닮는 것이다. 닮기 위해서는 애정에 감정을 잘 걸러내어 동의를 구하고 찬동하며 함께 즐거워하는 것이다. 바로 부부는 서로 공경하는 것이다.

이 세상에서 정말 불쌍한 이들은 살림살이가 가난한 자가 아니다. 마음이 가난한 자이다. 인정이 그리운 사람들이다. 그들을 가리켜 홀아비, 과부, 고아, 무의탁 노인네, 그리고 병들고 몹쓸 폐질자廢疾者라 한다. 그들은 상대할 사람과의 만남이 어긋나버려 세상살이를 제대로 갖추지 못한 외로운 사람들이다.

그들은 인생살이에서 반려자伴侶者인 짝을 일찍 여의고 홀로 살면서 쓸쓸하고 허전한 마음 이를 데 없는 이들과 몸과 맘을 망쳐버린 자들이다.

애초부터 혼자 사는 독신자들의 고독과는 문제가 다르다. 그들은 함께 살던 이들과 서로 헤어졌기 때문에 외로움을 혼자서는 달래지 못하고 정이 그리운 이들이다. 어느 누구나 병석에 누워 있으면 많은 생각속에서 새삼스레 사람이 그리워져서 유난히 외로움을 타곤 하던 경험이 있을게다. 그것은 신체의 기능이 약화되는 것에서부터 인정의 결핍으로 이어져가기 때문이 아니었던가. 이런 애정이 결핍된 이들을 구원하고 위안을 주는 일에 우리는 언제나 많은 노력과 관심을 아끼지 말아야 하는 지도 모른다.

인생은 만남이다. 인정이 쌓이고 정든 이들은 서로가 정을 나누며 살아간다. 그것이 부족한 결핍이 정상적으로 갖춘 인정인 것이다. 우리의 인생살이는 상대를 품어 안는 데서부터 비롯된다. 우리는 일과 만나고, 자연과 만나고 사람과 만나 살아간다.

이 세상을 살아가는 것은 혼자서가 아니라 여럿이 군거群居하는데 자연 속의 숲에서 나무처럼 서로 마주보며 의지하며 산다. 인생살이는 한마당에서 함께 어울리며 한바탕 살아가 어느 날에 훌쩍 떠나 가버리는 것이라 하더라도 외롭지 않고 오랫동안 복을 누리며 살고 싶은 것이다. 서로 마주하며 사는 동안 인간은 그 누군가 아니면 그 무언가 상대를 항상 두고 산다. 그래서 서로를 팽팽하게 당겨주는 인력引力과 같은 긴장 속에서 살게 마련이다. 바닷물이 달의 인력으로 말미암아 간만의 차를 이루고 밀물과 썰물이 되어 서로 밀고 당기듯이 우리의 일상생활은 끌어당기는 만남 속에서 이루어진다. 부자관계와 같이 혈연으로 하늘이 점지해 주는 만남이거나 부부, 형제, 붕우관계와 같이 현실을 위한 만남이거나, 사제관계와 같이 미래를 위한 만남, 그리고 우연한 만남에 이르기까지 세상살이는 다양한 인간관계로 이루어진다.

그러한 만남은 서로 맞서는 대립이나 대결로 되는 것이 아니라 하나같이 서로를 밀어주고 이끌며 상대를 한없이 기다리는 대대待對의 인간관계를 이룬다. 서로 만나 사랑을 나누며, 세상살이를 창조해 가는 기쁨으로 사는 것이다. 인륜의 대사는 세 가지인데, 생사문제가 관계되는 탄생과 죽음, 그리고 혼인인 것을 보아도 이같이 인간세계는 부부관계로부터 시작된다. 먼저 남녀로 만나서 부부가 되고, 가정을 이루고 부자관계로 이어져 간다. 우리는 이 세상에 남자이거나 여자로 태어나 음양의 조화처럼 남자답고 여자다운 남녀는 서로를 자신이 지니고 있지 못한 부족함을 메우고 싶어 서로 만남을 이룬다. 그래서 남녀는 서로 부족한 것이 무엇인가를 확인할 수 있도록 구별되어져야 하는 것이다.

그러나 부부의 만남은 남녀의 만남처럼 육신의 결합인 성애性愛나 영혼의 결합인 연모戀慕와 같은 어느 한쪽만으로도 이룰 수 있는 것이 아니라 영혼과 육신이 합치되어 이루어진 사랑이 있다.

혼인 전에는 가장 멀던 타인이 혼인 후에는 가장 가까운 사이로 만나는 것도 이 때문이다. 따라서 부부는 직분과 분수에 맞게 분별되어져야 한다.

남녀는 애정으로 하나가 되면 그만이지만 부부는 애정으로 가정의 일을 꾸려가는 것이다. 그 직분이 내외로 나뉘어져서 서로 하는 일이 분별되는데, 이는 마치 금슬琴瑟이 제각기 제소리를 잘 냄으로써 화음을 이루듯이 사이가 좋아야 하는 것과 같은 것이다. 그래서 부부유별이라 한다.

부부사랑이란 남녀관계에서와 마찬가지로 애정에 기초를 두고 있다. 그러나 감정의 충돌이 없는 의견일치를 위해서는 서로 한걸음 물러서서 바라보는 넉넉한 마음과, 받아들이는 상경相敬하는 사랑이 있어야 한다. 부부사랑이란 금수처럼 애정만으로 사는 것이 아니다. 서로를 존중하는 공경이란 몸가짐과 마음가짐을 삼가하는 것이다. 물이

연료가 충분해야 끓는 것이 지속되는 것처럼 그 사람을 아끼고 섬긴다는 마음을 늘 가져야 부부의 애정을 간직할 수 있다.

연애하던 시절에는 서로가 경솔한 행동이나 섯부른 생각은 삼가하기 때문에 애정은 날로 지속되어 간다. 그러나 결혼 후에는 상대의 자존심을 염두에 두지 않고 경솔해지기 때문에 결혼이란 애정의 무덤이라고도 하는 것이다. 그러한 결혼생활이란 서로 손을 내밀어 빌려주는 마음으로 이루어지지 못한 것이다. 서로 함부로 대하여 소홀해지고 상대방의 심정을 헤아림이 없이 자기 감정에만 충실하며, 말을 주고 받음에 있어서도 자만에 빠지고, 일을 처리하고 도모함에 있어서도 독단과 전횡으로 치달으며 상의하지 않기 때문에 서로의 마음을 다친 탓이라 하겠다.

이상적인 부부사랑은 한가지 마음을 만드는 것이어서 둘이서 좋아하고 싫어하는 것이 서로 닮는 것이다. 닮기 위해서는 빈자리를 내어 주며 그 자리를 메꾸어주는 애정에 감정을 잘 걸러내어 동의를 구하고 찬동하며 함께 즐거워하는 것이다.

오랫동안 함께 산 부부는 식성, 기호, 취미, 심지어는 생긴 모습까지도 닮는다지 않는가. 옛말에 부부가 살아가는 방도는 '손님처럼 서로 공경하는 것이다'고 하였다. 손님의 마음이 상하지나 않을까, 혹은 언짢을까, 흡족할까 하는 배려를 함으로써 상대에 대한 이해심을 높여 맞이하여야 하는 것이다.

또한 남녀관계와 부부의 다름은 가족이 있다는 차이다. 전통사회에서는 부부애보다는 부도父道와 부덕婦德을 강조하며 부창부수夫唱婦隨를 요구하였다. 그것은 남존여비의 관념에 젖어 부녀자에게 문자文字 교육을 덜 시키고 가사 돌보기에 매달리게 한 것이다.

그러나 현대 가족사회에 있어서의 부부란 그렇지 않다. 오늘날 남녀가 똑같이 교육받고 각종 직업에 종사하며 부부가 가정경제의 공동책임을 맡는 평등의 시대에 부도와 부덕이 따로 있어서는 안된다.

부부는 서로 공경하며 육신으로는 남녀의 한 몸으로, 영혼으로는 한 뜻으로 서로 공경함으로써 종신토록 반려가 되어 검은머리가 파뿌리 되도록 백년해로하여야 하는 것이다.

여자가 출가하기 전에는 아비를 따르고 출가해서는 지아비를 따르고 지아비가 죽으면 자식을 따르라는 삼종三從의 법도를 두고 보면, 마음이 가녀린 여자의 의지할 곳을 강조하여 말한 것이 아니겠는가.

입체공간의 가족관계

인간사회는 남녀로 이뤄진다. 태어난 직후 아들과 딸로 가족을 이루며, 지아비와 지어미가 돼 자식을 낳고 삶을 지속한다. 종족에 따라 남녀 비중을 달리해 독특한 문화를 형성해오고 있다. 남녀가 서로 갈등하며 대립하고 화합하는 문제는 인류가 존재하면서 애초에 생긴 일일 것이다.

선사시대에 인류는 모계사회였고, 역사를 남기게 된 이후로는 부계사회로 바뀌었다. 미래엔 환원해 모계사회로 돌아가리라 전망한다. 원시사회는 혼거混居하여 모계중심이 됐으니 주거 형태가 도시화되면 그도 그럴 것이다.

그러나 우리는 고대에 혈거穴居생활을 했다. 기와집을 짓고서도 안채와 바깥채를 독립해서 살고, 안방과 사랑방이 여전하다. 동굴에서 살아 우리의 초가집을 멀리서 보면 하나의 동굴이다. 사납고 힘센 짐승과 외인의 침입으로부터 보호하기 위해 남자는 입구에 거처하고 아녀자는 가장 안전한 안구석에 거처했다. 동굴 속을 펼쳐 환경에 적응한 것이 우리의 전통가옥인 셈이다.

인간이 삶을 영위하는 공간은 평면이 아닌 입체다. 남녀 대립은 평면이지만 부부가 어울린 입체구조는 수직과 수평을 아우르고 있는 형태다.「아버지날 낳으시고 어머니 날 기르시니 두 분 곧 아니시면 이 몸이 살았을까」. 한 생명을 낳는데도 그 역할이 다르다.

길쌈하고 김매는 섬세한 일과 밭 갈고 힘이 드는 일을 누가 더 잘할 것인가. 신체적으로도 남자는 짊어지고 여자는 머리에 이며, 물에 빠졌을 때도 남자는 엎어지고 여자는 넘어진 자세로 물위에 뜬다. 이런 현상처럼 남녀는 천존지비天尊地卑양상과 같다는 의미이며 차별이 아니다.

남녀칠세부동석男女七歲不同席도 실상은 서로 내외시키는 게 아니다. 일곱살이 되면 남녀의 성향이 뚜렷해져 남자는 혁대를 매고 남자답게, 여자는 실띠를 두르고 여자답게 성장하도록 하기 위해 섞어 기르지 않는다는 말이다. 고명딸이나 외동아들의 중성화를 주변에서 얼마든지 볼 수 있다.

오늘날은 부부가 중심이 된 부부가족 시대가 되 부모역할은 어느 때보다 절실해졌다. 엄부자모嚴父慈母로서 자녀를 길러야 함이 더욱 필요 해졌다. 엄격함이란 멋대가리 없는 뻗댐이 아니라 자녀로 하여금 두려움을 갖게 하고 고독감과 원망스러움을 낳게 해 사람을 믿지 않게 하는 심리를 갖게 하며, 자애스러움이란 마마보이식으로 내안에 품는 것이 아니라 자녀에게 의뢰심을 갖게 해 겁이 나는 일을 마음 놓이게 해 책임을 저버리지 않는 심리를 갖게 하는 것이다.

오직 엄격함으로써 현실적인 어려움을 개발해가는 이성을 지닐 수 있으며, 자애스러움으로써 친애함이 깊어져 서로 아낄줄 아는 감성이 붙어나 이지적이고 정감이 넘치는 넉넉한 자녀로 길러낼 수가 있는 것이다.

상고시대에 인류의 사상이 단순하고 생활이 단조로울 때도 부모를 신체적으로 봉양했는데 이는 천성에서 나오는 자연스런 현상이다. 그때도 인류가 인생을 살았듯이 오늘날에도 우리가 인생을 사는 것에는 다름이 없다. 이 세상에서 가장 불쌍한 이는 살림살이가 가난한 자가 아니다. 마음이 가난해 인정이 그리운 자다. 그들을 가리켜 홀아비 · 과부 · 고아 · 무의탁 노인네, 그리고 병든 폐질자라고 한다. 그 들은 사람과의 만남이 어긋나 세상살이를 갖추지 못한 결핍된 사랑을 가진 자다. 글들은 사람들로부터 무관심 속에서 살고 무시당하며 살고 있어 너무 서럽다.

오늘날 전통적인 것들이 해체되는 과정속에서 큰 문제는 농부같이 씨뿌리고 김매고 수확을 일일이 손수하는 결과의 성취감을 느껴 만족감을 느끼는 것이 아니라 상인과 같이 이익만을 챙기고 말아버리는 생각으로 세상을 살아가려는 경향이다. 사람이 서로 아끼는 마음에서 부족함을 메워주고 내 마음을 내어주는 마음을 갖는 대대待對관계로 살 때 평화가 오는 것이다.

전통의 의식주 문화를 배울 곳이 없다

인류는 도구를 사용하면서 문화생활을 이룩했다. 음식을 아직 손으로 먹는 종족도 있지만 동서양의 차이는 젓가락과 포크를 쓰는 점이다. 이것은 농경과 유목문화에서 그 양식이 다른 것이다. 우리의 젊은 세대들은 젓가락질을 제대로 하지 못한다. 삼대三代가 함께 살던 시대엔 한식구들에게서 절로 배우며 살았다. 젓가락은 두개의 막대기이다. 안쪽 것은 고정시켜 변하지 않는 것이요, 바깥 것은 움직여 변화에 적응하며 먹을 것을 집는다. 변화와 불변不變의 원리가 그 속에 융합되어 있다. 두 짝을 함께 움직여도 용케 잘도 먹으니 탓할 게 없다고 하면 그만이다. 그러나 배울 곳이 없고 가르치지 않아서라면 사는 방법이 고달플

뿐이다.

명분과 실상이 달라진 게 한두 가지가 아니다. 쌍둥이는 먼저 태어난 아이가 언니가 되지만, 택시에선 먼저 탄 사람이 나중에 내리듯이 실상은 뒤바뀐 것이다. 어느 절차이든 나름대로 타당함이 있다. 술을 한 손으로 따르면 건방지다고 시비가 붙는다. 그러나 우리의 한복은 소맷자락이 넓고 길어 그것을 한 손으로 받치고 기울여야 하기에 양손을 쓰는 것이다. 또한 잔을 서로 건네 받으며 수작하여 건강상 별로 위생적이지 못하다고 한다. 그러나 순배巡杯 잔은 돌리되 지기 잔에 따라 마시며, 한마음으로 동료의식을 갖고자 유래한 일이다. 우리의 주도酒道는 신라의 풍류를 간직한 포석정에서 살필 수 있다. 곡선으로 골을 내어 앉을 자리마다 소용돌이가 돌게 돼있어 과학으로도 풀지 못해 탄복한다. 그 한가운데는 마당이자 무대이며, 그 푸른 물길에 띄운 표주박이 제 앞에 오면 그것으로 곁에 놓은 술독에서 한잔을 채워 마시는 것이라 한다. 자신의 양껏 마시는 법이지 남에게 억지로 권하는 건 아니었다. 술잔을 권하며 남에게 술먹이는 주도는 없었다. 굳이 찾는다면 조석으로 반주하는 습관에서 나온 것이다.

나이가 들면 입맛이 없어 밥맛을 돋우기 위해 술을 곁든다. 어른이 독상을 받아 지지를 들 때는 곁에 앉아 편식하시는지, 부족한 게 없는지 지켜보며 시중을 든다. 술이란 혼자 들면 멋적다. 그래서 자네도 한잔 하시게 하며 잔을 내린다. 그러면 그 잔을 받아 스스로 잔을 쳐서 마시는데 어른이 쓰는 잔이라 입을 댈 수가 없다. 그래서 나이든 사람과 술을 마실 때 고개를 돌리고 마시는 예가 생긴다. 입을 대지 못하면 고개를 뒤로 젖혀 단숨에 털어 넣어 마셔야 한다. 그러자니 목젖이 보이는 게 민망해서 돌리고 마시는 것이다.

또한 잔을 반배할 때도 어른더러 잔을 들고 있게 하는 게 아니라, 제사상에 헌작하듯이 잔을 채워 건네드려야 제대로 된 예법이다. 그러고 나서 어른이 안주 먹기를 권하면 젓가락을 거꾸로 잡고 집어 먹는 것이 제격이다. 이렇다면 요즘 회식 석상에서 어린 사람이 자신의 잔을 윗사람에게 권하는 것은 무례의 소치다.

담배 피우는 법도도 그렇다. 곰방대의 길이는 신분의 고하를 표한 것으로 길수록 거드름을 부렸다. 긴 담뱃대는 팔이 닿지 않아 부싯돌로 스스로 불붙이지 못해 남이 댕겨 줘야 한다. 짧은 권련에 라이터를 켜드리면 상대에게 고개를 숙여야 하는 꼴이 된다. 맞담배를 피우면 건방지다고 하는 것도 좁은 공간에서 곰방대를 돌려 연기를 내뱉으면 허락되었다. 이처럼 음식물은 서로 나눠 먹는 것이어서 그만한 예법이 생긴 것이다.

남과 마주 했을 때 손을 어디에 두어야 될지 걱정거리다. 법적으로 칼자루를 어떤 손으로 잡았는지에 따라 살의殺意여부를 판가름한다. 고층빌딩의 승강기를 타고 다닐 때 좁은 공간에서 행동거지는 어때야 하는지 함부로 하는 자들이 많다. 몰라서, 못 배워서 그러는 건지. 예절이란 사소해도 필요에 부응해 만들어진다. 서로가 편하기 위함이다.

그냥 내버려 두면 절로 되는 게 아니다. 그러나 우리의 현실은 가정에서나 학교에서나 사회에서나 어디에서고 배울 곳도 없고 가르침이 없다. 삶이란 체험이요 배움인데도 불구하고 말이다.

포석정의 주도酒道

언젠가 오랜만에 만난 친구와 함께 한잔이나 하며 회포를 풀 요량으로 술집에 들렀다. 마침 옆자리에 앉아 거나하게 마시던 술판이 고성이 오가고 급기야는 험악한 분위기까지 가고 말아 우리들 술자리도 분위기가 엉망이 되고 말았다. 영문을 알고 보니 술잔에 건방지게 한손으로 술을 따뤘다는 것이다. 우리는 어린 시절부터 나이든 어른에게 물건을 건네 드릴 때는 반드시 두 손으로 해야 한다고 배워왔다. 그러니 한 살 더먹은 선배에게도 그렇게 해야 함은 너무 당연한 일인데 그걸 이행하지 않은 것이다.

그러나 실상 따져보면 예법禮法이란 필요에 부응해서 제정되는 것이다. 의식주의 생활양식이 달라지면 그에 따라 예법도 달라진다. 어느 형식이든 간에 거기에는 나름대로의 이유가 있다. 우리가 술을 따를 때 양손을 쓰는 까닭은 우리의 전통의상은 소매자락이 넓고 길어 그것을 한 손으로 붙들고 술주전자를 기울여야 하기 때문에 그렇다.

명분과 실상이 달라진 것이 한두가지가 아니다. 쌍둥이 자매를 두고 언니 동생을 구분할 때 먼저 태어난 아이를 언니라고 하지만 실상은 뒤바뀐 것이다. 우리가 택시를 탈 때는 한 쪽 문으로 만 탄다. 먼저 탄 사람이 나중에 내리는 것처럼 쌍둥이도 나중에 태어난 아이가 실상은 언니인데 뒤바뀌어 부르고 있는 셈이다.

우리의 음주 문화는 잔을 서로 건네 받으며 수작하는 특징이 있어

건강상 별로 위생적이지 못하다고 한다. 그러나 그것 또한 순배잔을 돌려 마시며 한 마음 한 뜻이 되는 동류同類의식을 고취하기 위한 의식에서 유래하는 것이다.

우리나라 주도酒道는 신라시대의 풍류를 지니고 있는 포석정의 구조 속에서도 살필 수가 있다. 포석정은 곡선으로 골을 파서 앉을 자리 앞에 물길이 소용돌이치게 만들었다. 그 한가운데는 이른바 '스테이지'이며 뼹 둘러 앉아 술독은 자기자리 옆에 두고 포석정 물길에 표주박을 띄워 그 술잔이 자기 앞에 오면 그것으로 자기 술독에서 술을 마시는 것이라 한다. 자기 양껏 마시는 법이지 남에게 억지로 권하는 것은 아니었다. 술잔을 권하며 남에게 술먹이는 주도는 없었다. 굳이 찾는다면 조석으로 음식을 들 때 반주하는 습관에서 변질되었다고 할 것이다.

흔히 회식 석상에서 아랫사람이 자신의 잔을 나이든 사람이나 윗사람에게 권하는 예가 있다. 그러나 이것은 정말 무례한 것이다. 반주는 나이가 들어 입맛이 떨어질 때 밥맛을 돋구기 위해서 드는 음식이다. 동서양이 술을 곁들여 먹는 것은 마찬가지이다. 어른이 독상을 받아 식사를 할 때 시중을 든다. 이는 편식은 하시지나 않는지를 지켜보기도 할 겸 모시고 앉아 있는 것이다. 이 때 반주하는 맛이 술은 혼자 들면 술맛이 없어 '자네도 한잔 받게' 하며 잔을 내리는 것이다. 그러면 그 잔을 받아 스스로 잔을 쳐서 마시게 되는데, 어른의 잔이라 함부로 입을 댈 수가 없는 것이다. 따라서 우리가 어른 앞에서 술을 마실 때 고개를 돌려 마시는 예가 나타나는 것이다. 입을 못 대니 술을 입에다 털어 넣어야 한다. 그러자면 고개를 뒤로 젖혀야 한다. 그러자니 목젖이 보이는 게 민망해서 돌아앉아 마시게 되는 것이다. 잔을 반배할 때도 어른더러 잔을 들고 있게 하는 것이 아니라 내 앞에서 잔을 채워 제사상에 헌작하듯이 받쳐야 제대로 예를 갖추는 것이다. 그렇게 한 뒤에 어른이 안주 한 점을 들라 하시면 젓가락을 거꾸로 들고 안주를 손을 받쳐 먹는 것이 제격이다.

이처럼 우리들 음주문화가 화합하기 위해서 술 역시 나누어 먹는 음식이되 서로를 대하는데 깍듯했던 것인데 그 본질을 상실해 버리고 만 것이다. 옛말에 "길이 길이 아니면 가지를 말고, 말이 말이 아니면 하지를 말라" 했던 것처럼 술마시는 예법 또한 바로 잡혀야 할 것이다.

효경의식은 생명을 살리는 것이다

한해가 저문다. 저마다 반성과 소원으로 연말연시의 연휴를 보낸다. 서로 다복多福하기를 축원하며 묵은 것을 털어내고 새로운 것을 맞이하려 한다. 새로운 것은 세수를 하고 나면 달라진 모습일 뿐이다. 우리의 생활은 막다른 골목에 멈춰 서있는 것이 아니다. 우리의 생활리듬이 반복된다면 지루하다. 그러나 우리의 일상은 시공時空이 새삼스럽도록 중복되며 산다. 따지고 보면 우리의 삶은 선택 속에서 살고 있고, 길흉

화복吉凶禍福 중 어느 하나의 외길 인생이다.

어린 시절 골목길을 누비며 술래잡기를 할 때 술래에게 잡히지 않으려고 달음박질치면 늘상 두 갈래 길에 맞닥뜨린다. 어느 골목으로 숨어들어야 잡히지 않을까 망설여진다. 선택 앞에서는 어떤 빌미가 있어야 한다. 그래서 점을 치고 싶은 마음에 손바닥에 침을 뱉어 그것을 튀겨보고 어느 한쪽을 택하든 그 반대를 따르든 그것은 그의 마음에 달렸다. 술래에게 잡힐 수리적인 확률은 반반이다. 그러나 방향을 결정한 그 노릇은 절대적인 도움이 돼 믿고 의지하며 뛰어놀았다.

그러나 목숨은 선택하는 것이 아니다. 부모를 통해 태어난 삶의 시작이 함께 사는 공간적인 것보다 시간적으로 나의 생명이 어디서 비롯됐는가 하는 반성이 효孝며, 그 생명의 연장을 유지시켜 주는 것이 효심孝心이다. 인간의 삶은 인간관계 속에서 성립되고 사람이 사람을 사랑하는 시작은 부자간의 친애함에서 비롯한다.

효도의 참된 궁극적인 내용은 부모의 뜻을 받들어 그 마음을 편하게 해드리는 일이다. 『효경』에서 신체발부身體髮膚는 부모로부터 받은 것이니 그것을 감히 훼손하거나 손상하지 않는 것이 효도의 시작이라 했다. 이는 우리가 한 몸이 되는 생명에 대한 근원적인 아낌에서부터 효심이 비롯한다는 것이다. 나의 몸은 모두가 부모에게서 받은 것이니 자기 몸을 저기 것으로 생각해 함부로 하지 말라는 것이다.

우리가 물질을 아끼는 가장 근원적인 것은 생명을 아끼는 일이다. 그 생명이 하나 된다는 것은 내 몸에서 피가 나면 내 마음이 아프게 되는 것처럼 부자父子가 한몸 한마음이 되는 것이요, 자녀에 대해 부모는 자애스러워지며 부모에 대해 자녀는 효성스러워지는 것이다. 부모는 자식을 자기 자신처럼 사랑하기 때문에 부모의 사랑은 가장 귀한 것이며, 그 부모의 사랑을 지속시키려는 노력 그 자체가 효孝라고 할 것이다.

머리터럭, 살갗 하나도 훼상하지 말라는 경고도 부모와 자녀가 하나됨을 손상하지 말고 계속 유지시켜야 한다는 것이며, 그러한 삶이 가장 가치 있는 삶이요, 생명에 관한 경외라 할 것이다. 자녀가 가장 훌륭하게 되기를 바라는 마음에 응하는 것은 자신이 가장 훌륭하게 되는 것이므로 입신立身하여 양명揚名한다는 것이 효의 마지막이 된다.

부모의 마음 한구석에 항상 머무르고 있는 것은 자식걱정이며 자식사랑이다. 나갈 때는 반드시 행선지를 고하고 돌아와서는 낯의 표정을 반드시 보인다는 것은 부모에 대한 인사법이다. 귀찮고 성가신 일이 있더라도 나갈 때는 행선지를 알려야 하고 돌아와서는 무사無事한 귀가만을 보고해서는 안되고 얼굴을 보여 몸이 상한 데가 없음을 확인시켜 드려야 부모는 마음을 놓는다. 이렇게 사소한 행동이 바로 부모의 자식 걱정을 덜어주는 것이며, 공경하는 마음을 부모에게 나타내는 것이다. 공경이란 엎드려 순종하는 것이 아니다. 일방적으로 자기 마음대로 해버리는 것이 불경不敬한 것이다. 씽방의 마음이 합의를 이루어야 하는 것이다. 곧 남을 생각하는 마음이 공경심이 된다.

자식 걱정은 육체적으로 몸에 탈이 없나 하는 우려이며, 자식 사랑이란 정신적으로 떳떳한 일을 하는 지의 걱정이다. 망신亡身스럽고 수치羞恥스러운 짓을 하지 않는 것이 부모 마음을 즐겁게 해드리는 것이다.

물질이란 우리들의 몸뚱이를 편리하게는 해줄 수 있어도 우리의 마음까지 편안하게 할 수는 없다. 부모의 마음은 자식 잘 되기를 바란다. 즉 사람답게 살아라, 나처럼 나만큼은 살아라 하는 바람이다. 그래서 불효자는 부모를 닮지 못해 불초자不肖子라 하는 것이다.

욕심을 절제하는 것이 염치廉恥를 아는 것이다

요즘 와서 부쩍 이혼율의 증가, 성도덕의 문란, 의식주 생활의 과소비, 혼례의 사치풍조등 음식 · 남녀에 관한 세대를 두고 우려의 목소리가 높다. 인간의 커다란 욕심은 식색食色에 있다고 말한다. 그렇다고 육신에만 매달려 짐승만도 못한 자들이 떼를 지어서 우리들 풍속에 망조가 든 것이다.

사람이 금수와 다른 점은 염치를 가졌다는 것이다. 인간은 부끄러움을 자각하는 존재이기 때문에 인류의 문명을 이룩해 냈고, 힘써 일하며 절제를 배워, 자연계 속에서 살아남을 수 있었다. 그러나 수치심을 모르는 지는 욕심을 참아내지 못하여 차마 할 수 없는 무례함을 저지르고 만다. 주먹이 앞서고 눈앞의 이익을 위해 횡포를 부린다.

우리는 외형적으로만 보아도 짐승과 다르다. 네발로 기어다니지 아니하고, 두발로 서서 허리를 꼿꼿하게 세워 걸어 다닌다. 곧추 서서 보행하는 동물이기에 머리가 하늘로 향하고 발은 땅을 딛고 서서 생활하며, 마음대로 활용할 수 있는 손을 놀려 만물을 지배할 수 있다고 한다. 그렇게 남는 손을 통해 문명과 문화를 가질 수 있었다.

한 뼘밖에 되지 않는 우리들 마음은 들여다 볼 수 없어 과연 그 속이 어떠한가를 알기가 어렵다. 그러나 고대인들은 외형적으로 보아 인간은 큰 대大자로 당당하게 곧게 서서 직립直立해 있으므로 우리의 마음도 그 형상처럼 직심直心으로 곧아 있을 것이라 했다. 이 정직항아리에 이가 빠지면 항아리의 주둥이가 둥글지 못해 원만하지 못하고, 곧게 걸어가지 못하면 비뚤어진 몸짓이 드러나게 되는 것이다.

인간이 성장하며 인격을 형성한 마음을 한 글자로 합하면 큰 덕悳자, 바로 덕德이 된다. 덕이란 타고난 본성으로서 어떤 사물에 있어 기본적으로 없으면 그 사물이 되지 못하는 것을 뜻한다. 살구열매가 신맛이 없으면 살구가 되지 못하는 것처럼 그래서 정직正直이 인간의 인간다운 본성이라고 생각했던 것이다.

바를 정正이란 우리의 손가락처럼 다섯 개가 구비되어 있을 때 바르다고 한다. 육손이로 태어났을 때 그를 두고 불구不具라고 한다. 비정상인 것이다. 이러한 정正자를 뒤집어 놓으면 부족하다는 결핍의 핍乏자가 된다.

성장하는 가운데 가장 큰 영향을 주는 것은 결손된 환경이다. 그릇된 성격은 사람이 서로주고 받는 애정의 결핍에서 정서를 고루 갖추지 못하는 데서 비롯한다. 그래서 또한 남과 함께 인정을 나누지 못하는 것이다. 오늘날의 세태가 서구 유목문화 풍조의 개인주의에서 기인하는 것은 결코 아니다. 우리가 살아가면서 보고 듣는 교육환경이 건실하지 못한 데서 생기는 것이다.

지상에는 솟아있는 산이며, 굽이쳐 흐르는 강이며, 모두 곡선적인 형태가 우리들 곁에 있다. 이를 직선적으로 고쳐놓는 인위적인 활동은 쉽지 않다. 그래서 인간사에는 곡직曲直이 많다. 그러나 인정을 베풀고 산다면 정직이란 것에도 변통이 없는 것이 아니다.

옛날 섭공이 공자에게 자랑했다. "우리 마을에 곧기로 소문난 자가 있습니다. 그 아비가 양을 훔쳤는데 아들인 그가 증인이 되어 고발했답니다."

공자가 답했다. "우리 마을의 정직한 자는 이와 다릅니다. 아비는 아들을 위해 그 죄를 숨겨 주고 아들은 아비를 위해 그 죄를 숨겨 주었습니다. 그 속에 정직한 마음이 있는 것입니다."

절도범을 숨긴다면 범죄 사실을 숨기는 것이라 정직하지 못하다. 그러나 아비를 고발하는 것은 인정에 배반되어 차마 하지 못할 일이고, 수치스런 일이기 때문에 덮어주는 것이다.

우리들 마음에 부끄러움이란 인정에 근본하여 우리의 욕심을 절제할 수 있다. 그러나 인정이 결핍될 때 오늘날과 같은 비뚤어진 현상으로 마음의 불구자들이 나타나는 것이다.

계세사상繼世思想

「더도 말고 덜도 말고 한가위만 하여라.」

그야말로 오곡백과가 무르익는 가을이다. 모두들 넉넉한 마음을 가질 수 있다면 얼마나 다행인가. 그러나 북녘은 절대빈곤으로 굶주림에 시달리고, 남쪽은 상대빈곤으로 과소비가 우리들 정서를 흔들고 있다.

사철은 어김없이 순환해 무더위도 가시고 월말이면 우리들 대대로 물려오던 최대 명절인 추석이 다가온다. 뿔뿔이 흩어져 살던 가족들이 다시 대가족으로 한자리에 모이기 위해 귀성길이며 성묫길이 미어질 것이다.

추석 연휴에 때는 이때다 하고 외국행 비행기표며 가을 단풍구경 가는 길목의 콘도 예약 등이 벌써 동나버렸다 한다. 한가위는 1년 농사의 수확이 조상의 음덕陰德에 힘입어 이뤄진 것에 감사드리고, 오늘의 풍성함을 누리는 일을 팔월대보름 둥실 떠오른 달과 함께 자축하는 날이다.

자연의 섭리는 우리들에게 많은 교훈을 준다. 지난 여름 쓰르라미 우는 소리 씻은듯 가시고, 소슬한 바람결에 귀뚜라미가 달빛으로 밤을 읽어간다. 여름 한철 내내 미루나무 꼭대기 그늘에서 이슬 먹고 노래하던 매미는 추워지기 전에 죽어 봄·가을을 모르고, 가을밤 풀섶에 숨어 별을 헤는 귀뚜라미는 여름과 겨울을 알지 못한다. 아침에 생겼다 저녁에 스러지는 조균朝菌처럼 밤을 알지 못하는 짧은 목숨이다. 그들의 조상도 그러했고, 그 후손도 그러했다.

우리 인간은 세대世代를 계승해 가는 역사적 존재다. 세상 세世자는 30년을 뜻한다. 일세一世를 터울로 할아비가 아비를 낳고, 아비가 자식을 낳고, 자식이 손자를 낳고, 손자는 증손을 낳는다. 나를 기준으로 연결고리를 이룬다.

하늘 아래 땅속이 아닌 지상, 그 현세現世에서 부자간에 한 목숨으로 맞물려 자자손손 대물림해 생생生生한다. 천상天上과 지하地下가 아닌 인간세상에서 혈연血緣공동체를 바탕으로 사회를 이뤄 살아왔다. 봄철은 만물이 소생하고, 여름은 모든 것이 무성하게 성장하고, 가을은 거둬들이며, 겨울은 다시 새봄을 위해 저장하며 돌고 돈다. 자연의 목숨은 순환한다는 식물적 사고로 살아간다. 출세간出世間이 아닌 현실로서 모든 것을 세간世間으로 끌어들이며 나의 생존을 확인하는 것으로 우리 민족은 누구보다 조상숭배사상이 뚜렷했다.

인간이 종교에 귀의하는 것은 죽음에 대한 극복에서 비롯된다. 우리조상들이 생각한 계세繼世사상은 죽음이 무無를 의미하는 것이 아니라 사후에도 생生을 계속한다는 죽음에 대한 신앙이다. 기독교에서 말하는 현세의 선악과 신앙 여하에 따라 내세來世에 가서 생을 계속한다는 것도 아니요, 불교에서 불멸의 영혼이 육체를 떠나는 동시에 인과응보로 다른 육체로 들어가 생을 계속한다는 것도 아니다.

계세사상은 사후에도 영육이 함께 매장된 지하에서 현세의 공과 죄여하에 관계없이 현세처럼 정신적 · 물질적 생활을 계속한다고 생각한다. 고대인들이 장례 때 고무鼓舞하고 음악을 연주하는 풍속을 가지고 있음도 이러한 죽음에 대한 신앙에서 기인한 것이다.

이승에서 매일 낯을 대하던 조상부모를 이별하지 않으면 안된다는 것은 당연히 슬프고 섭섭하여 곡을 하는 것은 자연스런 인정이다. 그러나 그것은 영원한 이별이 아니라 조상은 저승에서도 현세처럼 생활을 계속하며 자손들도 죽게 되면 같은 저승에서 조상을 대면對面할 수 있다는 사상이다.

제사는 피붙이들만의 집회다. 내가 참여하지 않으면 나는 없는 것과 같다. 단출한 집안에 과한 제수는 과시욕일 따름이다.

인간의 생사문제는 하늘에 달렸고 하늘은 가까이 말하면 조상이다. 내 목숨은 내 소유가 아니라 부모자손을 잇는 그 가운데 있는 것이다.

의관衣冠을 정제整齊하는 마음

문명과 야만의 구분과 문명의 높고 낮은 것을 재는 척도는 의식주생활이다. 그 민족의 특색을 보여주는 것도 의복과 지붕과 음식이 다름에서 온다. 오늘날은 세계가 지구촌으로 바뀌어 우리의 옷 · 기와지붕 · 김치맛 등이 예전처럼 고집스럽지 못하다.

• 자신을 성찰省察하는 차림새

의복이란 우리의 몸을 보호하기우해 착용했다. 그러나 옷이 날개라는 치장은 모자를 쓰기 시작함에서 비롯한다. 인상파 화가 르누아르의 화폭에는 모지를 쓴 여인이 등장한다. 혜원蕙園 신윤복申潤福의 풍속화에도 쓰개치마를 머리에 두른 여인이 있다. 둘 다 여인의 멋들어진 맵시보다는 수줍은 마음을 구체적으로 표현한 것이다. 수줍음이란 뽐내는 게 아니다. 보기에는 소극적인듯 하지만 내적으로 자신을 성찰省察하고 있는 것이다. 곧 머리 장식이 자신을 긴장시키고 사리를 분별하려는 마음을 갖게 하는 것이다.

80년대 우리 나라에 야간 통행금지가 해제되고, 중고등학생의 교복이 평상복으로 바뀌었다. 그때 그 개방 조치를 두고 염려가 없지 않았다. 개방이란 현대에 있어서 시대 조류다. 모든 것에서 자유로워지고 싶은 마음이절대적이다.

패션쇼에서 커다란 모자를 머리에 걸치듯 쓰고 멋들어진 각선미를 실은 걸음새로, 자못 노출된 차림새로 모델들이 음악과 어우러진다. 화장품 광고에도 모자를 던져버릴 듯 비춰지는 모습, 그리고 검은 머리에 물감을 들여 머리 모양을 들여 머리 모양을 요란하게 하거나 운동모를 챙이 뒤로 가게하거나 비스듬히 옆으로 돌려쓰고 한껏 멋을 낸 유행을 길거리에서 쉽게 본다. 모자가 예모禮貌를 차리거나 추위, 또는 먼지를 막기보다는 몸맵시를 위한 것이 됐다.

동서양 모두 중세는 머리를 조아리던 시대였다. 인간이 절대자에게 예속돼 허리는 졸라매고 머리는 동여매고 발도 겹겹으로 감싸고 나서야 한 차림새가 됐다. 남정네는 상투를 틀고 갓을 썼고 여인네는 쪽을 찌고 비녀를 꽂아 머리 장식에 신경을 썼다. 머리에서 발끝까지 어느 하나 노출되면 큰일이나 나는 것처럼 감쌌던 것이다.

인류의 문명과 문화는 시대마다 그 대상에 대한 존재와 소유와 사용이란 측면에서가치가 달랐다. 고대에는 자연과, 중세에는 신神과, 근대엔 물질과 맞서 새로운 창조로 인간 승리를 구가하기도 했다. 현대는 물질의 대량생산에 따라 사용하는 소비는 미덕이다. 그러나 그저 그래서, 상대적 필요에서, 또는 새롭고 그럴듯해서 과분하게 낭비하는 것이 문제다.

쓸 용用자는 파자破字해 보면 복중卜中이 합한 자다. 어떡하면 알맞을까를 점치는 것이 「쓴다」는 뜻이다. 우리가 어떤 사물을 대하면 먼저 망설여진다. 어느 하나를 선택해야 하는 고민에 빠진다. 다시 한 번 내게 필요한가를 따져야 한다. 그러나 인간의 욕심은 최고를 추구한다. 자동차도 편리하다는 생각은 접어 두고 과속으로 달려 불나비 같은 죽음을 초래한다.

• 지나침 모자람 다 문제

일상생활에 재물이 지나칠 때 그것은 과장된 삶이요 모자랐을 때 그것은 초라한 삶이라 한다. 맞아떨어지게 소비하지 못할 때 우리는 영웅이 아니라 노예가 된다. 슈퍼모델의 과장된 걸음새로 활보할 수 없고,

커다란 모자 맵시로 지하철을 탈 수 없다. 일용성이 없는 것이다. 개방 시대인 현대에도 우리는 모자를 씌우는 직업들을 볼 수 있다. 안전모는 멋으로 쓴 게 아니라 긴장하기 위한 것이다. 이렇게 널려있는 물질 앞에서 자신을 추스를 수 있는 비법은 자기 자신을 단속하는 마음, 성실뿐이다. 멋진 모자도 머리에 맞지 않으면 함부로 쓰지 못한다. 따라서 우리가 마음의 의관衣冠을 정제整齊할 때 분수껏 사는 지혜가 생길 것이다.

09

효경언해孝經諺解

해 제

• 『효경』의 구성

이 글은 『효경언해』본의 옛말풀이를 현대 우리말로 옮겨 독자의 이해를 돕기 위한 것이다.

이 『효경언해』본은 송대의 『효경대의』를 바탕으로 『효경』을 언해한 것으로, 저자와 판본에 관해서는 정설이 아직까지 없다. 오늘날 전해져 오는 『효경』은 『금문효경』과 『고문효경』, 그리고 『효경대의』가 있다.

『효경孝經』의 성립과 구성에 대해 알아보면 다음과 같다. 『효경孝經』은

애초부터 각기 신분에 따라 효도하는 방법을 쓴 책이라는 뜻으로 처음부터 경經이라는 글자가 붙어 있는 유가儒家의 경전經典이다. 따라서 시 · 서 · 예 · 악과는 달리 후대에 만들어진 것으로, 『논어論語』『이아爾雅』와 함께 12경에 편입되었다. 『효경孝經』은 공자가 효도에 관하여 그의 제자 증자에게 말한 것을 증자의 문인이 기록하였다고 전해진다. 또한 『사기』「중니제자열전」에는 "공자는 증삼이 효도에 능통하다고 생각하였기 때문에 그에게 『효경』을 짓도록 하였다"[61]는 기록이 있다. 그러나 그 저술에 대하여는 여러 가지 설이 있다.

첫째, 공자가 직접 저술하였다는 설은 한나라 때의 유흠劉歆, 하유何休, 정현鄭玄, 왕숙王肅 등이 주장하는 것이다.

둘째, 증자의 저술이라는 설은 공안국孔安國 만이 주장한다.

셋째, 증자의 문인이 저술하였다는 설은 송나라 때의 사마광司馬光, 호인胡寅, 조공무晁公武 등이 주장한다.

넷째, 한 나라 때 유자儒者의 저술이라는 설 등이 있다. [62]

『효경』에는 『고문효경古文孝經』과 『금문효경今文孝經』의 두 가지 판본이 있다. 진시황의 협서율의 제정으로 분서갱유焚書坑儒의 변란 이후, 공자의 구저舊邸 벽 속의 석관속에서 『효경』이 나왔다. 이 책은 고문으로 전자체篆字體 이전의 과두문자蝌蚪文字로 씌어져 있어 『고문효경古文孝經』이라 한다.

한편 분서焚書때에 하간河間 땅의 안지顔芝가 『효경』을 깊이 간직한 것을, 그의 아들 안정顔貞이 헌왕獻王에게 바쳤다. 이 『효경』은 한대에 통용된 예서체隷書体로 씌어져 있어 『금문효경今文孝經』이라 한다.[63]

『금문효경』은 1799자 18장으로 나뉘어져 있다.

제1 개종명의장開宗明義章: "효는 덕의 근본이다."와 "대저 효는 부모를 섬기는 데서 시작하여 임금을 섬기는 과정을 거쳐 입신에서 마친다"고 하여 효의 지덕至德과 요도要道를 제시하고 있다.

제2 천자장天子章: '천자天子의 효'하는 방법으로서 부모를 애경愛敬으로써 섬겨야 천하를 다스릴 수 있음을 말하고 있다.

제3 제후장諸侯章: 남에게 교만하지 아니하며 욕망을 제어하고 법도를 삼가행하여, 선조로부터 물려받은 땅과 백성을 잘 지키는 것이 제후의 효도임을 말하고 있다.

제4 경대부장卿大夫章: 선왕先王이 정한 복服, 언言, 행行 세 가지를 지켜 사람들로부터 원망과 미움을 받는 일이 없게 하여 봉록과 지위를 보전하고 종묘를 수호할 수 있는 것이 '경대부의 효'임을 말하고 있다.

제5 사장士章: '사士의 효'를 말하고 있다. 사랑과 공경으로 부모를 섬겨야 하며 효로써 임금을 섬기면 충이 되고 제悌로써 어른을 섬기면 곧 순順이 됨을 말하고 있다.

제6 서인장庶人章: '서인의 효'를 말하고 있다. 천시에 순응하며 근검절약함으로써 부모를 봉양함을 말하고 있다.

제7 삼재장三才章: "효는 하늘의 법도요 땅의 의리이며 백성들의 노릇이다"라고 천지인 삼재의 효를 말하고 있다.

제8 효치장孝治章: "현명한 왕이 효로써 천하를 다스린다."는 효치에 대해 말하고 있다.

제9 성치장聖治章: "성인의 덕은 효보다 더한 것이 없다."는 덕치에 대해 말하고 있다.

제10 기효행장紀孝行章: '효자의 부모 섬김'에 대한 효행을 말하고 있다.

제11 오형장五刑章: "오형 가운데 불효보다 더 큰 죄는 없다."고 하여 불효에 대해 말하고 있다.

제12 광요도장廣要道章: 예 · 악은 효를 넓히는 요도要道임을 말하고 있다.

제13 광지덕장廣至德章: 효 · 제를 가르치는 것과 좋은 신하가 되는 것을 말하고 있다.

제14 광양명장廣揚名章: 효는 '임금에 충성하고' '존경으로 연장자를 섬기며' '관계에도 그 덕이 미치는' 것에 옮아갈 수 있다는 것을 말하고 있다.

제15 간쟁장諫爭章: '간하는 신하[爭臣]' '간하는 친구[爭友]' '간하는 아들[爭子]'이 있어야 임금 · 친구 · 아비가 "불의에 빠지지 않는다"는 것을 말하고 있다.

제16 감응장感應章: "효는 통하지 않는 바가 없음"을 말하고 있다.

제17 사군장事君章: 어떻게 임금을 섬겨야 하는가를 말하고 있다.

제18 상친장喪親章: 효자가 부모를 여의었을 때의 도리를 말하고 있다.[64]

• 『효경대의孝經大義』의 내용

『효경대의孝經大義』는 송대 주자의 『효경간오孝經刊誤』를 남송 말의 동정董鼎이 주석한 것으로,『금문효경』과 별 차이가 없다. 다만 주자가 분장分章하고 부회傅會한 말들을 삭제 정리하여 223자가 줄었다.[65] 또한 『금문효경』의 「개종명의장」, 「천자장」, 「제후장」, 「경대부장」, 「사장」, 「서인장」 등 육개장(『고문효경』은 칠개장)을 한 개의 경1장經一章으로, 전14장傳十四章으로 나눈 것이 다르다.

『금문효경今文孝經』과 『고문효경古文孝經』 그리고 『효경대의孝經大義』의 각 장을 비교해 보면 별표와 같다. 이러한 『효경』의 구성을 살펴볼 때, 『대학장구』와 『효경대의』는 경전의 장구도 비슷하다.

『효경대의』에서 공자는 옛날에 성군은 지덕至德과 요도要道로서 천하를 다스렸기 때문에 인민人民이 서로 화목하고 아무런 불평불만이 없는 태평성대를 이루었다고 한다. 그리고 이 지극한 덕과 중요한 도는 모든 덕의 근본 이요 교학敎學의 근원인 효에서 비롯된 것이라고 하였다. 신분계급에 따른 천자 · 제후 · 경대부 · 사인 · 서인의 효를 행하는 목적과 방법을 차례로 말하였다. 그렇게 되면 윗사람과 아랫사람이 서로 원망이 사라지고 여러 계층간에도 위화감이 조성되지 않으며 빈부의 갈등도 해소할 수 있는 근원적인 힘이 되는 것이다. 또한 효는 유가윤리의 실천덕목 가운데 하나이다. "인 · 의 · 예 · 지를 모두 덕이라 이르지만, 인만이 본심의 온전한 덕이 된다. 인은 사랑을 주로 하고, 사랑에는 부모를 사랑하는 것보다 큰 것이 없으므로 효가 덕의

지극함이 된다. 부자 · 군신 · 부부 · 형제 · 붕우의 사귐, 이 다섯 가지를 모두 도라 이르지만, 친애는 어려서 부모 슬하에서 즐겁게 놀 때에 이미 생겨나서 가장 먼저 행해지므로 자식이 아버지에게 효도하는 것이 유독 도의 중요함이 된다."[66]

『효경』에 나오는 효의식을 살펴보면 다음과 같이 요약할 수 있다.

첫째, 생명을 아껴 보전하는 효도이다. 자신의 신체를 잘 보전하고 훼상하지 않는 것이 효의 시작이라는 것이다.

둘째, 공경하는 효도이다. 공경함이 없이 부모를 봉양함은 개나 말을 기르는 것과 무엇이 다르겠는가? 덕성에 진실됨을 잘 붙들어 행하여야 하는 것이다.

셋째, 간언諫言하는 효도이다. 부모의 잘못을 보고도 따르기만 하면 부모가 불의에 빠지게 되니 이것은 효를 해치게 되는 것이다. 부모에게 옳지 않은 일이나 허물이 있으면 조용하고 화한 모습으로 은미하게 간하여 올바른 방향으로 가도록 하는 것이 자식된 도리인 것이다.

넷째, 양명揚名하여 부모자랑을 하는 효도이다. 자식이 인격을 수양하여 사회에 공을 세워 이름이 후세에까지 날리면 부모에게까지 그 영광이 미치는 것이다.

다섯째, 봉사奉祀하는 효도이다. 상사喪事 때에는 자신의 슬픔을 지극히 하고 제사지낼 때에는 엄숙함을 지극히 하여야 한다. 부모가 생존해 계실 때의 공경으로 효도하던 바를 사후에도 똑같이 계속하는 도리이다.

이와 같이 "살아 계실 때에는 애경愛敬으로 섬기고 돌아가신 뒤에는

[별표]

『今文孝經』	『古文孝經』	『孝經大義』
제1장 開宗明義章	제1장 開宗明義章	經一章
제2장 天子章	제2장 天子章	
제3장 諸侯章	제3장 諸侯章	
제4장 卿大夫章	제4장 卿大夫章	
제5장 士章	제5장 士章	
제6장 庶人章	제6장 庶人章	傳首章
	제7장 孝平章	傳2章
제7장 三才章	제8장 三才章	傳3章
제8장 孝治章	제9장 孝治章	傳4章
제9장 聖治章	제10장 聖治章	傳5章
	제11장 父母生績章	傳6章
	제12장 孝優劣章	傳7章
제10장 紀孝行章	제13장 紀孝行章	
제11장 五刑章	제14장 五刑章	
제12장 廣要道章	제15장 廣要道章	傳 8章
제13장 廣至德章	제16장 廣至德章	傳 9章
제14장 廣揚名章	제17장 應感章	傳10章
제15장 諫爭章	제18장 廣揚名章	傳11章
제16장 應感章	제19장 閨門章	傳12章
	제20장 諫爭章	傳13章
제17장 事君章	제21장 事君章	
제18장 喪親章	제22장 喪親章	傳14章

애척哀戚으로 섬기면 생민生民의 근본이 극진하고 사생의 의리가 갖추어지니 효자가 부모 섬기는 일이 끝나는 것이다."[67] 라 한다. 이러한 『효경』은 단순히 부모 사랑과 공경만이 아니라 인간의 목숨을 아끼고, 인간세상을 살아가는 도리가 효의 생명론적 윤리의식을 말씀하고 있는 것이다.

『효경언해』는 『효경대의』의 장구편차에 따라 풀이한 것으로 그 목차는 다음과 같다.

(1)『효경대의』 서문 1 / 서문 2

(2)『효경언해』 본문 경1장 1절~10절

전 1장	전 8장 1절~2절
전 2장 1절~2절	전 9장
전 3장	전 10장
전 4장 1절~4절	전 11장
전 5장 1절~5절	전 12장
전 6장	전 13장 1절~2절
전 7장 1절~2절	전 14장 1절~4절

(3)『효경대의』 발문

『효경언해孝經諺解』 번역문

• 『효경대의』 서문

공문의 학은 오로지 증씨(증삼)가 종지를 얻었다. 증씨의 서책은 두 가지가 있다. 『대학』, 『효경』이 그것으로, 경전 장구가 생각보다 매우 비슷하다. 학술로는 『대학』을 근본으로 삼고, 실행으로는 『효경』을 우선으로 삼은 것은 천자로부터 서인(일반 대중)에까지 한결같은 것이다. 『요전』 1편은 『대학』과 『효경』의 원조元祖이다. 큰 덕을 밝힌다는 구절로부터 구족九族에게 친목하게 한다는 대목까지와 끝으로 백성을 밝게 다스림과 만방萬邦 온 세상을 화합함 등은 『대학』의 서두序頭 첫머리인 것이다.[68] 효가 도리가 된다 함은 대개 9족을 친목하게 한다는 그 속에 갖추어져 있다. 왜냐하면 그 근본이 하나인 까닭이다. 이로부터 순임금은 효도하는 것으로 오전五典[69]을 지키게 하시고, 우임금은 효도를 이루어 이륜彛倫[70]을 바로잡았다. 이윤伊尹은 성탕成湯의 덕을 이었으니, 그 하나는 바로 아낌은 오직 부모로 삼고, 둘째는 조상 받들기는 효를 생각하라는 것이다. 사람이 기강紀綱을 가다듬음은 그 무엇이 이보다 크겠는가. 문왕, 무왕, 주공이 이를 본받아 행함이 『예기』에 실려 있는데, 위로는 종묘에 제향 드리고 아래로는 자손을 보존하는 것이다. 그 효도함이 작다고 더할 게 있겠는가. 애써 교화하는 성대盛大함이 사해 온천하의 사람 사람이 어버이에게 친애하고 어른에게 공경하게 하고, 비늘 하나 터럭 하나 가진 미물微物이나 싹 하나 껍질 하나 가진

초목까지도 제 자리를 잡게 하는데 이르렀으니, 아아 이제 삼황三皇의 교화가 위대하다고 일컬을 만하도다.

『효경』 한 책은 바로 그들이 남긴 유법遺法인 것이다. 세상이 춘추시대로 들어와서 나라 기강이 해이하자, 공자는 탄식하기를, "옛날 현명한 군왕은 효로써 나라를 다스렸다"는 말씀을 세 번이나 거듭하였으니, 생각함이 깊고, 바램이 간절하신 것이다. 진실로 천자와 공경이 윗자리에서 몸소 실천하여 궁행躬行하게 하였다. 무릇 예악禮樂 형정刑政의 구비됨이 한결같이 효도를 본으로 삼았으니, 곧 사도斯道[71]인 것이다. 진실로 천성天性의 자연스러움이요, 인심人心의 고유한 것이다. 한번 옮겨 실천하는 동안에도 왕도王道가 어찌 쉽게 바뀌지 않겠는가.

애석하게도 한낱 공언空言이라고 가탁假託만 하여 겨우 문인들이 기록한 책에나 보이는구나. 책이 보존되면 도는 받들 수 있으니, 비록 한 때는 실행하지 못하더라도 오히려 내세來世에는 가르칠 수 있을 것이다. 이제 이 경전을 상고할만한 것은 『한서漢書』 예문지藝文志 뿐이다. 그 편차는 안사고顔師古의 주석에 고문古文 22장은 공벽孔壁(공자가 살던 옛집) 소장본이요, 금문 18장은 하간헌왕河間獻王이 얻어낸 안지본顔芝本으로 유향劉向이 참고하여 교정한 것이다.

여러 제유諸儒들이 끌어다 부친 것에서 나온 것을 요약하면 모두 증자 문인이 기록한 구문舊文은 아니다. 당唐 현종玄宗 개원開元 년간에 칙의勅議의 뜻이 아름답지 아니한 것은 아니었으나 사마정司馬貞이 천박한 학문과 고루한 식견으로 아울러 규문閨文장 1장을 제거해버려 끝내는 현종에게서 무례하고 무도하다는 장계狀啓를 받는 화를 입었다. 그가 지은 서문에는 예란 바깥을 꾸미는 데 자뢰資賴가 되는 것이라 하고, 인의仁義는 뒤에 와서 점차 있게 될런지 알지 못하는 것이라 했다. 그렇다면 이른바 마음에서 말미암는 효라는 것은 과연 어디에서 말미암고, 또한 어디로부터서 싹트는 것인가.

학문을 강구講究하지 못하고 품덕品德을 수양하지 못함이 하나같이 이렇게 굳세어짐에 이르자, 주문공(주자)이 유독 남쪽에서 일어나서 평생동안 정력과 공을 드려 사서四書로 바뀜이 많았는데, 이 책은 겨우 간오刊誤 1편을 이루어 대의大義를 주석하는데는 오히려 미치지 못함이 있었다. 아아, 사람된 자식은 잠시라도 효를 잊어서는 안되는 것이니, 이 경전은 천자로부터 서인에 이르기까지 하루라도 없어서는 안되는 책이다. 장구章句는 분명해졌으나 글의 뜻은 오히려 빠진 곳이 있으니, 생각하면 일대一大의 흠이 되는 일이 아니겠는가.

대체로 유지들이 제가諸家의 전주를 모아 이 한 경전을 밝혀도 성과를 이루지 못하였다. 어느날 내 벗 호정방胡庭芳이 그의 고제高弟 동진경董眞卿을 데리고 운곡雲谷 산중으로 나를 찾아왔다. 손에 든『효경대의』한 책을 취해 읽어보니, 그의 부친인 심산深山선생과 동계형董季亨군이 편집한 것이었다. 그 책은 초학자를 위해 만든 까닭에 그 문사가 명백하고 절실하여 익혀 읽는다면 의취가 정밀하고 깊으며, 또 천박한 견문으로는 엿보지 못할 것이 있다.

족형族兄 명중경明仲敬이 서숙書塾에서 간행하여 널리 전하니, 이는 어찌 배우는 자가 수신, 제가하는 요점이며, 나라를 두고 천하를 둔 자들 역시 어찌 이것을 벗어나 달리 화민化民성속成俗하는 도리를 두겠는가.

아아, 등滕 나라는 사방 50리의 나라일 따름이나, 그 임금이 한번 쓰매, 사방에 까지 풀이 눕도록 바람이 움직여 한때의 행사가 오히려 찬란한 하은주 삼대의 풍화가 있게 된 것이다. 학문의 공용功用이 진실로 이와같은 것이다. 진晉 나라 무제와 위衛나라 문제 또한 천성이 고왔으나 애석하게도 여러 신하들이 무식하여 그를 계도하여 크게 근심함을 채울 수가 없었다.

대개 이 경전이 없어진 지가 1천 5백여년이 아닌가. 인심이 이륜을 붙잡아 하늘에 이름이 땅에 떨어졌으니, 어찌 강구하고 그것을 행할 자가 있지 않은 것이겠는가. 진실로 이제二帝와 삼왕三王의 마음으로 마음을 갖는다면 반드시 이제와 삼왕의 교화를 교화로 삼을 수 있는 것이다. 인仁은 인심이다. 배움은 인을 구하는 까닭이니, 효는 인을 행하는 근본인 것이다. 옛말에 '만일 왕노릇하는 자가 있다면 30년 후에야 어질어진다'고 하였는데, 나는 어떻게 다행스레 몸소 친견親見하는구나.

해는 을사년 11월 전前 진사 무이武夷 웅화熊禾가 서문을 쓰다. 때는 대덕大德(원나라 성종 년호) 9년(1305)이다.

위의 『효경』 한 책은 바로 공자와 증자가 주고 받아 수수授受한 요지要旨이다. 진秦 나라 분서갱유焚書坑儒를 거친 후에 자못 착간錯簡됨이 많았다. 송宋 나라에 와서 대유大儒 주문공 선생이 비로소 고문을 취하여 고정考訂하여 잘못된 것을 고쳐 간략하게 편찬한 후에 경전이 각기 기강이 있게 되었다.

동계형씨도 그에 따라 주석을 하여 그 뜻이 더욱 분명해지니, 독자들은 그 말로 말미암아 마음속에서 구하고, 마음이 동연同然함에 따라서 집안과 국가와 천하에까지 미루어 나간다. 천하의 도가 여기에 다 있을 것이다.

애석하게도 이 책은 간행된 것이 적어서 궁벽한 시골이나 먼 고을의 선비들은 얻어 볼 수가 없다. 나는 근래에 우연히 진사 채개보蔡介甫의 집에서 이 책의 구본을 얻어 바로 간행하도록 하여 전함으로써 사방의 집집마다 전해지고 사람마다 외우도록 하여 저마다 그 친애하는 마음을 흥기하여 저 인효仁孝하는 도리를 돈독하게 하도록 한다. 혹시 조금이라도 풍교風敎에 만에 하나라도 도움이 되었으면 하는 것 뿐이다.

성화成化(명나라 헌종 년호) 22년(1486) 병오년 9월 갑자일에 사진사 통봉대부 복건등처 승선포정사 사우포정사 순안 서관徐貫이 삼가 쓰다.

• 『효경언해孝經諺解』

어버이 잘 섬김을 효孝라 하고, 성인聖人이 만드신 글월을 경經이라 하느니라.

경1장-1절 중니仲尼(공자의 자字이다)가 한가하게 계시거늘, 증자曾子(공자의 제자이다)가 모시고 앉았더니, 자子(대저 스승을 존칭하는 말이니, 공자를 일컬음이다)가 말씀하시기를, 삼參(증자 이름이다)아 선왕先王(옛 어진 임금이다)이 지극한 덕德과 요절要節한 도道를 두심으로써 천하天下를 순順하시니(천하의 사람의 어진 마음을 쫓아서 가르침이라), 백성이 이로써 화동和同하며 친하여 위로며 아래에 원망함이 없었으니, 너는 아는가?

경1장-2절 증자가 돗자리를 피하여 말씀드리길, 삼이 민달敏達하지 못하니, 어찌 족히 알겠습니까?

경1장-3절 자가 말씀하시길, 효孝는 덕의 근본이니, 가르침이 말미암아 나오는 바이다.

경1장-4절 복復(다시) 앉아라 내가 너에게 말하리라 몸과 체體(사체이니, 손발을 이름이다)와 머리터럭과 살은 부모에게서 타낸(받은) 것이니, 감히 헐어내며 헤져 버리지 않음이 효의 처음(비롯함)이요, 몸을 세워 도道를 행行하여 이름을 후세後世에 베품으로써 부모를 드러나게 함이 효의 마침(완성)이다. 효는 섬김에 비롯하고, 임금을 섬김에 가운데이며, 몸을 세움에 마치는 것이다.

경1장-5절 어버이를 사랑하는 이는 감히 사람(남)에게 싫어하기를 아니하고, 어버이를 공경하는 이는 감히 사람(남)에게 업신여기게 하기를 아니하나니 사랑하며 공경하기를 어버이 섬김에 다하면 어진 가르침이 백성에게 더하여 사해四海(사방 바다 안이니, 천하를 다 일음이다)에 법이 되나니, 천자天子의 효이다.

경1장-6절 윗(자리)에 있으면서 교만하지 아니하면 높아도 위태하지 아니하고, 마디(절節: 재물을 쓰는 마디라)를 재제하며 법도를 삼가면 가득하여도 넘처나지 아니하나니, 높아도 위태하지 아니함은 길이 귀함을 지키는 바이요, 가득하여도 넘치지 아니함은 부유함을 지키는 바이니, 부유함과 귀함을 그 몸에 떠나 있게 아니한 연후에라야 능히 그 사직社稷(사는 땅신이요, 직은 곡식 신이니, 나라가 의탁한 데이다)을 안보安保하여 그 백성을 화和하게 하나니, 제후諸侯의 효이다.

경1장-7절 선왕의 법다운 옷이 아니거든 감히 입지 못하며, 선왕의 법다운 말씀이 아니거든 감히 이르지 못하며, 선왕의 어진 행실이 아니거든 감히 행行하지 못하나니, 이런 고故로 법이 아니거든 이르지 아니하며, 도道가 아니거든 행하지 아니하여 입에 가려낼 말씀이 없으며, 몸에 가려낼 행실이 없는지라, 말이 천하에 가득하여도 입 허물이 없으며, 행실이 천하에 가득하여도 원망하며 미워할 리가 없나니, 세 가지가 갖추어진 연후에야 능히 그 종묘宗廟(지금의 사당祠堂이라)를 지키나니, 경卿 태우 대부大夫의 효이다.

경1장-8절 아비 섬기기에 자뢰資賴(힘입다)함으로써 어미를 섬기되 사랑함이 한가지이며, 아비 섬기기에 자뢰함으로써 임금을 섬기되 공경함이 한가지이니, 고로 어미에게서는 그 사랑함을 취하고 임금에게서는 그 공경함을 취하나니, (애경 두가지) 겸兼한 이는 아비이라. 고로 효로써 임금을 섬기면 충성이요, 공경으로써 어른을 섬기면 공순함이니, 공순함과 충성함을 잃지 아니함으로써 그 윗 사람을 섬긴 연후에야 능히 그 벼슬과 녹을 안보安保하여 그 제사祭祀를 지키나니, 사士의 효이다.

경1장-9절 하늘의 도道(천도天道, 봄에 내고 여름에 기루고 가을에 영글게 하고 겨울에 간수하는 도이라)를 쓰며 땅의 이利(마른 데 진 데에다 각각 마땅한 곡식을 심는 것이 이利이라)를 인因(말미암아)하여 몸을 삼가며 쓰기를 존절撙節(씀씀이를 절약함)함으로써 부모를 보살피니, 서인庶人의 효이다.

경1장-10절 고로 천자로부터 아래로 서인庶人에 이르기까지 효孝가 마침이며 처음이 없고 환란이 미치지 않을 이가 있지 아니하니라.

우右(옳은 곁이니 윗글을 이르는 말이라)는 경經 한 장章이라.

전1장 자子(스승)가 말씀하시기를, 군자君子의 효로써 가르침이 집마다 이르러 날마다 보는 것이 아니니라. 효로써 가르침으로써 천하에 사람의 아비 되는 이를 공경하는 바이요, 제悌(형과 어른을 잘 섬김이라)로써 가르침으로써 천하에 사람의 형 되는 이를 공경하는 바이요, 신臣(신하의 도리라)으로써 가르침으로써 천하에 사람의 임금 되는 이를 공경하는 바이니라. 시詩(모시毛詩: 모장毛萇 등이 주석한 시경을 말함)에 이르되, 개제愷悌(용모와 기상이 화락하고 단아함)한 군자여 백성의 부모이라 하니, 지극한 덕이 아니면 그 누가 능히 백성을 순順함이 이러하듯이 그 크다 하리오?

우右는 전傳(현인賢人이 지으신 글월이라)의 첫 장이니, 지극한 덕德으로써 천하를 순順함을 새기니라.

전2장-1절 자가 말씀하시기를, 백성을 친하며 사랑함을 가르침은 효보다 좋은 것이 없고, 백성을 예절과 공순함을 가르침은 제悌보다 좋은 것이 없고, 풍風(위에서 가르치어 된 것이 풍이요)을 옮기며 속俗(아래에서 배워 버릇된 것이 속이라)을 바꾸기는 음악보다 좋은 것이 없고 위를 편안하게 하며 백성을 다스림은 예도禮度보다 좋은 것이 없느니라.

전2장-2절 예禮란 것은 공경할 따름이니, 고로 그 아비를 공경하면 자식이 기뻐하고, 그 임금을 공경하면 신하가 기뻐하나니, 한 사람을 공경함에 천만千萬 사람이 기뻐하는지라 공경하는 바가 적되 기뻐할 이가 많으니, 이를 일러 요절要節한 도道이니라.

우는 전傳의 둘째 장이니, 요절한 도를 새기니라.

전3장 증자가 말씀하기를 심甚하도다 효의 큼이여. 자가 말씀하시기를 효는 하늘의 경經(떳떳한 것이 경이요)이며 땅의 의義(옳은 것이 의이라)이며 백성의 행실이니, 하늘과 땅의 경經을 백성이 이 예법 받나니 하늘의 밝음을 법 받으며 땅의 의義를 말미암음으로써 천하를 순順하는지라. 이러므로 그 가르침이 가쁘게 쉬게 아니 하여도 이루어지며 그 정사政事가 엄嚴하지 아니하여도 다스려지니라.

우는 전傳의 셋째 장이니, 이로써 천하를 순順함을 새기니라.

전4장-1절 자가 말씀하시기를, 네 밝으신 임금이 효로써 천하를 다스림에 감히 작은 나라의 신하도 버리지 아니하시니, 하물며 공公과 후侯와 백伯과 자子와 남男(다섯 가지는 제후의 벼슬이라)에 딴여 고로 일만 나라의 기뻐하는 마음을 얻어 그 선왕을 섬기시며,

전4장-2절 나라를 다스리는 이가 감히 홀아비며 홀어미에도 업신여기지 아니하시니, 하물며 사士와 백성에 딴여. 고로 백성의 기뻐하는 마음을 얻어 그 먼저 임금을 섬기시며,

전4장-3절 집을 다스리는 자가 감히 신臣과 첩妾에게도 그르게 아니하니,

하물며 아내와 자식에 딴여. 고로 사람들의 기뻐하는 마음을 얻어 그 어버이를 섬기니라.

전4장-4절 그런 고로 살아서는 어버이 편안히 여기시고 제사 드리면 귀신이 흠歆향享하시는지라 이러므로 천하가 화평하여 재변災變이며 해로운 일이 일어나지 아니하나니, 고로 명왕明王의 효로써 천하를 다스리심이 이렇듯이 하니, 시경에서 이르되 큰 덕행을 네 나라가 순順하다 하니라.

우는 전傳의 넷째장이니, 백성이 화목和睦하여 우이며 아래에 원망이 없음을 새기니라.

전5장-1절 증자가 말씀하기를, 감히 묻자옵니다. 성인의 덕이 그 효보다 더한 것이 없사옵니까?

전5장-2절 자가 말씀하시기를, 천지의 성性(만물이 천지에 단 것이 성이라)에 사람이 귀하니 사람의 행실은 효보다 큰 것이 없고,

전5장-3절 효는 아비를 존엄尊嚴함보다 큰 것이 없고, 아비를 존엄함은 하늘에 짝함보다 큰 것이 없으니, 곧 주공周公(옛 성인이시니라)이 그 사람이시니라.

전5장-4절 옛날에 주공이 교郊(하늘에 제사하는 이름이라)를 지낼 때 후직后稷(주 나라 첫 조상이라)을 제사지내어 하늘과 짝하시고, 문왕文王(무왕武王 아버님이라)을 명당明堂(제후의 조회朝會 받는 집이라)에 존尊하여 제사하여 상제上帝(하늘이라)에 짝하시니, 이러므로 사해四海 안이 각각 그 벼슬로써

와서 제사를 도우니, 성인의 덕이 또한 어찌 효에 더하리오.

전5장-5절 고로 친애함이 무릎 아래에서 나옴으로써 부모를 모시되 날로 엄하시니, 성인이 엄함을 말미암아 공경함을 가르치시며, 친함을 말미암아 사랑함을 가르치시니, 성인의 가르치심이 엄숙하지 아니하여도 이루어지며, 그 정사가 엄하지 아니하여도 다스림은 그 말미암은 바는 본本(효를 이르니라)일 것이다.

우는 전의 다섯째 장이니, 가르침이 말미암아 나오는 바를 새긴 것이다.

전6장 자가 말씀하시기를 부자父子의 도는 하늘의 성性이며, 임금과 신하의 의義라. 부모가 낳으시니 이어짐이 이만큼 큰 게 없고 임금이며 어버이로 임하시니, 후厚함이 이만큼 중重한 게 없도다. 그 어버이를 사랑하지 아니하고 다른 사람 사랑하는 이를 이르되 거스른 덕이라 하고, 그 어버이를 공경하지 아니하고 다른 사람 공경하는 이를 이르되 거스른 예禮라 하느니라.

우는 전의 여섯째 장이니, 가르침의 말미암는 바를 새긴 것이다.

전7장-1절 자가 말씀하시기를, 효자가 어버이를 섬김에, 살아계실 때는 그 공경을 다 이르게 하고, 봉양함에는 그 즐김을 다 이르게 하고, 병에는 그 근심을 다 이르게 하고, 상사喪事에는 그 슬퍼함을 다 이르게 하고, 제사에는 그 엄숙함을 다 이르게 할지니라. 이 다섯 가지가 갖추어진 후라야 능히 어버이를 섬김이라 할지니라.

전7장-2절 어버이를 섬기는 이는 윗자리에 있게 되면 교만하지 아니하며, 아랫사람이 되어서는 어지럽게 아니하며, 동류同類 속에 있게 되면 다투지 아니하나니, 윗자리에 있으면서 교만하면 패망하고, 아래가 되어서 어지럽게 하면 죄를 입게 되고, 동류에 있으면서 다투면 그 틈 사이에 해로움이 일어나나니, 세 가지를 없애지 아니하면 비록 날마다 세 가지 생牲(소와 양과 도야지이라)으로 공양함을 쓸지라도 오히려 불효不孝가 되느니라.

우는 전의 일곱째 장이니, 어버이 섬김에 비롯함과 그리고 감히 헐어 내며 헤여 버리지 않음을 새긴 것이니라.

전8장-1절 자가 말씀하시기를, 다섯 가지 형벌의 류가 삼천三千이로되 죄가 불효不孝보다 큰 것이 없느니라.

전8장-2절 임금을 요구하는 이는 위를 업신여김이요, 성인을 그르다 하는 이는 법을 업신여김이요, 효를 그르다 하는 이는 어버이를 업신여김이니, 이는 크게 어지러울 도이니라.

우는 전의 여덟째 장이라.

전9장 자가 말씀하시기를, 군자가 임금을 섬기되 나아가서는 충성을 다함을 생각하며 물러와서는 허물을 기워냄을 생각하여 그 아름다운 일은 받자와 순종하고 그 사나운 일은 정하여 구하는지라. 고로 위와 아래가 능히 서로 친하니, 시에 이르기를, 마음에 사랑하는 것이니 어찌 이르지 아니리오마는 중심中心에 감추었거니 어느 날 잊으리오 하니라.

우는 전의 아홉째 장이니, 임금 섬김에 가운데 줄을 새긴 것이다.

전10장 자가 말씀하시기를, 옛날에 밝으신 임금이 아비 섬김이 효孝한 고로 하늘 섬김이 밝으시며, 어미 섬김이 효한 고로 땅을 섬김이 자세하시며, 어른이며 젊은이가 순順한 고로 위이며 아래가 다스려지니, 하늘과 땅에 밝히며 살펴 하면 신명神明(귀신의 밝음을 이른 말이라)이 나타나느니라. 고로 비록 천자이라도 반드시 존尊할 것이 있으니, 아비가 계심을 이르며, 반드시 먼저 할 것이 있으니, 형兄이 있음을 이르니라. 종묘宗廟에 공경을 다 이르게 함은 어버이를 잊지 아니함이요, 몸을 닦으며 행실을 삼감은 조상을 욕할까 저어함이니, 종묘에 공경을 다 이르게 하면 귀신鬼神이 나타나느니라. 효이며 제悌의 지극함이 신명에 사무치며 사해四海에 빛나 통하지 않을 바가 없나니, 시에 이르기를, 서西로부터며 동東으로부터며 남으로부터며 북으로부터 생각하여 좇지를 아니할 이 없다 하니라.

우는 전의 열째 장이니, 천자의 효를 새기니라.

전11장 자가 말씀하시기를 군자의 어버이 섬김이 효한 까닭으로 충성을 임금께 옮길 수 있고, 형을 섬김이 제悌한 까닭에 공순함을 어른에게 옮길 수 있고, 집에서 살음이 다스리는 까닭으로 다스림을 윗사람에게 옮기나니, 이러므로 행실이 안에서 이룩되어 이름이 후세에 날 것이라.

우는 전의 열하나째 장이니, 몸을 세우며 이름을 베품과 그리고 사士의 효를 새기니라.

전12장 자가 말씀하시기를, 규문閨門(도장 문이니 집안을 이르니라)안에 예가 갖추어져야 한다. 엄한 아버지와 엄한 형이요, 아내와 자식과 가신家臣과 첩은 백성과 도역徒役(구실(심부름)이 서는 사람을 부리다) 같으니라.

우는 전의 열두째 장이라.

전13장-1절 증자가 말하기를, 만일 사랑하기와 공경하기와 어버이를 편안하시게 함과 이름을 베푸는 것에는 삼이 일러주심을 들었습니다마는 감히 묻잡습니다. 아비의 부림마다 좇음이 효라고 이를 수 있으리까?

전13장-2절 자가 말씀하시기를, 어 어떤 말인가. 이 어떤 말인가. 옛날에 천자가 간諫하는 신하 일곱을 두면 비록 도가 없을지라도 그 천하를 잃지 아니하시고, 제후가 간하는 신하 다섯을 두면 비록 도가 없을지라도 그 나라를 잃지 아니하시고, 태위太衛(대부大夫임)가 간하는 신하 세사람을 두면 비록 도가 없을지라도 그 집을 잃지 아니하고, 사士가

간하는 벗을 두면 몸에서 어진 이름이 떠나지 아니하고, 아비가 간하는 아들을 두면 몸이 옳지 아니한 데 빠지지 아니하나니, 그러므로 옳지 아니한 데 다다르면 아들이 아비에게 간하지 아니하지 못할 것이며, 신하가 임금께 간하지 아니하지 못할 것이라. 그러므로 옳지 아니한 데 다다르면 간하나니, 아비의 기걸마다 좇음이 어찌 하여금 효가 되리오.

우는 전의 열셋째 장이라.

전14장-1절 자가 말씀하시기를, 효자가 어버이를 거상居喪함에 울음을 그치지 않으며, 예도禮度를 함부로 하지 않으며, 말씀을 번잡하게 하지 않으며, 좋은 것을 입음에 편안하게 아니 여기며, 음악을 들음에 즐기지 않으며, 맛난 것을 먹음에 달게 여기지 아니하나니, 이는 슬프고 서러워하는 뜻이라.

전14장-2절 사흘만에 먹음은 백성을 가르치되 죽은 이로써 산 이를 상傷하게 아니하며, 훼毁(훼는 여위어 얼굴이 고쳐짐이라)하여도 성품을 없게 아니함이니, 성인의 정사政事라.

전14장-3절 거상을 삼년을 넘기지 아니함은 백성에게 마침이 있음을 보인 것이니, 관棺과 곽槨과 옷과 이불을 하여 드리며, 그 보簠와 궤簋(다 제기 이름이라)를 버리고 슬퍼 서러워하며 가슴 두드리며 발 구르며 슬퍼하여 보내며, 그 분묘墳墓 터를 점복占卜하여 안장하오며 종묘宗廟를 위하여 귀신으로써 받자오며 봄과 가을에 제사하여 시절時節로써 생각하게 하니라.

전14장-4절 살아 계실 때 섬기되 사랑하며 공경함으로 하고, 죽으시거든 섬기되 슬퍼하며 서러워함으로 함에 백성의 본本이 극진하며 죽으며 살았을 적에 도리가 갖추어지니, 효자孝子의 어버이를 섬김이 마치니라.

우는 전에 열넷째 장이라.

•『효경대의』 발문

성인이 육경六經을 지어 천하 후세에 가르치시니, 거기에 도덕과 성명性命의 말씀이 갖추어졌다. 그런데도 효에 관하여 특히 자세함을 더하고 달리 한 경전으로 삼은 것은 왜일까? 대개 모든 백행百行은 효가 아니면 세우지 못하고, 모든 만선萬善은 효가 아니면 행하지 못하니, 이른바 천天의 다스림이요, 지地의 마땅함이요, 민民의 떳떳함인 것이다. 천자로부터 서인에 이르기까지 진실로 하루라도 강구하지 않으면 안 되는 것이다. 『수서隋書』 경적지經籍志에, "공자가 육경을 정리하나 제목이 같지 않고 가르키는 뜻이 차별이 있어 아마도 사도斯道가 이산離散될까 우려한 까닭에 『효경』을 지어 모두 총회總會함으로써 그 지류는 비록 나뉘어졌으나 근본은 효에서 싹터 나온 것임을 밝히었다."고 하였다. 그 설명이 옳아서 여기에 진심盡心한다면, 육경六經의 도를 여기에서 들 수 있을 것이다.

진화秦火가 종식되자 남은 경서들이 간간히 나와서 벽서壁書와 금문今文이 섞이어 유행하고 비록 여러 선비들의 변론을 거쳐 보철補綴되어도 곧장 다시 없어지고 말았다. 송나라 주자朱子에 와서 비로소 잘못을 바로 고치고, 경과 전으로 차서를 잡음으로써 공자의 옛것을 회복하였다. 이어서 파양鄱陽 동씨董氏가 주석을 만들어 그 귀취歸趣를 다한 연후에 하나의 경經으로서 조리가 뚜렷해졌으니, 실로 성문聖門에 공을 세움이 매우 크다.

이 경이 나타나고 숨겨진 것은 실상 우연한 것이 아님이 있다. 우리 주상 전하께서는 총명하고 예지叡智하신 성군聖君으로서 군사軍師로서의 큰 책임을 맡아 백성들을 교화시키고 좋은 풍속을 이루시니 언제나 사람으로서 떳떳이 지켜야 할 도리에 대하여 소홀히 여긴 바가 없도다.

하루는 경연에 납시어 유신들과 치도治道를 의논하다가 『효경』을 가르치는 일이 오랫동안 없어진 것을 탄식하고, 또 주소註疏의 유무를 물으니, 좌우 신하들이 이 편책이 있다고 대답하였다. 이에 책을 가져오라 하여 한번 보시더니, 매우 가상하게 여기고 이를 간행하여 널리 전하게 하였다.

오히려 궁벽한 시골이나 어리석은 백성들이 그 뜻을 터득하지 못할 것을 걱정하여 이를 홍문관弘文館에 내려 모두 언문諺文으로 풀어서 사람들이 쉽게 알도록 한 것이다.

또 신臣에게 명하여 그 책 끝에 대략大略을 쓰게 하였다.

신이 생각하건대, 요순堯舜의 도는 효제孝悌일 뿐이다. 구족九族을 친하게 하고, 백성을 편안하게 하고, 만방이 화합하게 하고, 심지어 조수鳥獸어별魚鼈까지도 모두 즐겁게 하는 것은 효도에 근본한다. 삼대의 성왕聖王들은 모두 사도斯道에 근원을 두고서 다스리고 감화시키는 높은 공적은 후세에 따르지 못할 것이다.

이 도가 쇠하자 공자가 단지 공언空言으로써 제자들과 서로 수수授受하다 하여 이 책에 실린 글을 보면, 말이 옛것에 미치게 되면 반드시 선왕先王이라 하였으니, 애석함이 심하도다. 이로부터 이후로 미언微言도 끊어지고 대의大義도 무너져 인심이 흉흉해진 지가 1천 5백여 년이 되었다.

역대 이래로 비록 훌륭한 임금이 없지 않았으나 그 세도世道를 장악하는 것을 배척하고 권리를 얻는 것을 주장하는 자는 공리 뿐이요, 술수術數 뿐이니, 누가 이것을 즐겨 생각할 것인가. 이에 선치善治가 회복되지 않고 화난禍難이 계속되는 것은 괴이할 것이 없다.

이제 성상께서 화평하게 깊이 생각하고 그 근원을 미루어 연구하여 이에 성인의 경전을 존신尊信하여 표장함으로써 몸소 행하여 위로는 남의 모범이 되고 아래로는 용렬한 백성들을 잘 인도하였으니, 요순 삼대의 다스림을 회복함이 이보다 무엇이 더할 게 있겠는가.

신은 또 유감有感인 것은, 성인이 세상에서 떠난 지 오래이고 그 말씀도 없어지고 경서는 남은 것이 없고 그 가르침은 해이해져서 옛 도를 행함을 비록 하루라도 바랄 수 없게 되었다.

그러나 하늘이 사람에게 중정中正한 덕을 부여하고 이륜彛倫을 붙든 타고난 천성은 비록 만고를 거치더라도 오히려 건재할 것이다. 성경에 써 있는 바는 곧 인심人心에 갖추어진 이치이므로 이것을 돌이켜

구한다면 어찌 얻지 못할 이치가 있겠는가.

아아, 누가 부모가 없으며 누가 사람의 자식이 아닌가. 누가 선창하여도 화답하지 않으며, 누가 감화하는데 응답하지 않겠는가. 그러므로 위로 좋아하는 사람이 있어도 반드시 아래로 심하게 하는 자가 있다고 말한다.

이로써 신은 이 글이 간행되면 반드시 왕성하게 일어남이 있으며, 마치 뛸 듯이 내달아 감동함을 막을 수 없음을 알 것이며, 집집마다 표창할 아름다움을 이룰 수 있을 것인즉, 이것을 일러 지덕과 요도라고 말한 것이 잘못이겠는가. 전하께서 여기에 수고롭게 노력하신 것이 마땅한 일이다.

만력萬曆 17년 6월 하완下浣에 자헌대부 지중추부사 겸 홍문관 대제학 예문관 대제학 지성균사 동지경연 춘추관사

신臣 유성룡柳成龍은 임금의 명을 받아 삼가 쓰다.

■ 주

61 『史記』「仲尼弟子列傳」: 孔子以曾參爲能通孝道 故授之業作孝經

62 黃秉國, 「孝經解題」, 譯解『孝經』, 1994, p.7

63 黃秉國, 「孝經解題」, 譯解『孝經』, 1994, p.8.

64 何耿鏞, 장영백外 역해, 『經學槪說』1994, p.45. 참조.

65 『孝經大義』, 傳統文化硏究會, 1996, p.20.

66 『孝經大義』「經一章 註」: 仁義禮智 雖皆謂之德 而仁爲本心之全德 仁主於愛愛莫大於愛親 故孝爲德之至 父子君臣夫婦兄弟朋友之交五者 雖皆謂之道 而親生膝下 行之最先 故子孝於父 獨爲道之要

67 『孝經』「喪親章」: 生事愛敬 死事哀戚 生民之本 盡矣 死生之誼 備矣 孝子之事親終矣

68 「書經」 虞書, 堯典편에, "克明峻德하사 以親九族하시고, 九親旣睦하시니 平章百姓하시고, 百姓昭明하니 協和萬邦하사 黎民이 於變時雍하시니라."라는 구절은 〈대학〉 경1장 첫머리에 "大學之道는 在明明德하고 在親民하고 在止於至善이니라."의 대목과 같은 뜻이라는 것이다.

69 오전이란 오륜五倫, 오상五常, 또는 오교五敎라고 하며, 부자유친父子有親, 군신유의君臣有義, 부부유별夫婦有別, 장유유서長幼有序, 붕우유신朋友有信의 다섯 가지를 말한다.

70 이륜이란 구서九叙를 말하는데, 수水, 화火, 금金, 목木, 토土, 곡穀을 일컫는 육부六府와 삼사三事인 정덕正德, 이용利用, 후생厚生 등을 가리킨다.

71 사도는 유학의 도를 말하는데 오도吾道, 사문斯文이라고도 한다.

|부록|

효孝경經언諺해解 (원본영인)

影印 孝経諺解

原書 縦三五・四糎 横二四・五糎
毎半葉匡郭 縦二五・五糎 横一八・一糎

内賜記

萬暦十八年九月 日
内賜司憲府掌令張雲翼孝経大義諺解合部一件
命除謝
恩
左副承旨臣李

〔内賜記〕
孝経大義序
徐貫識語
孝経諺解
孝経大義跋

[illegible]門之學惟曾氏得其宗曾氏之書有二曰大學
曰孝經經傳章句頗亦相似學以大學爲本行以
孝經爲先自天子至庶人一也堯典一篇大學孝
經[illegible]明峻德以至親睦九族極而百姓
之昭明萬邦之於變大學之序也孝之爲道蓋已
具於親睦九族之中矣何也一本故也自是舜以
克孝而徽五典禹以致孝而叙彝倫伊尹述成湯
之德一則曰立愛惟親二則曰奉先思孝人紀之
修孰大乎是文武周公帥是而行備見於記禮所

孝經大義序　一

載上而宗廟之享下而子孫之保其爲孝蔑有加
焉功化之盛至使四海之內人人親其親長其長
一鱗毛一芽甲之微無不得所嗚呼二帝三王之
教可謂大矣孝經一書即其遺法也世入春秋皇
綱紐解孔子傷之三復昔者明王孝治之言思之
深望之切矣誠使天子公卿躬行其上凡禮樂刑
政之具壹是以孝爲本則斯道也固天性之自然
人心之固有一轉移間王道顧不易易乎惜也徒
託之空言而僅見於門人記錄之書也書存而道
可舉雖不能行之一時猶可詔之來世今此經之

可考者不過漢藝文志而已而其篇次則顔注古
文二十二章孔壁所藏本也今文一十八章河間
王所得顔芝本而劉向之所叅校者也要之出於
諸儒傳會皆非曾氏門人所記舊文矣唐玄宗開
元敕議意非不美而司馬貞淺學陋識幷以閨門
一章去之卒啓玄宗無禮無度之禍而其所製序
文至以禮爲外飾之所資仁義爲後來之漸有不
知所謂因心之孝者果何所因而又何自而萌乎
學之不講德之不脩一至於此桓桓文公特起南
夏平生精力用工易四書爲多至此書則僅成刊

孝經大義序　二

誤一編註釋大義猶有所未及噫人子不可斯須
忘孝則此經爲天子至庶人一日不可無之書章
句已明而文義猶闕顧非一大欠事乎盖嘗有志
彙集諸家傳註以明一經而未果一日叅友胡庭
芳挈其高弟董眞卿訪余雲谷山中手携孝經大
義一書取而閱之則其家君深山先生董君季亨
之所輯也其書爲初學設故其詞皆明白而切實
熟玩之則義趣精深又有非淺見謏聞所能窺者
族凡明仲敬爲刋之書塾以廣其傳此豈惟學者
脩身齊家之要而有國有天下者亦豈能外是而

他有化民成俗之道哉噫滕五十里國耳其君一
用之至於四方草偃風動一時行事猶班班有三
代之風學問之功用固如此晉武魏文亦天資之
美者惜諸臣無識不能有以啓導而充大之悠悠
蓋壞此經之廢蓋千五百餘年人心秉彝極天罔
墜豈無有能講而行之者誠有以二帝三王之心
爲心則必以二帝三王之敎爲敎矣仁人心也學
所以求仁而孝則行仁之本也語曰如有王者必
世而後仁愚何幸身親見之歲在乙巳陽復之月
前進士武夷熊禾序皆大德之九年也

右孝經一書迺孔子曾子授受之要旨也經
秦火後頗多錯簡至宋大儒朱文公先生始
取古文爲之考訂刊其繆誤次其簡編而後
經傳各有統紀董季亨氏又從而註釋之而
其旨益明讀者誠能因其言而求諸心因心
之同然而推之家國天下則天下之道盡在
是矣惜乎是書板行者少而窮鄉下邑之士
不得盡觀也予近按泉偶於進士蔡介甫家
得是書舊本遂命工鋟梓以傳將使四方得
以家傳人誦各興其親愛之心而篤夫仁孝

之道庶或少補於風教之萬一云爾
成化二十二年歲次丙午秋九月甲子
賜進士通奉大夫福建等處承宣布政使司右
布政使淳安徐貫謹識

孝효經경諺언解해

어버이잘셤김을孝효ㅣ라ᄒᆞ고셩인이ᄆᆡᆼᄀᆞ
ᄅᆞ신글월을經경이라ᄒᆞᄂᆞ니라
仲듕尼니ㅣ閒한居거ᄒᆞ시거시ᄂᆞᆯ曾증子ᄌᆞㅣ侍시坐
좌ᄒᆞ시러니子ᄌᆞㅣ曰왈參숨아先션王왕이有유至
지德덕要요道도ᄒᆞ샤以이順슌天텬下하ᄒᆞ시니民
민用용和화睦목ᄒᆞ야上샹下하ㅣ無무怨원ᄒᆞ니더
汝셔ㅣ知디之지乎호아
仲듕尼니ᄂᆞᆫ孔공子ᄌᆞㅅ字ㅣ시니라ㅣ한가히겨시거ᄂᆞᆯ
曾증子ᄌᆞᄂᆞᆫ孔공子ᄌᆞㅅ弟뎨子ᄌᆞㅣ라ㅣ뫼ᄋᆞ와안자셔시

孝經諺解 一

니子ᄌᆞᄂᆞᆫ뎨ᄌᆞㅣ스승을존칭ᄒᆞᄂᆞᆫ말이니孔공子ᄌᆞᄅᆞᆯ닐ᄋᆞᆷ이라ㅣᄀᆞᆯᄋᆞ샤
ᄃᆡ參숨아曾증子ᄌᆞ일홈이라先션王왕이녜ㅅ어딘님금이라시니라이
지극ᄒᆞᆫ德덕과요졀ᄒᆞᆫ道도ᄅᆞᆯ두샤ᄡᅧ天텬下
하ᄅᆞᆯ順슌ᄒᆞ시니天텬下하ㅣ윗사ᄅᆞᆷ을조차ᄃᆞ르ᄂᆞᆫ이라빅
셩이ᄡᅧ화동ᄒᆞ며친ᄒᆞ야우히며아래怨원ᄒᆞ
리업더니네아ᄂᆞᆫ다
曾증子ᄌᆞㅣ辟피席셕曰왈參숨이不블敏민ᄒᆞ니
何하足죡以이知디之지리잇고
曾증子ᄌᆞㅣ돗글피ᄒᆞ야ᄀᆞᆯᄋᆞ샤ᄃᆡ參숨이민
달티몯ᄒᆞ니엇디足죡히ᄡᅧ알리잇고

子ᄌᆞㅣ曰왈夫부孝효ᄂᆞᆫ德덕之지本본也야ㅣ니
敎교之지所소由유生ᄉᆡᆼ이라
子ᄌᆞㅣᄀᆞᆯᄋᆞ샤ᄃᆡ孝효ᄂᆞᆫ德덕의근본이니ᄀᆞ
ᄅᆞ침의말미암아나ᄂᆞᆫ배라
復복坐좌ᄒᆞ라吾오ㅣ語어汝셔호리라身신體톄髮
발膚부ᄂᆞᆫ受슈之지父부母모ㅣ니不블敢감毁훼
傷샹이孝효之지始시也야ㅣ오立립身신行ᄒᆡᆼ道
도ᄒᆞ야揚양名명於어後후世셰ᄒᆞ야以이顯현父부
母모ㅣ孝효之지終죵也야ㅣ라夫부孝효ᄂᆞᆫ始시
於어事ᄉᆞ親친이오中듕於어事ᄉᆞ君군이오終죵於

孝經諺解 二

어立립身신이니라
復복ᄒᆞ야안조라내너ᄃᆞ려닐오리라몸과體
톄四ᄉᆞ體톄니손발ᄋᆞᆯ닐옴이라과머리터럭과ᄉᆞᆯᄒᆞᆫ父부母
모ᄭᅴ ᄐᆞᆫ거시니敢감히헐우며히여ᄇᆞ리디아
님이孝효의처엄이오몸을세워道도ᄅᆞᆯ行ᄒᆡᆼ
ᄒᆞ야일홈을後후世셰예베퍼ᄡᅧ父부母모ᄅᆞᆯ
나타나게홈이孝효의ᄆᆞᄎᆞᆷ이라孝효ᄂᆞᆫ어버
이셤김애비롯고님금셤김애가온대오몸세
옴애ᄆᆞᆺᄂᆞ니라
愛ᄋᆡ親친者쟈ᄂᆞᆫ不블敢감惡오於어人인ᄒᆞ고敬

경親친者쟈ᄂᆞᆫ不블敢감慢만於어人신ᄒᆞᄂᆞ니愛
의敬경올盡진於어事ᄉᆞ親친ᄒᆞ면而시德덕敎교
ㅣ加가於어百ᄇᆡᆨ姓셩ᄒᆞ야刑형于우四ᄉᆞ海ᄒᆡᄒᆞᄂᆞ
니蓋개天텬子ᄌᆞ之지孝효ㅣ라
어버이를ᄉᆞ랑ᄒᆞᄂᆞᆫ이ᄂᆞᆫ敢감히사ᄅᆞᆷ의게아
쳐ᄒᆞ기를아니ᄒᆞ고어버이를공경ᄒᆞᄂᆞᆫ이ᄂᆞᆫ
敢감히사ᄅᆞᆷ의게업슈어ᄒᆞ기를아니ᄒᆞᄂᆞ니
ᄉᆞ랑ᄒᆞ며공경ᄒᆞ기를어버이셤김애다ᄒᆞ면
어딘ᄀᆞᄅᆞ침이百ᄇᆡᆨ姓셩의게더어四ᄉᆞ海ᄒᆡ
네녁바다안히니ᄒᆞᄅᆞᆯ다닐옴이라텬예법이되ᄂᆞ니天텬子ᄌᆞ

孝經諺解 五

의孝효ㅣ라
在ᄌᆡ上샹不블驕교ᄒᆞ면高고而시不블危위ᄒᆞ고制
뎨節절謹근度도ᄒᆞ면滿만而시不블溢일ᄒᆞᄂᆞ니高
고而시不블危위ᄂᆞᆫ所소以이長댱守슈貴귀오
滿만而시不블溢일ᄋᆞᆫ所소以이長댱守슈富부
ㅣ니富부貴귀ᄅᆞᆯ不블離리其기身신然연後후에ᅀᅡ
能능保보其기社샤稷직ᄒᆞ야而시和화其기民민
人신ᄒᆞᄂᆞ니蓋개諸져侯후之지孝효ㅣ라
우희이셔교만티아니ᄒᆞ면노파도위틔티아
니ᄒᆞ고ᄆᆞ딕직믈ᄲᅮᆫᄂᆞᆫ므딕라를지제ᄒᆞ며법도를삼

가면ᄀᆞ독ᄒᆞ여도넘ᄶᅵ디아니ᄒᆞᄂᆞ니노파도
위틔티아니홈은ᄡᅥ기리貴귀ᄅᆞᆯ딕희ᄂᆞᆫ배오
ᄀᆞ독ᄒᆞ여도넘ᄶᅵ디아니홈은ᄡᅥ기리가ᄋᆞ며
롬을딕희ᄂᆞᆫ배니가ᄋᆞ며롬과貴귀홈을그몸
애ᄠᅥ내디아니ᄒᆞᆫ然연後후에ᅀᅡ能능히그社
샤稷직社사ᄂᆞᆫᄯᅡ신이오稷직은곡셕신이라나라히의탁ᄒᆞᆫ디라을안보
ᄒᆞ야그ᄇᆡᆨ셩올和화케ᄒᆞᄂᆞ니諸져侯후의孝
효ㅣ라
非비先션王왕之지法법服복이어든不블敢감服
복ᄒᆞ며非비先션王왕之지法법言언이어든不블敢

孝經諺解 四

감道도ᄒᆞ며非비先션王왕之지德덕行ᄒᆡᆼ이어든不
블敢감行ᄒᆡᆼᄒᆞᄂᆞ니是시故고로非비法법不블言
언ᄒᆞ며非비道도不블行ᄒᆡᆼᄒᆞ야口구無무擇ᄐᆡᆨ言언
ᄒᆞ며身신無무擇ᄐᆡᆨ行ᄒᆡᆼ이라言언滿만天텬下하ㅣ라
도無무口구過과ᄒᆞ며行ᄒᆡᆼ滿만天텬下하ㅣ라도無
무怨원惡오ㅣ니三삼者쟈ㅣ備비矣의然연後후
에ᅀᅡ能능守슈其기宗종廟묘ᄒᆞᄂᆞ니蓋개卿경大대
夫부之지孝효也야ㅣ라
先션王왕의법다온오시아니어든敢감히닙
디몯ᄒᆞ며先션王왕의법다온말ᄉᆞᆷ이아니어

든敢감히니ᄅᆞ디몯ᄒᆞ며先션王왕의어딘ᄒᆡᇰ
실이아니어든敢감히行ᄒᆡᇰ티몯ᄒᆞᄂᆞ니이런
故고로법이아니어든니ᄅᆞ디아니ᄒᆞ며道도
ㅣ아니어든行ᄒᆡᇰ티아니ᄒᆞ야입에골ᄒᆡᆯ말ᄉᆞᆷ
이업ᄉᆞ며몸애골ᄒᆡᆯᄒᆡᇰ실이업ᄉᆞᆫ디라말이天
텬下하에ᄀᆞ독ᄒᆞ야도입허믈이업ᄉᆞ며ᄒᆡᇰ실
아天텬下하에ᄀᆞ독ᄒᆞ야도원망ᄒᆞ며아쳐ᄒᆞ
리업ᄂᆞ니세가지ᄀᆞᄌᆞᆫ然연後후에ᅀᅡ能능히
그宗종廟묘(이젯祠ᄉᆞ堂당이라)ᄅᆞᆯ딕희ᄂᆞ니卿경태우
의孝효ㅣ라

資ᄌᆞ於어事ᄉᆞ父부ᄒᆞ야以이事ᄉᆞ母모ᄒᆞ되而ᅀᅵ愛ᄋᆡ
ㅣ同동ᄒᆞ며資ᄌᆞ於어事ᄉᆞ父부ᄒᆞ야以이事ᄉᆞ君군
ᄒᆞ되而ᅀᅵ敬경同동ᄒᆞ니故고로母모取츄其기愛ᄋᆡ
而ᅀᅵ君군取츄其기敬경ᄒᆞ니兼겸之지者쟈ᄂᆞᆫ父
부ㅣ也야ㅣ라故고로以이孝효事ᄉᆞ君군則즉忠튱
ᄒᆞ오以이敬경事ᄉᆞ長댱則즉順슌ᄒᆞ니忠튱順슌을
不블失실ᄒᆞ야以이事ᄉᆞ其기上샹然연後후에ᅀᅡ能
ᄒᆞ保보其기爵쟉祿록ᄒᆞ야而ᅀᅵ守슈其기祭졔祀
ᄉᆞᄒᆞᄂᆞ니蓋개士ᄉᆞ之지孝효也야ㅣ라
아비셤기기예ᄌᆞ뢰ᄒᆞ야ᄡᅥ어미ᄅᆞᆯ셤교되ᄉᆞ
랑홈이ᄒᆞᆫ가지며아비셤기기예ᄌᆞ뢰ᄒᆞ야ᄡᅥ
님금을셤교되공경홈이ᄒᆞᆫ가지니故고로어
미게ᄂᆞᆫ그ᄉᆞ랑홈을취ᄒᆞ고님금씌ᄂᆞᆫ그공경
홈을취ᄒᆞᄂᆞ니兼겸ᄒᆞᆫ이ᄂᆞᆫ아비라故고로孝
효로ᄡᅥ님금을셤기면튱셩이오공경으로ᄡᅥ
얼운을셤기면공슌홈이니튱셩과공슌을일
티아니ᄒᆞ야ᄡᅥ그우ᄒᆞᆯ셤긴然연後후에ᅀᅡ能
능히그벼슬과록을안보ᄒᆞ야그祭졔祀ᄉᆞᄅᆞᆯ
딕희ᄂᆞ니士ᄉᆞ의孝효ㅣ라
用용天텬之지道도ᄒᆞ며因인地디之지利리ᄒᆞ야謹

근身신節졀用용ᄒᆞ야以이養양父부母모ᄒᆞᄂᆞ니此
ᄎᆞㅣ庶셔人인之지孝효也야ㅣ라
하ᄂᆞᆳ道도(봄에내고녀름에길우고ᄀᆞ올ᄒᆡ염글오고겨울에간ᄉᆞᄒᆞᄂᆞᆫ道도ㅣ라)
ᄅᆞᆯᄡᅳ며ᄯᅡ힛利리(므ᄅᆞᆫ디각각맛당ᄒᆞᆫ곡셕을시므ᄂᆞᆫ利리라)ᄅᆞᆯ
因인ᄒᆞ야몸올삼가며ᄡᅳ기ᄅᆞᆯ존졀ᄒᆞ야ᄡᅥ父
부母모ᄅᆞᆯ치ᄂᆞ니이庶셔人인의孝효ㅣ라
故고로自ᄌᆞ天텬子ᄌᆞ已이下하至지于우庶셔
人인히孝효無무終종始시오而ᅀᅵ患환不블及
급者쟈ㅣ未미之지有유也야ㅣ니라
故고로天텬子ᄌᆞ로브터아래로庶셔人인에

니ᄅᆞ히孝효ㅣᄆᆞᄎᆞᆷ이며처엄이업고환란이
밋디아닐이잇디아니ᄒᆞ니라
右우ᄂᆞᆫ經경一일章장이라
右우올ᄒᆞᆫ겨티니웃그ᄅᆞᆯ닐온마리라ᄂᆞᆫ經경ᄒᆞᆫ章장이
라
子ᄌᆞㅣ曰왈君군子ᄌᆞ之지敎교以이孝효也야
ㅣ非비家가至지而시日일見견之지也야ㅣ라敎
교以이孝효ᄂᆞᆫ所소以이敬경天텬下하之지爲
위人신父부者쟈오ㅣ敎교以이悌뎨ᄂᆞᆫ所소以이
敬경天텬下하之지爲위人신兄형者쟈오ㅣ敎교

以이臣신은所소以이敬경天텬下하之지爲위
人신君군者쟈라ㅣ니詩시云운愷개悌뎨君군子
ᄌᆞ어ㅣ民민之지父부母모ㅣ라ᄒᆞ니非비至지德덕이면
其기孰슉能능順슌民민이如여此ᄎᆞ其기大대
者쟈乎호오ㅣ리
子ᄌᆞㅣᄀᆞᄅᆞ샤ᄃᆡ君군子ᄌᆞ의孝효로ᄡᅥᄀᆞᄅᆞ
침이집마다니르러날마다보ᄂᆞᆫ거시아니라
孝효로ᄡᅥᄀᆞᄅᆞ침은ᄡᅥ天텬下하애사ᄅᆞᆷ의아
비되엿ᄂᆞᆫ이를공경ᄒᆞᄂᆞᆫ배오悌뎨형과얼운을잘셤김
이라로ᄡᅥᄀᆞᄅᆞ침은ᄡᅥ天텬下하에사ᄅᆞᆷ의兄형

되엿ᄂᆞᆫ이를공경ᄒᆞᄂᆞᆫ배오臣신신하의도리라으로
ᄡᅥᄀᆞᄅᆞ침은ᄡᅥ天텬下하에사ᄅᆞᆷ의님금되엿
ᄂᆞᆫ이를공경ᄒᆞᄂᆞᆫ배니라詩시모시칙이라예닐오
ᄃᆡ라온君군子ᄌᆞㅣ여ᄇᆡᆨ셩의父부母모ㅣ라
ᄒᆞ니지극ᄒᆞᆫ德덕이아니면그뉘能능히ᄇᆡᆨ셩
을順슌ᄒᆞᆷ이이러ᄐᆞ시그크리오
右우ᄂᆞᆫ傳뎐之지首슈章장이니釋셕至지德
덕以이順슌天텬下하라ᄒᆞ니
右우ᄂᆞᆫ傳뎐현인의지으신글월이라의첫章장이니
지극ᄒᆞᆫ德덕으로ᄡᅥ天텬下하를順슌ᄒᆞᆷ
을사기니라

子ᄌᆞㅣ曰왈敎교民민親친愛ᄋᆡᄂᆞᆫ莫막善션於
어孝효오ㅣ敎교民민禮례順슌은莫막善션於어
悌뎨오移이風풍易역俗쇽은莫막善션於어樂
악이오安안上샹治티民민은莫막善션於어禮례
니라
子ᄌᆞㅣᄀᆞᄅᆞ샤ᄃᆡᄇᆡᆨ셩을親친ᄒᆞ며ᄉᆞ랑ᄒᆞᆷ을
ᄀᆞᄅᆞ침은孝효에셔됴ᄒᆞ니업고ᄇᆡᆨ셩을례졀
과공슌ᄒᆞᆷ을ᄀᆞᄅᆞ침은悌뎨에셔됴ᄒᆞ니업고
風풍을옴기며俗쇽을밧고기ᄂᆞᆫ우희셔ᄀᆞᄅᆞ쳐도왼거시

風풍이오아래셔비화버릇도왼거시俗쇽이라음악에셔됴ᄒᆞᆫ이업
고우홈편안케ᄒᆞ며ᄇᆡᆨ셩을다ᄉᆞ림은례도에
셔됴ᄒᆞᆫ이업ᄉᆞ니라
禮례者쟈ᄂᆞᆫ敬경而ᄉᆡ已이矣의니故고로敬경
其기父부則즉子ᄌᆞ悅열ᄒᆞ고敬경其기兄형則즉
弟뎨悅열ᄒᆞ고敬경其기君군則즉臣신悅열ᄒᆞᄂᆞ니
敬경一일人인而ᄉᆡ千쳔萬만人인이悅열이라所
소敬경者쟈ㅣ寡과ᄒᆞ되而ᄉᆡ悅열者쟈ㅣ衆즁ᄒᆞ니
此ᄎᆞ之지謂위要요道도ㅣ라ㅣ니
禮례란거ᄉᆞᆫ공경홀ᄯᆞᄅᆞᆷ이니故고로그아비

ᄅᆞᆯ공경ᄒᆞ면ᄌᆞ식이깃거ᄒᆞ고그兄형을공경
ᄒᆞ면아이이깃거ᄒᆞ고그님금을공경ᄒᆞ면신해
깃거ᄒᆞᄂᆞ니ᄒᆞᆫ사ᄅᆞᆷ을공경홈애千쳔萬만사
ᄅᆞᆷ이깃거ᄒᆞᄂᆞᆫ디라공경ᄒᆞᄂᆞᆫ배젹오되깃거
홈이만ᄒᆞ니이ᄅᆞᆯ닐온요절ᄒᆞᆫ道도ㅣ니라
右우ᄂᆞᆫ傳뎐之지二ᅀᅵ章쟝이니釋셕要요道
도ᄒᆞ니라
右우ᄂᆞᆫ傳뎐의둘잿章쟝이니요절ᄒᆞᆫ道
도ᄅᆞᆯ사기니라
曾증子ᄌᆞㅣ曰왈甚심哉지라孝효之지大대也

야여ㅣ子ᄌᆞㅣ曰왈夫부孝효ᄂᆞᆫ天텬之지經경이며
地디之지義의며ㅣ民민之지行ᄒᆡᆼ이니天텬地디之
지經경을而ᄉᆡ民민이是시則측之지ᄒᆞᄂᆞ니則측
天텬之지明명ᄒᆞ며因인地디之지義의ᄒᆞ야以이順
슌天텬下하ㅣ라是시以이로其기教교ㅣ不블肅
슉而ᄉᆡ成셩ᄒᆞ며其기政졍이不블嚴엄而ᄉᆡ治티
ᄒᆞᄂᆞ니라
曾증子ᄌᆞㅣᄀᆞᆯᄋᆞ샤ᄃᆡ甚심ᄒᆞ다孝효의큼이
여子ᄌᆞㅣᄀᆞᆯᄋᆞ샤ᄃᆡ孝효ᄂᆞᆫ하ᄂᆞᆯ희經경이며
ᄯᅡ희義의던던ᄒᆞᆫ거시經경이오올ᄒᆞᆫ거시義의라며ᄇᆡᆨ셩의ᄒᆡᆼ실

이니하ᄂᆞᆯ과ᄯᅡ희經경을ᄇᆡᆨ셩이이예법받ᄂᆞ
니하ᄂᆞᆯ희ᄇᆞᆯ곰을법바ᄃᆞ며ᄯᅡ희義의ᄅᆞᆯ인ᄒᆞ
야ᄡᅥ天텬下하ᄅᆞᆯ順슌ᄒᆞᄂᆞᆫ디라이러모로그
ᄀᆞᄅᆞ침이ᄉᆡᆨᄉᆡᆨ이아니ᄒᆞ야도일며그졍ᄉᆡ嚴
엄티아니ᄒᆞ야도다ᄉᆞᄂᆞ니라
右우ᄂᆞᆫ傳뎐之지三삼章쟝이니蓋개釋셕以
ᄡᅵ順슌天텬下하ᄒᆞ니라
右우ᄂᆞᆫ傳뎐의셋잿章쟝이니ᄡᅥ天텬下
하ᄅᆞᆯ順슌홈을사기니라
子ᄌᆞㅣ曰왈昔셕者쟈애明명王왕之지以이孝

효治티天텬下하也야애 不블敢감遺유小쇼國
국之지臣신ᄒᆞ니 而ᅀᅵ況황於어公공侯후伯ᄇᆡᆨ
子ᄌᆞ男남乎호여 故고로 得득萬만國국之지懽
환心심ᄒᆞ야 以이事ᄉᆞ其기先션王왕ᄒᆞ시며
子ᄌᆞㅣ ᄀᆞᆯᄋᆞ샤ᄃᆡ 녜ᄇᆞᆯᄀᆞᆫ님금이 孝효로ᄡᅥ
天텬下하ᄅᆞᆯ다ᄉᆞ리심애 敢감히져근나랏신
하도기티디아니ᄒᆞ시니ᄒᆞᄆᆞᆯ며公공과侯후
과伯ᄇᆡᆨ과子ᄌᆞ과男남(다ᄉᆞᆺ가지ᄂᆞᆫ 제후와벼ᄉᆞᆯ이라)에ᄯᆞ녀
故고로일만나라희깃거ᄒᆞᄂᆞᆫᄆᆞᄋᆞᆷ을어더ᄡᅥ
그先션王왕을셤기시며

治티國국者쟈ㅣ 不블敢감侮모於어鰥환寡과
ᄒᆞ니 而ᅀᅵ況황於어士ᄉᆞ民민乎호여 故고로 得
득百ᄇᆡᆨ姓셩之지懽환心심ᄒᆞ야 以이事ᄉᆞ其기先
션君군ᄒᆞ시며
나라ᄒᆞᆯ다ᄉᆞ리ᄂᆞᆫ이 敢감히ᄒᆞᆯ아비며ᄒᆞᆯ어미
예도업슈이너기디아니ᄒᆞ시니ᄒᆞᄆᆞᆯ며士ᄉᆞ
와ᄇᆡᆨ셩에ᄯᆞ녀 故고로百ᄇᆡᆨ姓셩의깃거ᄒᆞᄂᆞᆫ
ᄆᆞᄋᆞᆷ을어더ᄡᅥ그몬졋님금을셤기시며
治티家가者쟈ㅣ 不블敢감失실於어臣신妾쳡
ᄒᆞ니 而ᅀᅵ況황於어妻쳐子ᄌᆞ乎호여 故고로 得득
人신之지懽환心심ᄒᆞ야 以이事ᄉᆞ其기親친ᄒᆞ니라
집을다ᄉᆞ리ᄂᆞᆫ이 敢감히가신과쳡의게도그
르아니ᄒᆞ니ᄒᆞᄆᆞᆯ며안해과ᄌᆞ식에ᄯᆞ녀 故고
로사ᄅᆞᆷ의깃거ᄒᆞᄂᆞᆫᄆᆞᄋᆞᆷ을어더ᄡᅥ그어버이
ᄅᆞᆯ셤기니라
夫부然연故고로 生ᄉᆡᆼ則즉親친이安안之지ᄒᆞ고
祭졔則즉鬼귀ㅣ享향之지라 是시以이로 天텬
下하ㅣ和화平평ᄒᆞ야 災ᄌᆡ害해ㅣ 不블生ᄉᆡᆼᄒᆞ며 禍
화亂란이 不블作작ᄒᆞᄂᆞ니 故고로 明명王왕之지
以이孝효治티天텬下하ㅣ 如셔此ᄎᆞᄒᆞ니 詩시云

운有유覺각德덕行ᄒᆡᆼ을 四ᄉᆞ國국順슌之지ᄒᆞ라
니라
그런故고로사라시면어버이편안히너기시
고祭졔ᄒᆞ면귀신이흠향ᄒᆞ시ᄂᆞᆫ디라이러모
로天텬下하ㅣ和화平평ᄒᆞ야지변이며해로
온이리나디아니ᄒᆞ며화환이며어즈러운이
리니러나디아니ᄒᆞᄂᆞ니故고로明명王왕의
孝효로ᄡᅥ天텬下하다ᄉᆞ리심이이러ᄐᆞᆺᄒᆞ니
詩시예닐오ᄃᆡ큰德덕行ᄒᆡᆼ을네녁나라히順
슌ᄒᆞ다ᄒᆞ니라

右우ᄂᆞᆫ傳뎐之지四ᄉᆞ章쟝이니釋셕民민用
용和화睦목上샹下하無무怨원ᄒᆞ니라
右우ᄂᆞᆫ傳뎐의넷잿章쟝이니ᄇᆡᆨ셩이ᄡᅥ
和화睦목ᄒᆞ야우히며아래怨원이업슴
을사기니라
曾증子ᄌᆞㅣ曰왈敢감問문聖셩人신之지德덕
이其기無무以이加가於어孝효乎호ㅣ잇가
曾증子ᄌᆞㅣ골ᄋᆞ샤ᄃᆡ敢감히묻ᄌᆞᆸ노이다聖
셩人신의德덕이그ᄡᅥ孝효애셔더으니업ᄉᆞ
니잇가

孝經諺解 十三

子ᄌᆞㅣ曰왈天텬地디之지性셩에人신이爲위
貴귀ᄒᆞ니人신之지行ᄒᆡᆼ은莫막大대於어孝효ᄒᆞ고
子ᄌᆞㅣ골ᄋᆞ샤ᄃᆡ天텬地디의性셩이萬만物믈이天텬地
디ᄉᆡᆨᄐᆞᆫ거시性셩이라에사ᄅᆞᆷ이貴귀ᄒᆞ니사ᄅᆞᆷ의ᄒᆡᆼ실
은孝효에셔큰이업고
孝효ᄂᆞᆫ莫막大대於어嚴엄父부ᄒᆞ고嚴엄父부ᄂᆞᆫ
莫막大대於어配ᄇᆡ天텬ᄒᆞ니則즉周쥬公공이其
기人신也야ㅣ시니라
孝효ᄂᆞᆫ아비ᄅᆞᆯ존엄홈에셔큰이업고아비ᄅᆞᆯ
존엄홈은하ᄂᆞᆯ씌ᄧᅡᆨ홈에셔큰이업ᄉᆞ니곧周

宗祀之 宗從註 踐釋

쥬公공ㅣ녯셩인이나라이그사ᄅᆞᆷ이시니라
昔셕者쟈애周쥬公공이郊교祀ᄉᆞ后후稷직ᄒᆞ샤
以이配ᄇᆡ天텬ᄒᆞ고宗종祀ᄉᆞ文문王왕於어明
명堂당ᄒᆞ샤以이配ᄇᆡ上샹帝뎨ᄒᆞ니是시以이로
四ᄉᆞ海ᄒᆡ之지內ᄂᆡㅣ各각以이其기職직으로來
ᄅᆡ助조祭졔ᄒᆞ니夫부聖셩人신之지德덕이又우
何하以이加가於어孝효乎호ㅣ리오
녜周쥬公공이郊교하ᄂᆞᆯ졔ᄒᆞᄂᆞᆫ일홈이라제后후稷
직周쥬人나라첫조샹이라을졔ᄒᆞ샤ᄡᅥ하ᄂᆞᆯ씌ᄧᅡᆨᄒᆞ시고
文문王왕武무王왕아바님이라을明명堂당諸졔侯후됴회받ᄂᆞᆫ
집이라에존ᄒᆞ야졔ᄒᆞ샤ᄡᅥ上샹帝뎨하ᄂᆞᆯ히라씌ᄧᅡᆨ

孝經諺解 十四

ᄒᆞ시니이러모로四ᄉᆞ海ᄒᆡㅅ안히각각그벼
ᄉᆞᆯ로ᄡᅥ와졔ᄅᆞᆯ도ᄋᆞ니聖셩人신의德덕이ᄯᅩ
엇디ᄡᅥ孝효애셔더으리오
故고로親친生셩之지膝슬下하ᄒᆞ야以이養양父
부母모ᄒᆞᄃᆡ日실嚴엄ᄒᆞᄂᆞ니聖셩人신이因인嚴엄
以이敎교敬경ᄒᆞ며因인親친以이敎교愛ᄋᆡᄒᆞ시
니聖셩人신之지敎교ㅣ不블肅슉而ᅀᅵ成셩ᄒᆞ며
其기政졍이不블嚴엄而ᅀᅵ治티ᄂᆞᆫ其기所소因
인者쟈ㅣ本본也야ㅣ라

故고로親친ᄒᆞ요미무릅아래셔나셔ᄡᅥ父부
母모를치되날로嚴엄ᄒᆞᄂᆞ니聖셩人신이嚴
엄홈을인ᄒᆞ야ᄡᅥ공경홈을ᄀᆞᄅᆞ치시며親친
홈을인ᄒᆞ야ᄡᅥᄉᆞ랑홈을ᄀᆞᄅᆞ치시니聖셩人
신의ᄀᆞᄅᆞ치시미ᄉᆞᆨᄉᆞᆨ이아니ᄒᆞ야도일며그
졍ᄉᆞ嚴엄티아니ᄒᆞ야도다ᄉᆞ로믄그인ᄒᆞᆫ배
本본孝효를닐옴이라일ᄉᆞ라
右우ᄂᆞᆫ傳뎐之지五오章쟝이니釋셕孝효ᄂᆞᆫ
德덕之지本본ᄒᆞ니라
右우ᄂᆞᆫ傳뎐에다ᄉᆞᆺ잿章쟝이니孝효ᄂᆞᆫ

孝經諺解 十五

德덕의本본이라홈을사기니라
子ᄌᆞㅣ曰왈父부子ᄌᆞ之지道도ᄂᆞᆫ天텬性셩이며
君군臣신之지義의라ㅣ父부母모ㅣ生ᄉᆡᆼ之지ᄒᆞ시니
續쇽莫막大대焉언이오君군親친臨림之지ᄒᆞ시니
厚후莫막重듕焉언이로다不불愛ᄋᆡ其기親친
而ᄉᆞ愛ᄋᆡ他타人신者쟈를謂위之지悖패德
덕이오不불敬경其기親친이오而ᄉᆞ敬경他타人신
者쟈를謂위之지悖패禮례라니
子ᄌᆞㅣᄀᆞᆯᄋᆞ샤ᄃᆡ父부子ᄌᆞ의道도ᄂᆞᆫ하ᄂᆞᆯ性
셩이며님금과신하의義의라父부母모ㅣ나

ᄒᆞ시니니옴이이만큰이업고님금이며어버
이로ᄃᆡᄂᆞ루시니厚후홈이이만重듕ᄒᆞ니업
도다그어버이롤ᄉᆞ랑티아니ᄒᆞ고다ᄅᆞᆫ사ᄅᆞᆷ
ᄉᆞ랑ᄒᆞᄂᆞᆫ이롤닐오ᄃᆡ거ᄉᆞ른德덕이라ᄒᆞ고
그어버이롤공경아니ᄒᆞ고다ᄅᆞᆫ사ᄅᆞᆷ공경ᄒᆞ
ᄂᆞᆫ이롤닐오ᄃᆡ거ᄉᆞ른禮례라ᄒᆞᄂᆞ니라
右우ᄂᆞᆫ傳뎐之지六륙章쟝이니釋셕敎교之
지所소由유生ᄉᆡᆼᄒᆞ니라
右우ᄂᆞᆫ傳뎐에여ᄉᆞᆺ잿章쟝이니ᄀᆞᄅᆞ침
의말미암아나ᄂᆞᆫ바롤사기니라

孝經諺解 十六

子ᄌᆞㅣ曰왈孝효子ᄌᆞ之지事ᄉᆞ親친애居거則
즉致티其기敬경ᄒᆞ고養양則즉致티其기樂락ᄒᆞ고
病병則즉致티其기憂우ᄒᆞ고喪상則즉致티其기
哀ᄋᆡᄒᆞ고祭졔則즉致티其기嚴엄이니五오者쟈ㅣ
備비矣의然연後후에아能능事ᄉᆞ親친이니라
子ᄌᆞㅣᄀᆞᆯᄋᆞ샤ᄃᆡ孝효子ᄌᆞ의어버이셤김애
겨실제ᄂᆞᆫ그공경올닐위고봉양홈애ᄂᆞᆫ그즐
김을닐위고병에ᄂᆞᆫ그근심을닐위고상ᄉᆞ애
ᄂᆞᆫ그슬허홈을닐위고祭졔예ᄂᆞᆫ그엄슉홈을
닐윌디니다ᄉᆞᆺ거시ᄀᆞ존후에아能능히어버

이ᄅᆞᆯ셤김이니라
事ᄉᆞ親친者쟈ᄂᆞᆫ居거上샹不블驕교ᄒᆞ며爲위下
하不블亂란ᄒᆞ며在ᄌᆡ醜츄不블爭징ᄒᆞᄂᆞ니居거上
샹而ᅀᅵ驕교則즉亡망ᄒᆞ고爲위下하而ᅀᅵ亂란則
즉刑형ᄒᆞ고在ᄌᆡ醜츄而ᅀᅵ爭징則즉兵병이니三삼
者쟈ᄅᆞᆯ不블除뎌ᄒᆞ면雖슈日일用용三삼牲ᄉᆡᆼ之
지養양이라猶유爲위不블孝효也야ㅣ니라
어버이셤기ᄂᆞᆫ이ᄂᆞᆫ우희이셔교만티아니ᄒᆞ
며아래되야어즈러이아니ᄒᆞ며동뉴에이셔
ᄃᆞ토디아니ᄒᆞᄂᆞ니우희이셔교만ᄒᆞ면패망

孝經諺解 十五

ᄒᆞ고아래되야셔어즈러이ᄒᆞ면죄닙고동뉴
에이셔ᄃᆞ토면병잠개예해ᄒᆡ이ᄂᆞ니세가지
ᄅᆞᆯ더디아니ᄒᆞ면비록날마다세가짓牲ᄉᆡᆼ쇼와
양과도티라으로공양ᄒᆞ옴을ᄡᅳ디라두오히려不블
孝효ㅣ되ᄂᆞ니라
右우ᄂᆞᆫ傳뎐之지七칠章쟝이니釋셕始시於
어事ᄉᆞ親친及급不블敢감毁훼傷샹ᄒᆞ니라
右우ᄂᆞᆫ傳뎐에닐굽잿章쟝이니어버이
셤김애비르솜과밋감히헐우며ᄒᆡ여ᄇᆞ
리디아님을사기니라

子ᄌᆞㅣ曰왈五오刑형之지屬쇽이三삼千쳔이로ᄃᆡ
而ᅀᅵ罪죄ㅣ莫막大대於어不블孝효ㅣ니라
子ᄌᆞㅣᄀᆞᄅᆞ샤ᄃᆡ다ᄉᆞᆺ가지형벌의류ㅣ三삼千
쳔이로ᄃᆡ罪죄ㅣ不블孝효에셔큰이업ᄉᆞ니
라
要요君군者쟈ᄂᆞᆫ無무上샹이오非비聖셩人인者
쟈ᄂᆞᆫ無무法법이오非비孝효者쟈ᄂᆞᆫ無무親친이니
此ᄎᆞㅣ大대亂란之지道도也야ㅣ니라
님금을요구ᄒᆞᄂᆞᆫ이ᄂᆞᆫ우흘업시너김이오聖
셩人인을외다ᄒᆞᄂᆞᆫ이ᄂᆞᆫ法법을업시너김이

孝經諺解 十六

오孝효ᄅᆞᆯ외다ᄒᆞᄂᆞᆫ이ᄂᆞᆫ어버이ᄅᆞᆯ업시너김
이니이키어즈러옴道도ㅣ니라
右우ᄂᆞᆫ傳뎐之지八팔章쟝이라
右우ᄂᆞᆫ傳뎐에여ᄃᆞᆲ잿章쟝이라
子ᄌᆞㅣ曰왈君군子ᄌᆞㅣ事ᄉᆞ上샹호ᄃᆡ進진思ᄉᆞ
盡진忠튱ᄒᆞ며退퇴思ᄉᆞ補보過과ᄒᆞ야將쟝順슌其
기美미ᄒᆞ고匡광救구其기惡악이라故고로上샹下
하ㅣ能능相샹親친ᄒᆞᄂᆞ니詩시曰왈心심乎호愛
의矣의어니遐하不블謂위矣의리오마ᄂᆞᆫ中듕心심藏
장之지어니何하日일忘망之지리오ᄒᆞ니라

避不謂 矣從詩 傳釋

子ᄌᆞㅣ 골ᄋᆞ샤ᄃᆡ 君군子ᄌᆞㅣ 님금을 셤교ᄃᆡ 나아가ᄂᆞᆫ 튱셩다홈을 ᄉᆡᆼ각ᄒᆞ며 믈러와ᄂᆞᆫ 허믈깁ᄉᆞ옴을 ᄉᆡᆼ각ᄒᆞ야 그 아ᄅᆞᆷ다온 일란 받ᄌᆞ와 슌죵ᄒᆞ고 그 사오나온 일란 졍ᄒᆞ야 救구ᄒᆞᄂᆞᆫ디라 故고로 우콰 아래 能ᄂᆞᆼ히 서ᄅᆞ 親친ᄒᆞᄂᆞ니 詩시예 닐오ᄃᆡ ᄆᆞᄋᆞᆷ애 ᄉᆞ랑ᄒᆞ거니 엇디 니ᄅᆞ디 아니리오 마ᄂᆞᆫ 中듕心심애 간ᄉᆞᄒᆞ야 새니 어ᄂᆡ 날 니ᄌᆞ리오 ᄒᆞ니라

右우ᄂᆞᆫ 傳뎐之지 九구章쟝이니 釋셕 中듕於어 事ᄉᆞ君군ᄒᆞ니라

孝經諺解 十九

右우ᄂᆞᆫ 傳뎐에 아홉재 章쟝이니 님금 셤김애 가온대 줄을 사기니라

子ᄌᆞㅣ 曰왈 昔셕者쟈애 明명王왕이 事ᄉᆞ父부ㅣ 孝효ᄒᆞᆫ 故고로 事ᄉᆞ天텬이 明명ᄒᆞ시며 事ᄉᆞ母모ㅣ 孝효ᄒᆞᆫ 故고로 事ᄉᆞ地디ㅣ 察찰ᄒᆞ시며 長댱幼유ㅣ 順슌ᄒᆞᆫ 故고로 上샹下하ㅣ 治티ᄒᆞ니 天텬地디 明명察찰ᄒᆞ면 神신明명이 彰쟝矣의니라 故고로 雖슈 天텬子ᄌᆞㅣ라두 必필有유尊존也야ㅣ니 言언有유父부也야ㅣ며 必필有유先션也야ㅣ니 言언有유兄형也야ㅣ라 宗종廟묘 致티敬경은 不불忘망親친也야ㅣ오 修슈身신慎신行ᄒᆡᆼ은 恐공辱욕先션也야ㅣ니 宗종廟묘 致티敬경ᄒᆞ면 鬼귀神신이 著뎌矣의니 孝효悌뎨之지 至지ㅣ 通통於어神신明명ᄒᆞ며 光광于우四ᄉᆞ海ᄒᆡᄒᆞ야 無무所소不블通통ᄒᆞᄂᆞ니 詩시云운 自ᄌᆞ西셔自ᄌᆞ東동ᄒᆞ며 自ᄌᆞ南남自ᄌᆞ北븍ᄒᆞ야 無무思ᄉᆞ不블服복이라 ᄒᆞ니라

子ᄌᆞㅣ 골ᄋᆞ샤ᄃᆡ 녜 ᄇᆞᆯ근 님금이 아비 셤김이 孝효ᄒᆞᆫ 故고로 하ᄂᆞᆯ 셤김이 ᄇᆞᆯᄀᆞ시며 어미 셤김이 孝효ᄒᆞᆫ 故고로 ᄯᅡ 셤김이 ᄌᆞ셔ᄒᆞ시며 얼운이며 져믄이 順슌ᄒᆞᆫ 故고로 우히며 아래

孝經諺解 二十

다ᄉᆞ리ᄂᆞ니 하ᄂᆞᆯ콰 ᄯᅡ해 ᄇᆞᆯᄀᆞ며 ᄉᆞᆯ펴ᄒᆞ면 神신明명이 나타나ᄂᆞ니라 (明명은 귀신의 ᄇᆞᆯ굼을 닐온 말이라) 故고로 비록 天텬子ᄌᆞㅣ라두 반ᄃᆞ시 尊존ᄒᆞ리 이시니 아비 겨샴을 니ᄅᆞ며 반ᄃᆞ시 몬져ᄒᆞ리 이시니 兄형이 이심을 니ᄅᆞ니라 宗종廟묘애 공경을 닐위욤은 어버이를 닛디 아니홈이오 몸을 닷ᄭᅩ며 ᄒᆡᆼ실을 삼가ᄆᆞᆫ 조샹을 욕홀가 저헤니 宗종廟묘애 공경을 닐위면 鬼귀神신이 나타나ᄂᆞ니라 孝효ㅣ며 悌뎨의 지극홈이 神신明명애 ᄉᆞᄆᆞᆺ며 四ᄉᆞ海ᄒᆡ예 빗나 ᄉᆞᄆᆞᆺ디 아닐 배

업ᄂᆞ니詩시예닐오ᄃᆡ西셔로브테며東동으
로브테며南남으로브테며北븍으로브터ᄉᆡᆼ
각ᄒᆞ야좃디아닐이업다ᄒᆞ니라
右우ᄂᆞᆫ傳뎐之지十십章쟝이니釋셕天텬子
ᄌᆞ之지孝효ᄒᆞ니라
右우ᄂᆞᆫ傳뎐에열재章쟝이니天텬子ᄌᆞ
의孝효를사기니라
子ᄌᆞㅣ曰왈君군子ᄌᆞ之지事ᄉᆞ親친이孝효故
고로忠튱可가移이於어君군이오事ᄉᆞ兄형이悌
대故고로順슌可가移이於어長댱이오居거家가
理리故고로治티可가移이於어官관이니是시
以이로行ᅘᆡᆼ成셩於어內ᄂᆡ而ᅀᅵ名명立립於어
後후世셰矣의라니
子ᄌᆞㅣᄀᆞᆯᄋᆞ샤ᄃᆡ君군子ᄌᆞ의어버이셤김이
孝효ᄒᆞᆫ故고로튱셩을可가히님금씌옴기고
兄형셤김이悌대ᄒᆞᆫ故고로공슌홈을可가히
얼운의게옴기고집의셔사로미다ᄉᆞᆫ故고로
다ᄉᆞ림을可가히구위예옴기ᄂᆞ니이러므로
ᄒᆡᆼ실이안해이러일홈이後후世셰예셔ᄂᆞ니
라

右우ᄂᆞᆫ傳뎐之지十십一일章쟝이니釋셕立
립身신揚양名명及급士ᄉᆞ之지孝효ᄒᆞ니라
右우ᄂᆞᆫ傳뎐에열ᄒᆞ나재章쟝이니몸을
세며일홈을베픔과밋士ᄉᆞ의孝효를사
기니라
子ᄌᆞㅣ曰왈閨규門문之지內ᄂᆡ예具구禮례矣
의乎호뎌嚴엄父부嚴엄兄형이오妻쳐子ᄌᆞ臣신
妾쳡은猶유百ᄇᆡᆨ姓셩徒도役역也야ㅣ라니
子ᄌᆞㅣᄀᆞᆯᄋᆞ샤ᄃᆡ閨규門문도장문이니집안ᄒᆞᆯ니ᄅᆞ니라안
해례되ᄀᆞ잠ᄂᆞᆫ더엄ᄒᆞᆫ아비와엄ᄒᆞᆫ兄형이오
안해와ᄌᆞ식과가신과쳡은百ᄇᆡᆨ姓셩과徒도
役역구실ᄒᆞᄂᆞᆫ사ᄅᆞᆷᄃᆞᆯ히라ᄀᆞᄐᆞ니라
右우ᄂᆞᆫ傳뎐之지十십二ᅀᅵ章쟝이라
右우ᄂᆞᆫ傳뎐에열둘재章쟝이라
曾증子ᄌᆞㅣ曰왈若약夫부慈ᄌᆞ愛ᄋᆡ恭공敬경
과安안親친揚양名명은參ᄉᆞᆷ이聞문命명矣의
어니와敢감問문從종父부之지令령이可가謂위
孝효乎호가ᅵ잇
曾증子ᄌᆞㅣᄀᆞᆯᄋᆞ샤ᄃᆡ만일ᄉᆞ랑ᄒᆞ기와공경
ᄒᆞ기와어버이를편안ᄒᆞ시게홈과일홈을베

프기ᄂᆞᆫ 參ᄉᆞᆷ이 니ᄅᆞ심을 듣ᄌᆞ왓ᄉᆞᆸ거니와 敢
감히 묻ᄌᆞᆸ노이다 아빗 긔걸마다 조ᄎᆞᆷ이 可가
히 孝효ㅣ라 니ᄅᆞ리잇가
子ᄌᆞㅣ 曰왈 是시何하言언與여오 是시何하言
언與여오 昔석者자에 天텬子ᄌᆞㅣ 有유爭징臣
신七칠人인ᄒᆞ면 雖슈無무道도ㅣ라도 不불失실其
기天텬下하ᄒᆞ시고 諸져侯후ㅣ 有유爭징臣신五
오人인ᄒᆞ면 雖슈無무道도ㅣ라도 不불失실其기國
국ᄒᆞ시고 大대夫부ㅣ 有유爭징臣신三삼人인ᄒᆞ면
雖슈無무道도ㅣ라도 不불失실其기家가ᄒᆞ고 士ᄉᆞ

ㅣ 有유爭징友우則즉身신不불離리於어令령
名명ᄒᆞ고 父부ㅣ 有유爭징子ᄌᆞ則즉身신不불陷
함於어不불義의ᄒᆞᄂᆞ니 故고로 當당不불義의則
즉子ᄌᆞㅣ 不불可가以이不불爭징於어父부ㅣ며 臣
신不불可가以이不불爭징於어君군이라 故고로
當당不불義의則즉爭징之지니 從종父부之지
令령이 又우焉언得득爲위孝효乎호ㅣ리오
子ᄌᆞㅣ ᄀᆞᆯᄋᆞ샤ᄃᆡ 이엇딘 말오 이엇딘 말오 녜
天텬子ᄌᆞㅣ 간ᄒᆞᄂᆞᆫ 신하 닐굽 사ᄅᆞᆷ을 두면 비
록 道도ㅣ 업ᄉᆞ디라도 그 天텬下하ᄅᆞᆯ 일티 아

니ᄒᆞ시고 諸져侯후ㅣ 간ᄒᆞᄂᆞᆫ 신하 다ᄉᆞᆺ 사ᄅᆞᆷ
을 두면 비록 道도ㅣ 업ᄉᆞ디라도 그 나라ᄒᆞᆯ 일
티 아니ᄒᆞ시고 태위 간ᄒᆞᄂᆞᆫ 신하 세 사ᄅᆞᆷ을 두
면 비록 道도ㅣ 업ᄉᆞ디라도 그 집을 일티 아니
ᄒᆞ고 士ᄉᆞㅣ 간ᄒᆞᄂᆞᆫ 벋을 두면 몸이 어딘 일홈
에 ᄢᅥ나디 아니ᄒᆞ고 아비 간ᄒᆞᄂᆞᆫ 아ᄃᆞᆯ을 두면
몸이 올티 아니ᄒᆞᆫ ᄃᆡ ᄲᅡ디디 아니ᄒᆞᄂᆞ니 故고
로 올티 아니ᄒᆞᆫ ᄃᆡ 다ᄃᆞᄅᆞ면 아ᄃᆞᆯ이 可가히 ᄡᅥ
아비게 간티 아니티 몯ᄒᆞᆯ 거시며 신해 可가히
ᄡᅥ 님금ᄭᅴ 간티 아니티 몯ᄒᆞᆯ 거시라 故고로 올

티 아니ᄒᆞᆫ ᄃᆡ 다ᄃᆞᄅᆞ면 간ᄒᆞᄂᆞ니 아빗 긔걸마
다 조ᄎᆞᆷ이 ᄯᅩ 엇디 시러곰 孝효ㅣ 되리오
右우ᄂᆞᆫ 傳뎐之지十십三삼章쟝이라
右우ᄂᆞᆫ 傳뎐에 열셋재 章쟝이라
子ᄌᆞㅣ 曰왈 孝효子ᄌᆞ之지喪상親친애 哭곡不
불偯의ᄒᆞ며 禮례無무容용ᄒᆞ며 言언不불文문ᄒᆞ며 服
복美미不불安안ᄒᆞ며 聞문樂악不불樂락ᄒᆞ며 食식
旨지不불甘감ᄒᆞᄂᆞ니 此ᄎᆞㅣ 哀의戚쳑之지情졍
이라
子ᄌᆞㅣ ᄀᆞᆯᄋᆞ샤ᄃᆡ 孝효子ᄌᆞ의 어버이ᄅᆞᆯ 거상

ᄒᆞᆷ애우롬을기리혀디아니며례도를지에ᄒᆞ
디아니며말ᄉᆞᆷ을빗내아니며됴ᄒᆞᆫ것닙옴애
편안어아니너기며음악을들옴애즐기디아
니며맛난거ᄉᆞᆯ먹음애됴게너기디아니ᄒᆞᄂᆞ
니이ᄉᆞᆯ프고셜워ᄒᆞᄂᆞᆫ뜯이라
三삼日일而싀食식은教교民민無무以이死ᄉᆞ
傷상生싱ᄒᆞ며毁훼不블滅멸性셩이니此ᄎᆞㅣ聖셩
人신之지政졍이라
사ᄅᆞᆷ만의먹음은ᄇᆡᆨ셩을ᄀᆞᄅᆞ치되주근이로
ᄡᅧ산이를샹케아니ᄒᆞ며毁훼瘠쳑ᄒᆞ여여윈ᄂᆞᆫ고리여위어터되어

孝經諺解 二十五

미라ᄒᆞ야도목숨을업게아니홈이니이聖셩人
신의졍ᄉᆡ라
喪상不블過과三삼年년은示시民민有유終종
ㅣ니爲위之지棺관槨곽衣의衾금而싀擧거之지
ᄒᆞ며陳딘其기簠보簋궤而싀哀ᄋᆡ慼쳑之지ᄒᆞ며擗
벽踊용哭곡泣읍ᄒᆞ야哀ᄋᆡ而싀送송之지ᄒᆞ며卜복
其기宅ᄐᆡᆨ兆됴而싀安안厝조之지ᄒᆞ며爲위之지
宗종廟묘ᄒᆞ야以이鬼귀享향之지ᄒᆞ며春츈秋츄祭
제祀ᄉᆞᄒᆞ야以이時시思ᄉᆞ之지ᄒᆞ니라
거상을三삼年년의넘구디아니홈은ᄇᆡᆨ셩의

게ᄆᆞᄎᆞᆷ이이ᄉᆞᆷ을뵘이니棺관과槨곽과옷과
니블을ᄒᆞ야둘며그簠보과簋궤다ᄒᆞᆷ이제긔라얼를
버리고슬허셜워ᄒᆞ며가ᄉᆞᆷ두드리며발구르
며우러슬허보내ᄋᆞ오며그분묘터ᄒᆞᆯ졈복ᄒᆞ
야감소오며宗종廟묘를ᄒᆞ야귀신으로ᄡᅥ이
받ᄌᆞ오며봄과ᄀᆞᄋᆞᆯ히祭제祀ᄉᆞᄒᆞ야시졀로
ᄡᅥ싱각게ᄒᆞ니라
生싱事ᄉᆞ愛ᄋᆡ敬경ᄒᆞ고死ᄉᆞ事ᄉᆞ哀ᄋᆡ慼쳑애生
싱民민之지本본이盡진矣의며死ᄉᆞ生싱之지
義의ㅣ備비矣의니孝효子ᄌᆞ之지事ᄉᆞ親친이

孝經諺解 二十六

終종矣의니라
사라겨신제셤교ᄃᆡᄉᆞ랑ᄒᆞ며공경홈으로ᄒᆞ
고죽으시거든셤교ᄃᆡ슬허ᄒᆞ며셜워홈으로
홈애ᄇᆡᆨ셩의本본이극진ᄒᆞ며죽으며사라실
젯도리ᄀᆞᄌᆞ니孝효子ᄌᆞ의어버이셤김이ᄆᆞ
ᄎᆞᄂᆞ니라
右우ᄂᆞᆫ傳뎐之지十십四ᄉᆞ章쟝애라
右우ᄂᆞᆫ傳뎐에열네쟤章쟝이라

孝효經경諺언解ᄒᆡ終종

孝經大義跋

聖人作六經以詔天下後世其於道德性命之說備矣然而於孝特加詳焉至別爲一經者何耶盖百行非孝不立萬善非孝不行所謂天之經也地之義也民之彝也自天子以至庶人誠不可一日而不講也隋志曰孔子旣叙六經題目不同指意差別恐斯道離散故作孝經以總會之明其枝流雖分本萠於孝其說是已於此盡心焉則六經之道擧在是矣秦火旣熄遺經間出壁書與今文雜行

雖經群儒辨論補綴而輒復湮廢至宋朱子始爲刊誤又次其經傳以復孔氏之舊繼以鄱陽董氏爲之註釋極其歸趣然後一經之條貫煥然其有功於聖門甚大而經之顯晦實有非偶然者矣惟我

主上殿下以聰明睿智之聖握君師之丕責化民成俗未嘗不以彝倫爲急一日

御經筵與儒臣論治道因歎孝經之教久廢於世又問其註疏之有無左右以是編聞卽蒙

宣索覽之嘉賞將鋟梓以廣其傳猶慮窮閻愚下之民未喻其義也下弘文館悉解以諺語使人易曉且

命臣略叙其後臣竊惟堯舜之道孝悌而已其親九族平百姓協萬邦以至鳥獸魚鱉咸若皆孝之推也三代聖王率由斯道治化之隆後世莫及及其衰也孔子只以空言與弟子相授受卽其經中所載言及古昔必稱先王盖其傷之也深矣自是厥後微言絶大道壞人心貿貿已千有五百餘年矣歷代以來雖不無英君誼辟其所以把持世道主張化權者

不過曰功利而已術數而已孰肯以是爲急哉則善治之不復而禍亂之相尋也無怪今

聖上獨穆然深思推究化源乃於聖人之經尊信表章旣以是躬行建極於上又以是導迪臣民於下其於復堯舜三代之治也何有抑臣又有感焉聖遠言湮經殘教弛古道之行雖不可一日而冀然降衷秉彝之天亘萬古而猶在聖經所書卽人心所具之理反而求之寧有不得者哉嗚呼誰無父母誰非人子孰倡而不和孰感而不應故曰上有好者下必

有甚焉者臣知是書之行也必有油然而起
躍然而趨沛然而不可禦比屋可封之美端
可馴致矣其謂之至德要道者非耶宜
殿下之惓惓於是也萬曆十七年六月下澣資憲
大夫知中樞府事兼弘文館大提學藝文館
大提學知成均館事同知 經筵春秋館事
臣柳成龍奉
教謹跋

孝經大義跋 三

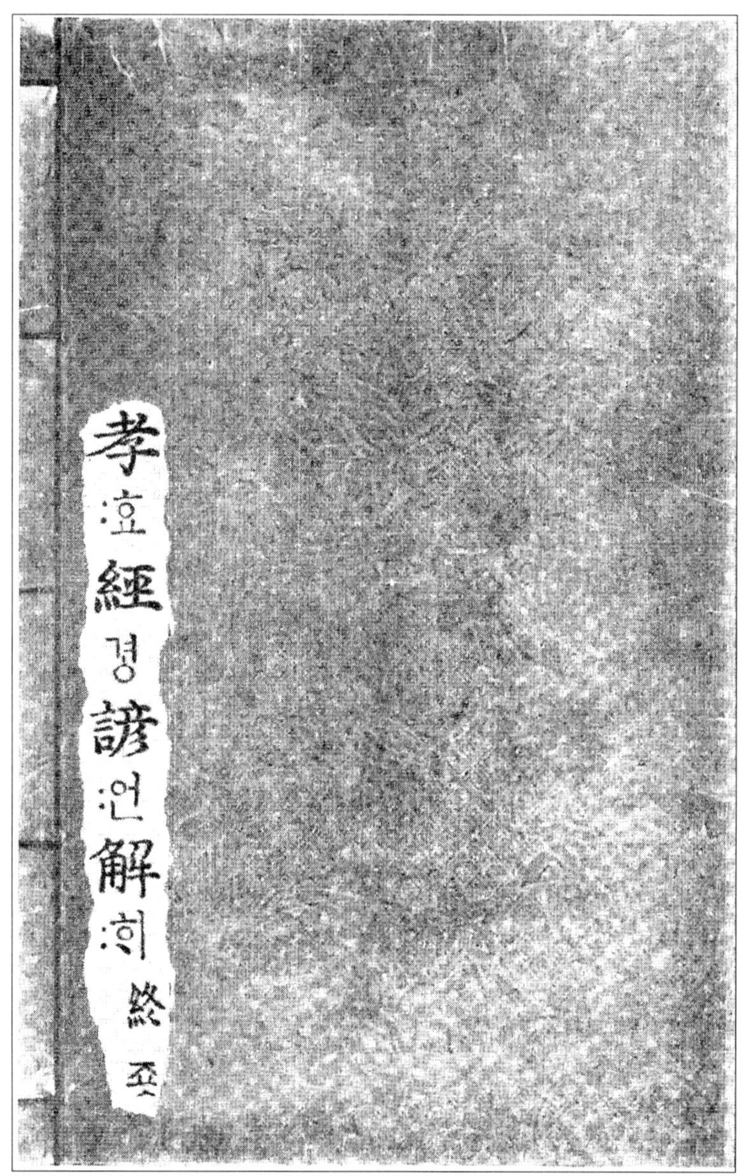
孝효經경諺언解ᄒᆡ 終죵

|참고문헌|

1. 原典

『孝經集註』(孝經大義), 世昌書館, 1964.
『毛詩』(『漢文大系 十二』 所收), 富山房, 1977.
『尙書』(『漢文大系 十二』 所收), 富山房, 1977.
『禮記』, 保景文化社, 1995.
『經書』(大學 · 論語 · 孟子 · 中庸), 大同文化研究院, 1982
『小學集註』, 永昌書館, 昭和 3.
『明心寶鑑』, 世昌書館, 1964.
『五倫行實圖』(初刊本 1797), 乙酉文化社, 1989.
『父母恩重經』, 乙酉文化社, 1989.
『說文解字』, 許愼, 中華書局, 1989.

2. 飜譯書

『孝經』, 朴一峰 譯, 育文社, 1992.
『孝經』, 黃秉國 譯, 惠園出版社, 1994.
『孝經』, 李民樹 譯, 乙酉文化社, 1988.
『孝經大義』, 鄭太鉉 譯, 傳統文化研究會, 1996.
『忠經 · 孝經』, 金學主 譯, 明文堂, 1986.
『書傳』, 金赫濟 校閱, 明文堂, 1992.
『書經』, 權德周 譯, 惠園出版社, 1995.
『禮記』, 權五惇 譯, 홍신문화사, 1993.

『詩經』, 權五惇외 譯, 홍신문화사, 1976.
『大學中庸講說』, 李基東 譯, 成均館大學校出版部, 1992.
『論語集註』, 成百曉 譯, 傳統文化硏究會, 1994.
『論語講說』, 李基東 譯, 成均館大學校出版部, 1994.
『孟子集註』, 成百曉 譯, 傳統文化硏究會, 1995.
『孟子講說』, 李基東 譯, 成均館大學校出版部, 1994.
『大學 中庸集註』, 成百曉 譯, 傳統文化硏究會, 1995.
『老子道德經』, 朴一峰 譯, 1996.
『童蒙先習·擊蒙要訣』, 成百曉 譯, 傳統文化硏究會, 1994.
『推句·啓蒙篇』, 成百曉 譯, 傳統文化硏究會, 1995.
『海東小學』, 成百曉 譯, 傳統文化硏究會, 1996.
『小學集註』, 成百曉 譯, 傳統文化硏究會, 1993.
『明心寶鑑』, 李東歡 譯, 玄岩社, 1973.
『五倫行實圖』, 李民樹 譯, 乙酉文化社, 1989.
『父母恩重經』, 李民樹 譯, 乙酉文化社, 1989.

3. 單行本

『經學槪說』, 何耿鏞, 장영백외 역, 청아출판사, 1994.
『도덕 윤리 효도의 원리와 실천』, 장기근, 主流.一念, 1996.
『東洋倫理思想』, 金吉煥, 一志社, 1994.
『東洋哲學의 問題들』, 宋恒龍, 여강출판사, 1992.
『불교의 효』, 이동형, 秀文出版社, 1995.
『새時代의 孝』, 成圭鐸, 延世大學校出版部, 1995.
『儒敎와 韓國思想』, 琴章泰, 成均館大出版部, 1993.
『儒學思想』, 成均館大儒學敎材編纂委, 成均館大出版部, 1996.
『윤리학과 현대사회』, 박선목, 學文社, 1994.
『정주철학원론』, 장윤수, 이론과실천, 1992.
『중국사상사』, 金谷治外, 조성을 옮김, 이론과실천,1993.
『中國思想史』, 武內義雄, 李東熙 譯, 여강출판사, 1992.

『중국의 사상』, 우노세이이찌 저, 김진욱 옮김, 열음사, 1993.
『中國哲學史』, 勞思光, 鄭仁在 譯 探求堂, 1993.
『中國孝文化漫談』, 寧業高, 業泉, 業龍, 中國中央民族大學出版部, 1995.
『韓國教育史』, 孫仁銖, 文音社, 1995.
『한국의 유교』, 류승국, 세종대왕기념사업회, 1988.
『韓國의 孝와 孝行』, 韓泰源, 南島, 1990.
『환경윤리학』, 유진하그롭브 저, 김형철 옮김, 철학과현실사,1994.
『효란 무엇인가』, 윤성범, 삼일서적, 1995.
『한국유교지성론』, 서경요, 성균관대학교 출판부, 2003.

4. 論文

宋河璟, 「中國儒家에 있어서의 孝」, 『全北大 論文集』 6집, 1977.
徐坰遙, 「韓國儒學思想의 特性에 關한 研究」 成均館大學校 博士學位 論文, 1987.
金丁鎭, 「韓國儒學의 孝悌忠信 思想 研究」, 釜山大學校 博士學位 論文, 1992.
金昌鍊, 「孝概念의 本質과 그 變遷에 關한 研究」, 韓國精神文化研究 院附屬大學院, 碩士學位論文, 1985.
孔德成, 「孝란 무엇인가」, 『孝思想과 未來社會』, 韓國精神文化研究院, 1995.
宋俊燮, 「孝倫理의 現代的 意義에 관한 研究」, 成均館大學校 教育大 學院, 碩士學位論文, 1985.
柳承國, 「孝와 人倫社會」, 『孝思想과 未來社會』, 韓國精神文化研究院, 1995.
李基東, 「율곡사상의 윤리학적 해석」, 『栗谷의 사상과 그 현대적 의미』, 韓國精神文化研究院, 1995.
李相珣, 「孝思想의 本質과 現代社會」, 『孝思想과 未來社會』, 韓國精神文化研究院, 1995.
李應百, 「孝思想의 展開 過程」, 『孝思想과 未來社會』, 韓國精神文化研究院, 1995.
趙南國, 「孝의 本質과 社會的 適用方案」, 『孝思想과 未來社會』, 韓國精神文化研究院, 1995.
蔡茂松, 「孝의 本質과 現代的 意義」, 『孝思想과 未來社會』, 韓國精神文化研究院, 1995.

崔根德,「孝의 오늘과 내일」,『孝思想과 未來社會』, 韓國精神文化硏究院, 1995.
W.T. De Bary,「儒教的 孝思想에 대한 小考」,『孝思想과 未來社會』, 韓國精神文化硏究院, 1995.
李乙浩, 倫理的 側面에서 본 檀君神話, 玄潭柳正東博士華甲紀念論叢, 上同刊行委員會, 1981.
尹明喆, 단군신화에 대한 구조적 분석_ 신화소 분석을 중심으로, 한국사상사학 제22집, 한국사상사학회, 1988.
왕희자, 한일 양국 천손강림 신화비교 고찰, 한국비교학회, 2002.
최종현, 고문헌에 나타난 숭목사상 연구 국토계획 제37권 2호, 대한국토도시학회 2002.